Neue
Kleine Bibliothek 222

Andreas Wehr

Der kurze griechische Frühling

Das Scheitern von SYRIZA und seine Konsequenzen

PapyRossa Verlag

© 2016 by PapyRossa Verlags GmbH & Co. KG, Köln
Luxemburger Str. 202, 50937 Köln
Tel.:   +49 (0) 221 – 44 85 45
Fax: +49 (0) 221 – 44 43 05
E-Mail: mail@papyrossa.de
Internet: www.papyrossa.de

Umschlag: Verlag, unter Verwendung eines Motivs
          von PromesaArtStudio / Thinkstock
Druck: Interpress

Die Deutsche Nationalbibliothek verzeichnet diese Publikation in
der Deutschen Nationalbibliografie; detaillierte bibliografische
Daten sind im Internet über http://dnb.d-nb.de abrufbar

ISBN 978-3-89438-602-3

Inhalt

I.
Einleitung

Kein Frühling endet erst am 13. Juli, schon gar nicht in Griechenland. Am 13. Juli 2015 endete aber jener »griechische Frühling«, der zugleich ein Traum war. Ein Traum von einem Land, das nicht länger den Kürzungsdiktaten seiner Gläubiger unterworfen ist. In den frühen Morgenstunden jenes Julitages unterzeichnete der griechische Ministerpräsident Alexis Tsipras eine Erklärung, die Grundlage für das dritte Memorandum über Griechenland wurde, das härteste, das dem leidgeprüften Land bisher auferlegt wurde.

Tsipras stürzte Syriza damit in eine tiefe Krise, stand die Partei doch bis dahin entschieden gegen die Kürzungs- und Privatisierungspolitik, gegen die Memoranden und gegen die verhasste Troika. Dieser klaren Haltung hatte sie ihren Aufstieg von einer Partei mit einem Wahlergebnis von nicht einmal fünf Prozent im Jahr 2009 zur Regierungspartei zu verdanken. Nur dank des Kampfes gegen die Knechtung des Landes wurde sie bei den Wahlen am 25. Januar 2015 stärkste Kraft im Parlament. Die Enttäuschung über den Kurswechsel war und ist groß. Tausende verließen die Partei, noch mehr zogen sich in die »innere Emigration« zurück, der Jugendverband löste sich auf, mit der neugegründeten Partei »Volkseinheit« kam es zu einer linken Abspaltung.

Bei den Wahlen am 20. September 2015 war Syriza erneut noch einmal erfolgreich. Alexis Tsipras blieb Ministerpräsident. Doch zugleich fiel die Wahlbeteiligung um sieben Prozent auf den historischen Tiefstand von 56 Prozent. Allein Syriza verlor 320.000 Stimmen.

Das Ende des griechischen Frühlings schockierte unzählige Menschen in ganz Europa, ja weltweit. Sie hatten gehofft, dass der linken Regierung der Durchbruch hin zu einer anderen politischen Logik

gelingen könnte. Von Athen aus sollten Impulse für Veränderungen
in andere von der Austeritätspolitik gezeichnete europäische Ländern
ausgehen, vor allem nach Spanien und Portugal. Es sollte ein Schritt
hin zu jenem anderen, sozialen und demokratischen Europa sein, das
die Europäische Linke als ihr Ziel beschreibt. Mit dem Ende des griechischen Frühlings ist daher auch diese Linke in eine Identitätskrise
geraten.

Um einen Ausweg zu finden, bedarf es einer gründlichen und
schonungslosen Analyse. Man würde zu kurz greifen, wollte man die
Wende vom 13. Juli nur auf eine gelungene Erpressung von Alexis
Tsipras durch Bundeskanzlerin Angela Merkel bzw. Bundesfinanzminister Wolfgang Schäuble zurückführen.

Es muss vielmehr noch einmal zurückgegangen werden zum Ausgangspunkt der seit fünf Jahren anhaltenden griechischen Krise, die ja
Teil einer gesamteuropäischen ist. Zu beleuchten sind auch die Veränderungen in der Politik des Landes in diesen Jahren, die den Aufstieg
von Syriza überhaupt erst möglich machten. Vor allem aber ist auf das
Handeln ihrer Gegner in Brüssel, Berlin und Washington und in den
Hauptstädten der anderen EU-Länder einzugehen. Schließlich ist die
grundsätzliche Frage zu klären, ob die europäischen Verträge – und
hier vor allem die Konstruktion der Eurozone – es einem einzelnen
Land überhaupt möglich machen, sich an den Interessen der eigenen
Bevölkerungsmehrheit zu orientieren. Oder gibt es für ein Peripherie-
land wie Griechenland nur den Weg des Ausscheidens aus der Eurozone bzw. der Europäischen Union?

Auf diese Fragen müssen befriedigende Antworten gefunden werden, will man an einer fortschrittlichen Perspektive für die Länder der
EU festhalten. Dieses Buch soll dazu einen Beitrag leisten.

II.
Von der Finanz- zur Eurokrise

»Wer die bürgerliche Gesellschaft zerstören will, muss ihr Geldwesen verwüsten«, soll Lenin gesagt haben.[1] In der Tat: Krisen des Finanzsystems sind die hartnäckigsten, sie können einen ganzen Staat verheeren und sie dauern lange. Niemand dürfte daher überrascht sein, dass die Krise, die sich ab 2007 aus dem Zusammenbruch des US-amerikanischen Hypothekenmarktes entwickelte, im September 2008 zur Pleite der US-amerikanischen Investmentbank Lehman Brothers führte, Europa erfasste, und hier eine Staatsschulden – und schließlich die Eurokrise auslöste, weiter andauert. Mit der »Verwüstung des Geldwesens«, vor allem dasjenige Griechenlands, ist man dabei ein gutes Stück vorangekommen.

Eine »Akkumulation von Ungleichgewichten«

Dass ausgerechnet der Euroraum derartig unter Druck geraten könnte, war nicht erwartet worden, sollte doch die gemeinsame

---

1 Von diesem Lenin zugeschriebenen Ausspruch zirkulieren gleich mehrere Versionen. Einmal lautet er: »Wer die kapitalistische Gesellschaft zerstören will, muss ihr Geld zerstören.« Statt von »kapitalistischer Gesellschaft« wird auch mal von »bürgerlicher Gesellschaft« gesprochen. Dann aber auch: »Wer die Kapitalisten vernichten will, muss ihr Geldwesen zerstören« bzw. »muss ihre Währung zerstören.« Quellen für diese angeblichen Lenin-Zitate werden nirgendwo genannt. Gelegentlich wird darauf verwiesen, dass Walter Eucken die Aussage in seiner Schrift »Grundsätze der Wirtschaftspolitik« kolportiert habe. Wahrscheinlich gehört dieses Lenin zugeschriebene Zitat, wie jenes, wonach »die Kapitalisten uns noch den Strick verkaufen werden, an dem wir sie aufhängen werden«, zu dem vielen angeblich von Lenin Gesagten. Solche Zitate passen eben gut in das bürgerliche Bild vom russischen Revolutionär, wonach ihm jede, noch so hinterlistige Tat zugetraut wird.

Währung den in ihm zusammengeschlossenen Volkswirtschaften Schutz vor Angriffen der Finanzmärkte bieten. Noch im Januar 2008 sah der frühere Chefvolkswirt der Europäischen Zentralbank, Otmar Issing, daher den Euroraum als bestens gewappnet an, um den Stürmen zu widerstehen: »Die anhaltende Finanzmarktkrise macht die Vorteile der gemeinsamen Währung in ganz besonderer Weise offenkundig. Ohne den Euro hätten sich die Turbulenzen von den Finanzmärkten auf die Devisenmärkte übertragen. Ob D-Mark, französischer Franc oder italienische Lira, so gut wie alle nationalen Währungen wären zum Spielball von Spekulationen geworden.« Doch Issing scheint damals zumindest geahnt zu haben, dass das Eurosystem auch zu einer Falle für die dazu gehörigen schwächeren Länder werden könnte, und so fügte er seinem Lob eine Warnung an. All dies bedeute nicht, »dass die Akkumulation von Ungleichgewichten innerhalb der Währungsunion keine Probleme aufwerfen würde.«[2]

Doch genau diese »Akkumulation von Ungleichgewichten« wurde mit dem Ausgreifen der Finanzkrise auf Europa schlagartig sichtbar und gab ihr hier ihre besondere Tiefe und Schärfe. Worin bestehen nun diese Ungleichgewichte? Zur Beantwortung der Frage muss man sich darüber Klarheit verschaffen, weshalb der Euro überhaupt eingeführt wurde. Als ein Grund wird der Wegfall des lästigen Geldtauschs beim Grenzübertritt genannt. Doch dies war bestenfalls ein willkommener Nebeneffekt, ökonomisch fiel er kaum ins Gewicht. Schon bedeutender war da der Wegfall des Risikos permanenter Kurschwankungen der Währungen. Daran hatte vor allem die in Deutschland starke im- und exportierende Industrie ein großes Interesse. Das dem Euro vorangegangene Europäische Währungssystem (EWS) hatte dieses Problem nicht lösen können, an den von ihm nicht einzudämmenden Kursschwankungen der europäischen Währungen war es zerbrochen.

---

2   Vgl. FAZ vom 6.1.2008. Otmar Issing gilt als einer der wichtigsten Architekten der Wirtschafts- und Währungsunion.

Die Funktion des Euros
zur Absicherung spekulativer Kapitalexporte

Es gab aber noch einen weiteren Grund für die Einführung der gemeinsamen Währung, der womöglich noch schwerer wog als die Beseitigung der Kursschwankungsrisiken. Der Euro sichert jene Kapitalexporte, die spekulativ in Form von Krediten in andere Länder der Eurozone gehen. Er schützt die Guthaben der Kapitalexporteure vor der Gefahr ihrer Entwertung durch Abwertungen nationaler Währungen. Die mit den Kapitalexporten verbundenen Kreditkontrakte sind von Wechselkursänderungen besonders betroffen, werden sie doch regelmäßig mit langen Fristen ausgegeben und sind sie im Verhältnis zum Transaktionsvolumen auf relativ kleine Gewinnmargen ausgerichtet.

Spekulative Kapitalexporte unterscheiden sich zudem signifikant von Waren- oder Dienstleistungsexporten. Bei letzteren dauert das Vertragsverhältnis in der Regel nur einen kurzen Augenblick: Ware bzw. Dienstleistung werden gegen Geld bzw. geldähnliche Leistungen getauscht. Länger andauernde Vertragsfolgen ergeben sich höchstens bei Abzahlungsgeschäften, aus Garantiehaftungen, Rücknahmeverpflichtungen und dergleichen mehr. Anders verhält es sich beim spekulativen Kapitalexport. Im Unterschied zur exportierten Ware oder Dienstleistung sind diese Kreditverhältnisse auf eine lange Dauer ausgerichtet, sie laufen in der Regel über Jahre, wenn nicht gar über Jahrzehnte. Gläubiger und Schuldner bleiben über diese Zeit aneinander gekettet.

Beim Kapitalexport geht es aber nicht immer um spekulative Anlagen im Ausland, um sogenannte Nettofinanzkapitalexporte. Kapital in Form von Nettodirektinvestitionen wird auch exportiert, um dort Produktions- und Vertriebsanlagen zu erwerben oder zu errichten, bzw. ausländische Unternehmen zu übernehmen oder sich in sie einzukaufen. Bereits der sozialdemokratische Marxist und Wirtschaftstheoretiker Rudolf Hilferding unterschied 1909 in seinem Buch »Das Finanzkapital«: »Der Kapitalexport kann vom Standpunkt des exportierenden Landes aus in zwei Formen erfolgen: Das Kapital wandert ins Ausland als zinstragendes oder als profittragendes Kapital. Als letzteres kann es wieder als industrielles Kapital, Handels- oder Bankkapital fungieren.«[3]

Im heutigen Finanzkapitalismus übersteigen aber die spekulativ ausgerichteten Nettofinanzkapitalexporte des »zinstragenden« Kapitals die Nettodirektinvestitionen des »profittragenden« Kapitals um ein Vielfaches. Und dies ist keineswegs eine neue Erscheinung, wie die in den letzten Jahren aufgekommenen Bezeichnungen »Finanzmarktkapitalismus« oder »finanzmarktgetriebener Kapitalismus« glauben machen könnten. Bereits 1916 schreibt Lenin: »Das 20. Jahrhundert ist also der Wendepunkt vom alten zum neuen Kapitalismus, von der Herrschaft des Kapitals schlechthin zu der Herrschaft des Finanzkapitals.« Und diese neue Zeit ist nach ihm gekennzeichnet durch den Kapitalexport: »Für den alten Kapitalismus, mit der vollen Herrschaft der freien Konkurrenz, war der Export von Waren kennzeichnend. Für den neuesten Kapitalismus, mit der Herrschaft der Monopole, ist der Export von Kapital kennzeichnend geworden.« Und: »Für den Imperialismus ist ja gerade nicht das Industrie-, sondern das Finanzkapital charakteristisch.«[4]

Die Exporte zinstragenden Kapitals durchlaufen regelmäßig mehrere Stationen. Dies soll hier an einem Beispiel illustriert werden: Eine deutsche Landesbank legt einen Fonds auf und sammelt dafür Ersparnisse bei vermögenden deutschen Bürgern ein. Ist der Topf gut gefüllt, räumt die Landesbank einer im Euroraum beheimateten Bank, wie beispielsweise den spanischen Sparkassen, den Cajas, einen Kredit ein. Diese Sparkassen vergeben nun dieses Geld in Form von Einzelkrediten an spanische Bürger, die sich dafür Autos, Wohnungen, Häuser kaufen oder sich eine medizinische Behandlung bzw. die Ausbildung ihrer Kinder leisten. Bis zur Einführung des Euros wurden solche Einzelkredite in nationaler Währung, in unserem Beispiel in spanischer Peseta, vergeben. Wurde diese Währung nun gegenüber der D-Mark abgewertet, so sank natürlich auch der Wert der vergebenen Einzelkredite mit der Folge, dass die spanischen Sparkassen

---

3   Hilferding, 1955, S. 468

4   Lenin, 1960, S. 244

die ihnen von der deutschen Landesbank in D-Mark eingeräumten Kredite nur noch mühsam oder gar nicht zurückzahlen konnten. Mit dem Euro verschwand dieses Risiko. Der spanische Staat kann nun nicht mehr zum Mittel der Abwertung seiner Währung greifen, mit der Folge, dass sich die Risiken von Transfers »zinstragenden Kapitals« in den Ländern des gemeinsamen Währungsraums schlagartig verminderten. Hierin liegt daher einer der entscheidenden Gründe für die Einführung des Euros. »Die Beseitigung dieser Art Unsicherheit hatte (…) einen sehr viel stärkeren Einfluss auf das Geschehen in der Eurozone als die Beseitigung der Unsicherheit beim Warenhandel, denn sie führte zu einer dramatischen Konvergenz der Zinsen für Kredite, die in jeweils heimischer Währung aufgenommen wurden. Vor der Einführung wollten Anleger aus anderen Ländern hohe Risikoaufschläge im Zins, um für den Fall einer Abwertung der Anlagewährung während der Laufzeit kompensiert zu werden. Schon nach der Ankündigung des Euro verschwanden diese Aufschläge und leiteten damit eine Umlenkung der Kapitalströme (in die Staaten der europäischen Peripherie, A.W.) ein, die die heutige Krise maßgeblich erklärt.«[5]

Die so erreichte Sicherheit beflügelte den Kapitalexport innerhalb der Eurozone ungemein. Vor allem Transfers aus Deutschland schnellten in die Höhe. Geht man, den Angaben des Statistischen Bundesamtes folgend, für die Zeit zwischen 2002 und 2007 von einer gesamtwirtschaftlichen Ersparnis in Deutschland von insgesamt 866 Milliarden Euro aus, so wurden davon nicht weniger als 65 Prozent ins Ausland transferiert, was insgesamt 563 Milliarden Euro ausmacht.

Die Verschuldung der europäischen Peripherie

Dem zunehmenden Kapitalexport der wirtschafts- und finanzstarken Euroländer entsprach eine enorme Verschuldung der kapitalimportierenden Länder der europäischen Peripherie. Nach einer Aufstellung der Bank of Scotland haben Banken und andere Finanzinstitutionen

---

5   Sinn, 2015, S. 34f.

aus den kerneuropäischen Ländern fast 2,2 Billionen Euro an Schuldner in Spanien, Griechenland und Portugal verliehen. Empfänger
waren mit 567 Milliarden Eurostaaten, die damit einen Teil ihrer
Haushaltsdefizite finanzierten, Banken mit mehr als einer Billion
Euro und andere Unternehmen mit 534 Milliarden Euro.

Geldinstitute Kerneuropas waren die wichtigsten Kreditgeber an
die Staaten der Peripherie. Nach einer Aufstellung der *International
Herald Tribune* verliehen französische Banken 229 Milliarden, deutsche 226 Milliarden, britische 103 Milliarden und niederländische
100 Milliarden Euro. Hinzu kamen US-amerikanische Banken mit
54 Milliarden Dollar, italienische mit 31 Milliarden und belgische
mit 19 Milliarden Euro.[6] Doch das waren nur die Kredite an Staaten. Hoch waren auch die Ausleihen an Banken, Unternehmen und
Privatpersonen. Einem Bericht der Bank für Internationalen Zahlungsausgleich (BIZ) zufolge hatten allein »deutsche Banken Ende
2009 in Spanien Kredite über insgesamt 202 Milliarden Dollar vergeben. Mit 109 Milliarden Dollar machten darunter die Forderungen gegenüber spanischen Banken den größten Anteil aus. Noch
höher ist das Engagement französischer Banken mit 248 Milliarden
Dollar dort. Darunter sind Darlehen an Unternehmen und Haushalte der größte Posten.«[7] Und über Forderungen US-amerikani-
scher Banken konnte man lesen: »Die zehn größten Institute halten
gegenüber den Regierungen von Griechenland, Portugal, Spanien,
Irland und Italien offene Positionen in Höhe von rund 60 Milliarden
Dollar. Das sind etwa neun Prozent ihres Kernkapitals.«[8] Nach einer
Aufstellung des Internationalen Währungsfonds (IWF) über die Verteilung der weltweiten Nettokapitalimporte im Zeitraum zwischen
2005 bis 2008 nahmen Spanien 9 Prozent, Großbritannien 5 und
Italien 4 Prozent auf. Dem folgten Griechenland mit 2,6 Prozent,

6   Vgl. Day of reckoning looms for EU banks' loans, in: International Herald
     Tribune, 5./6.6.2010

7   In der Politik und im Geldhandel wächst die Sorge um Spanien, in: FAZ
     vom 14.6.2010

8   Amerika sorgt sich über Europas Schuldenkrise, in: FAZ vom 25.5.2010

Frankreich mit 1,8 Prozent, Portugal mit 1,6 und Irland mit 0,8 Prozent.[9]

Selbst konservativen Ökonomen wie Hans-Werner Sinn ist dieser enorme Kapitalexport Deutschlands ein Ärgernis: »Mir ist kein Land bekannt, das irgendwann einmal in seiner Geschichte einen so großen Anteil seiner Ersparnisse ins Ausland getragen hat.«[10] Den Grund dafür sieht er in der blinden Gier nach höherem Profit, und sei der Unterschied noch so klein: »Überall schien das Gold heller zu glänzen als zu Hause. Die Risiken, die heute im Blickpunkt stehen, sahen die Investoren nicht, nur die etwas höheren Renditen, die man andernorts versprach. Deutsche Lebensversicherer und Banken, vor allem die heute angeschlagenen Landesbanken, haben damals für höchstens 20 bis 35 Basispunkte, also gerade mal 0,20 bis 0,35 Prozentpunkte, die sie mehr an Zinsen bekamen, griechische, portugiesische und spanische Staatspapiere den deutschen vorgezogen.«[11]

Für Kenner der Leninschen Imperialismustheorie ist die Klage über die Gier der Finanzkapitalisten und über die Vernachlässigung des eigenen Landes jedoch alles andere als neu, ist sie den Kapitalisten doch nun einmal eigen: »Solange der Kapitalismus Kapitalismus bleibt, wird der Kapitalüberschuss nicht zur Hebung der Lebenshaltung der Massen in dem betreffenden Land verwendet – denn das würde eine Verminderung der Profite der Kapitalisten bedeu-

---

9   Angaben nach: International Monetary Fund, World Economic Outlook Database, October, hier zitiert nach Sinn, 2010, S. 19

10   Sinn, 2015, S. 121

11   Sinn, 2012, S. 56 und 57 f. Diese Kritik des damaligen Präsidenten des Ifo-Instituts verbleibt aber auf der rein moralischen Ebene, ganz abgesehen davon, dass Sinn den längst vollzogenen Übergang vom freien Kapitalismus zum Finanzkapitalismus nicht zur Kenntnis nimmt, denn wollte Sinn tatsächlich den Kapitalexport begrenzen, so müsste er die Änderung der Bestimmungen der EU fordern, heißt es doch in Artikel 63 des Vertrags über die Arbeitsweise der Europäischen Union (AEUV) eindeutig: »Im Rahmen der Bestimmungen dieses Kapitels sind alle Beschränkungen des Kapitalverkehrs zwischen den Mitgliedstaaten sowie zwischen den Mitgliedstaaten und dritten Ländern verboten«. Von einer Abschaffung des freien Kapitalverkehrs ist aber bei ihm nirgendwo die Rede.

ten –, sondern zur Steigerung der Profite durch Kapitalexport ins Ausland, in rückständige Länder. In diesen Ländern ist der Profit gewöhnlich hoch, denn es gibt dort wenig Kapital, die Bodenpreise sind verhältnismäßig nicht hoch, die Löhne niedrig und die Rohstoffe billig.«[12]

Der Euro als Wohlstandsversprechen

Die Staatsapparate, die Unternehmen und die Privatleute in den west- und südeuropäischen Peripherieländern profitierten mit der Einführung des Euros von den günstigen Kreditbedingungen, denn die internationale »Finanzindustrie« vergab das in der Regel nicht ihnen gehörende Geld äußerst freigiebig, versprachen diese Länder doch hohe Wachstumsraten. Zudem gingen die Kreditgeber stets davon aus, dass in Krisenzeiten die gesamte Eurozone mit ihren starken Ländern Deutschland und Frankreich in letzter Instanz für in Not geratene Empfänger in der Peripherie haften würde. Die internationalen Finanzkapitalisten honorierten mit geringeren Zinsforderungen die Tatsache, dass als Sicherheiten für griechische, spanische oder portugiesische Staatsanleihen nun nicht mehr solch traditionell schwachen Währungen wie Drachme, Peseta oder Escudo standen, sondern der starke Euro. So war bereits Ende der 90er Jahre der bis dahin hohe Zinsunterschied zwischen spanischen bzw. portugiesischen und deutschen Anleihen verschwunden. Und so häuften vor allem Irland, Spanien, Portugal, Griechenland, aber auch die baltischen Staaten, deren Währungen an den Euro gebunden waren, enorme Schulden auf. Allein der spanische Staat, spanische Unternehmen und Bürger hatten 2011 Außenschulden in Höhe von 983 Milliarden Euro, gefolgt von Italien mit 325 Milliarden, Portugal mit 176, Griechenland mit 171, Irland mit 153 und Zypern mit 14 Milliarden Euro. Vor allem die Privatbanken türmten enorme Schulden auf, etwa in Griechenland: »Vor 2008 schwollen die Bilanzen der Privatbanken rapide an, von 181 Milliarden Euro im Dezember 1999 auf 544 Milliarden Euro im Juni 2010. (...) Die Bankenrettungen waren

---

12   Lenin, 1960, S. 245

einer der Hauptgründe für die ungeheure Sparpolitik, die dem Land aufgezwungen wurde.«[13]

Mit diesen Krediten wurde ein gigantisches Überangebot an Häusern und Wohnungen geschaffen, vor allem in Irland und Spanien. In Griechenland wurde großzügig in Infrastrukturprojekte investiert, die sich das Land sonst nicht hätte leisten können. Es richtete die Olympischen Spiele 2004 aus, deren Austragungsorte heute, wie in so vielen anderen ehemaligen Olympiaorten auch, hohe Nachfolgekosten erfordern bzw. einfach verrotten. Im Norden Griechenlands baute man vom westgriechischen Igoumenitsa bis zur türkischen Küste die Autobahn »Egnatia Odos«, die aber kaum genutzt wird.[14] Doch nicht alles wurde sprichwörtlich »in den Sand gesetzt«. Sinnvoll waren etwa der Bau einer Metro und der Neubau der Straßenbahn in Athen sowie die Errichtung eines neuen Flughafens der Stadt, wodurch das alte Flughafengelände als wertvolles Bauland frei wurde.[15] Auf einem anderen Blatt steht, dass diese riesigen Infrastrukturprojekte oft mit hohen Korruptionszahlungen, vor allem des deutschen Unternehmens Siemens an griechische Politiker, verbunden waren.

In Spanien wurden mit den günstigen Krediten nicht nur heute leer stehende Häuser und Geisterstädte errichtet. Investiert wurde auch dort in sinnvolle Infrastrukturprojekte, etwa in den Ausbau des Hochgeschwindigkeitsnetzes der Bahn. Der portugiesische Staat nutzte die günstigen Kredite zur Entwicklung seines Bildungssystems. Und Italien finanzierte mit ihnen Forschungsprojekte, die helfen sollen, den technologischen Rückstand des Landes gegenüber seinen Konkurrenten zu verringern. Es ist also keineswegs so, wie uns Hans-Werner Sinn zu suggerieren versucht, dass »der italienische Staat den

---

13   Flassbeck/Lapavitsas, 2015, S. 154 f.

14   Vgl. Gregor Kritidis, Griechenland unter dem Diktat der Troika, in: Widerspruch, Beiträge zu sozialistischer Politik, 2011, Heft 61, S. 38 f.

15   Nach Aussage des Fondsmanagers Costas Mitroupoulos stellt »der frühere Flughafen von Elliniko, mitten in der Stadt Athen an der Ägäis gelegen, (…) das größte verkäufliche Grundstück in einer europäischen Hauptstadt dar.«, zitiert nach Kleiser, 2014, S. 100. Es ist klar, dass ein solches »Filetstück« nach Ansicht der Gläubiger unverzüglich privatisiert gehört.

riesigen Zinsvorteil, den ihm der Euro gebracht hat, »verfrühstückt«[16] habe, nur weil er ihn nicht zum Schuldenabbau genutzt hat. Nach Sinn hingegen handelte es sich daher nur um einen »Kapitalverbrennungsprozess in Südeuropa«[17].

Die ersten zehn Jahre des Euros waren für die Länder des Südens zwar eine Zeit steigender Verschuldung aber zugleich auch größeren individuellen und gesellschaftlichen Wohlstands. Man konnte sich erstmals Dinge leisten, die bis dahin unerreichbar waren. Dazu trugen auch die in diesen Jahren steigenden Löhne bei. Im allgemeinen Bewusstsein der Bevölkerungen wurde der Euro äußerst populär. Dies ist ein wichtiger Grund dafür, weshalb in Griechenland selbst heute noch eine Mehrheit von etwa 60 bis 70 Prozent der Bevölkerung für den Verbleib in der Eurozone eintritt. Die Strategie von Syriza wurde und wird von dieser Haltung bestimmt. Auch deshalb wurde von ihr nie ein Ausstieg aus dem Eurosystem, der »Grexit«, ernsthaft erwogen.

Hat die europäische Peripherie über ihre Verhältnisse gelebt?

In den Lohnzuwächsen dieser Zeit, die durchweg höher als der Anstieg der Produktivitätsraten ausfielen, sehen neoliberale Politiker und Medien heute eine der wesentlichen Ursache der Eurokrise. Doch dabei werden Ursache, ein starker Kapitalexport aus den kerneuropäischen Staaten in die Peripherie, und Wirkung, ein hohes und überhitztes Wachstum in der Peripherie verbunden mit steigenden Löhnen, regelmäßig verwechselt. Es war der hohe Kapitalexport, der sowohl die hohe Verschuldung als auch die Überhitzung überhaupt erst möglich gemacht hatte. Die neoliberale Kritik lässt außerdem unter den Tisch fallen, dass es nur den höheren Löhnen in der Peripherie zu verdanken war, dass die deutsche Konsumgüterindustrie in den ersten zehn Jahren des Euros so viel wie nie zuvor dorthin exportieren und damit zugleich die Konjunktur im eigenen Land stützen konnte. Auf diese Weise kam ein schwunghafter Austausch zwischen Kern und Pe-

---

16   Sinn, 2014, S. 26
17   Ebd., S. 160

ripherie in Gang: Der hohe Export von Waren und Dienstleistungen in die Länder der Peripherie spülte viel Geld in die Kassen der Unternehmen Kerneuropas, und hier vor allem in die der deutschen. Diese Gewinne blieben aber nicht dort, da sie in Deutschland aufgrund hier stagnierender Löhne und geringer werdender Staatsausgaben nicht gewinnbringend genug anzulegen waren, und so exportierte man sie wieder als »zinstragendes Kapital« in Form von Nettofinanzkapitalexporten in die Peripherie, wo sie wiederum in Form von Krediten zum Kauf deutscher Waren dienten.

Bis zum Ausbruch der Krise wurde diese Kreislaufwirtschaft nicht kritisiert, weder in der Politik noch von den Medien. Auch die Europäische Zentralbank (EZB) sah in ihr nichts Beunruhigendes. Als etwa das lettische Leistungsbilanzdefizit von 11,8 Prozent im Jahr 2004 auf den in der EU bisher höchsten Wert von 24,3 Prozent 2007 kletterte, sah man in der EZB nichts Ungewöhnliches darin. In ihrem Jahresbericht 2007 vermerkte sie zu diesem dramatischen Anstieg nur lakonisch: »In vielen Staaten, die der EU am 1. Mai 2004 bzw. am 1. Januar 2007 beigetreten waren, sind Defizite – soweit sie günstige Anlagemöglichkeit und eine intertemporale Konsumglättung widerspiegeln – bis zu einem gewissen Grad kennzeichnend für den Aufholprozess.«[18] Erst als mit Ausbruch der Krise 2007 der Kapitalstrom plötzlich abriss, sich die Kreditzinsen schlagartig erhöhten, viele Banken der Peripherie in Schieflage gerieten und ihre Kredite an Geldhäuser in Kerneuropa nicht mehr zurückzahlen konnten, ließ es plötzlich heuchlerisch: Die Peripheriestaaten leben über ihre Verhältnisse!

Die Geborgenheit in einem gemeinsamen Währungssystem mit solch starken Volkswirtschaften wie Deutschland und Frankreich, die erst gestern noch historisch niedrige Zinsen in den Peripheriestaaten garantierten, erwies sich nun plötzlich als »eiserner Käfig«[19]. Aus dem Segen wurde ein Fluch! Der Preis, den die Peripheriestaaten für ihre Aufnahme in die Eurozone zu zahlen hatten, wurde sichtbar: Mit der

---

18   Europäische Zentralbank, 2007, S. 93

19   So lautet die zutreffende Bezeichnung des Eurowährungssystems im »Plan B für Europa«, in: neues deutschland vom 12.9.2015

eigenen Währung hatten sie wichtige Souveränitätsrechte aufgegeben. Seitdem sind sie nicht mehr ihr eigener Herr im Haus. Brüssel, Paris und vor allem Berlin diktieren vielmehr die Bedingungen.

Die den Peripheriestaaten auferlegte Austeritätspolitik zielt in erster Linie auf die Rückgängigmachung der dort bis zum Ausbruch der Krise erfolgten Lohn- und Wohlstandsverbesserungen. Das Mittel dafür ist die sogenannte interne Abwertung. Intern, da aufgrund des nicht mehr existierenden eigenen nationalen Geldes eine externe Abwertung der Währung unmöglich ist. Die interne Abwertung zielt dagegen auf die Senkung der Arbeitskosten, in erster Linie der Löhne und Gehälter, und Sozialabgaben sowie der Preise, um auf diese Weise die Konkurrenzfähigkeit der jeweiligen Volkswirtschaft zu verbessern.

Mit Genugtuung wird dabei von der bürgerlichen Ökonomie registriert, dass die neue Konkurrenz der osteuropäischen Staaten, die 2004 bzw. 2007 der EU beitraten, schon das Ihrige zur Korrektur dieser »unnatürlichen« Entwicklung beitragen werde: »Für die Länder Südeuropas freilich sollte sich die Osterweiterung der EU zu einer wahren Katastrophe entwickeln, denn ihre Löhne schossen, finanziert durch den ausländischen Kredit, in die Höhe und entwickelten sich genau in die falsche Richtung. Heute stellen die Lohnunterschiede zwischen den süd- und osteuropäischen Ländern ein fast unlösbares Problem für die Südländer dar. (...) Auch Griechenland hat mit seinen exorbitanten Lohnkosten keinerlei Chance, zumal an den Fleiß und die Qualität osteuropäischer Arbeitskräfte so schnell keiner herankommt.«[20] Das Ziel steht fest: Griechenland und die anderen Peripheriestaaten sollen auf den Stand Osteuropas heruntergebracht werden. Auch die *Frankfurter Allgemeine Zeitung* sieht es so: »Und es wird weiter Geld nach Athen fließen müssen, solange die Löhne und Renten in Griechenland nicht der tatsächlichen Leistungsfähigkeit der griechischen Wirtschaft entsprechen. Dazu müsste sich der Durchschnitts-

---

20 Sinn, 2014, S. 28. Sicherlich unbeabsichtigt spricht Sinn damit der guten Ausbildung der Arbeitskräfte in den untergegangenen sozialistischen Gesellschaften ein Lob aus.

verdienst in Griechenland irgendwo zwischen dem Niveau Estlands und Sloweniens einpendeln. Das ist nur über eine fortgesetzte interne Abwertung erreichbar, also über weitere Kürzungen.«[21]

Eine Überwindung der Eurokrise
allein durch höhere deutsche Löhne?

Auch für einige linke Kritiker der europäischen Krisenpolitik steht die Frage der Entwicklung der Löhne in den Peripherieländern im Mittelpunkt der Analyse. Kritisiert werden aber nicht – wie es die Neoliberalen tun – die Lohnsteigerungen in den Peripherieländern, sondern vielmehr das Zurückbleiben der Löhne ab etwa dem Jahr 2000 in Deutschland. Dies ist etwa für den Wirtschaftswissenschaftler und ehemaligen Staatssekretär im Bundesfinanzministerium unter Lafontaine, Heiner Flassbeck, die eigentliche Krisenursache: »Die neue deutsche Arbeitsmarktpolitik fiel mit der formellen Einführung der Währungsunion zusammen und führte in der Folge unter den Mitgliedstaaten zu gewaltigen Divergenzen bei den nominalen Lohnstückkosten. Der Hauptgrund für dieses Auseinanderlaufen war die schlichte Tatsache, dass Deutschlands nominale Lohnkosten, der wichtigste Bestimmungsfaktor von Preisen und Wettbewerbsfähigkeit, seit dem Start der Währungsunion im Wesentlichen unverändert geblieben ist (…). Im Gegensatz dazu verzeichneten die meisten südeuropäischen Länder ein nominales Lohnwachstum, das den nationalen Produktivitätszuwachs plus das gemeinsam vereinbarte Inflationsziel von zwei Prozent um eine kleine, aber stabile Marge überstieg. (…) Am Ende des ersten Jahrzehnts der Wirtschafts- und Währungsunion hatte sich die Kosten- und Preislücke zwischen Deutschland und Südeuropa auf etwa 25 Prozent summiert (…).«[22]

Die Ursache für die Divergenzen liegt daher für Flassbeck in der in Deutschland betriebenen Lohnpolitik: »Kurz gesagt, Deutschland hat eine Politik der ›Bereicherung auf Kosten seiner Nachbarn‹ verfolgt, aber erst, nachdem es sich auf ›Kosten der eigenen Beschäftigten

21   FAZ vom 27.2.2015
22   Flassbeck/Lapavitsas, 2015, S. 43 f.

bereichert‹ hat, indem es praktisch die Löhne einfror. Das ist das Geheimnis des deutschen Erfolgs der letzten anderthalb Jahrzehnte.«[23] Und in einem Interview bringt Flassbeck seinen Lösungsvorschlag auf den Punkt: »Wir brauchen fünf bis sechs Jahre höhere Löhne pro Jahr über einen Zeitraum von zehn Jahren, dann wäre das Problem gelöst.«[24]

Auf die Formel »zu niedrige Löhne in Deutschland und daraus sich ergebend zu hohe Waren- und Dienstleistungsexporte in die Peripherie und zugleich eine zu geringe deutsche Kaufkraft, um mehr Importe aus der Peripherie aufnehmen zu können«, lassen sich auch die meisten Kriseneinschätzungen aus dem Lager der Gewerkschaften und kritischer Wirtschaftswissenschaftler bringen. Die Forderung nach Erhöhung der Löhne in Deutschland gehört denn auch zu den Standardforderungen in den vielen Unterstützungserklärungen für die Syriza-Regierung. Auf diese Weise sollte die Eurokrise zum Verschwinden gebracht werden. Aber so einfach ist es nicht.

Zwar kann es keinen Zweifel daran geben, dass die Löhne in Deutschland spätestens ab 2000 deutlich hinter der Produktivkraftentwicklung im Land zurückblieben und das Lohnniveau daher heute hier viel zu niedrig ist. Verheerend auf den Konsum in Deutschland ausgewirkt haben sich auch die Kürzungen bei den Lohnersatzleistungen durch die Hartz-»Reformen« der rot-grünen Bundesregierung. Mehr Geld in den Taschen der deutschen Lohnabhängigen hätte daher auch zu mehr Importen aus den Peripherieländern führen können mit dem positiven Effekt, dass sich deren Handelsbilanzen verbessert hätten. Doch eine hinreichende Erklärung für die Eurokrise ist dies nicht.

Übersehen wird dabei zum einen, dass für die Eurokrise keineswegs nur eine fehlgeleitete Politik Deutschlands verantwortlich ist. Auch die anderen kerneuropäischen Staaten haben sich an den hohen Kapitalexporten in die Peripherie beteiligt. Französische Banken hat-

---

23   Ebd., S. 45

24   Heiner Flassbeck, Der Euro-Ausstieg ist eine Waffe, in: junge Welt vom 7./8.11.2015

ten sogar, wie dargestellt, nach Griechenland mehr Geld als deutsche verliehen. In Irland standen wiederum britische Geldhäuser unter den ausländischen Kreditgebern an erster Stelle, und Osteuropa war vor allem von Krediten österreichischer bzw. skandinavischer Banken überschwemmt worden, und in all diesen Geberländern gab es nicht eine vergleichbare Stagnation der Lohnsumme wie in Deutschland.

Flankiert wurde diese beispiellose Aufblähung der innereuropäischen Kreditgeschäfte zudem durch die Schaffung des »Europäischen Finanzdienstleistungsmarktes« als Teil des Binnenmarktes, dessen Etablierung die Europäische Kommission nach Einführung des Euros vorantrieb. Mit ihm wurden die Geschäfte der Finanzindustrie innerhalb des Binnenmarkts erleichtert und enorm beschleunigt. Die Entscheidung zur Schaffung eines solchen Finanzdienstleistungsmarktes wurde von allen EU-Staaten gemeinsam getroffen, vor allem Großbritannien verlangte vehement danach, um der City of London neue Geschäftsfelder zu erschließen.

Die gegenwärtige Eurokrise ist daher nicht eine nur von Deutschland ausgehende Krise, und sie kann daher auch nicht einfach durch eine Änderung der deutschen Haushalts- und Wirtschaftspolitik bzw. durch eine offensive Lohnpolitik der Gewerkschaften allein beseitigt werden. Genau das aber suggeriert der Titel des Buches von Heiner Flassbeck und Costas Lapavitsas: »Nur Deutschland kann den Euro retten.«[25] Die Krise, die sich ab 2007 in schnellen Schritten aus einer Liquiditätskrise zu einer Bankenkrise und dann zu einer Staatsschuldenkrise und schließlich zur Eurokrise entwickelte, lässt sich auf diese Weise nicht erklären. Sie kann vielmehr nur verstanden werden, wenn man, wie gezeigt, die Bewegungen der Kapitalexporte innerhalb der Eurozone untersucht.

Zu Recht sieht daher Lucas Zeise die Krise als Ergebnis der Dominanz des Finanzkapitals: »Nichts hätte uns deutlicher die Herrschaft

---

25 Diese Aussagen gelten aber ganz offensichtlich nicht für den Coautor dieses Buches, Costas Lapavitsas. Er entwickelt vielmehr im zweiten Teil des Werks ganz eigenständig einen detaillierten Plan für den Austritt Griechenlands aus dem Euro. Vgl. zur Kritik des Buches von Flassbeck und Lapavitsas auch Reiterer, 2015, S. 9-18

des Finanzkapitals vor Augen führen können als die Vorgeschichte, der Ausbruch und der Verlauf der immer noch aktuellen Finanz- und Weltwirtschaftskrise. (...) Nach hundert Jahren ist die Feststellung, dass das Finanzkapital die politische und ökonomische Vorherrschaft innehat, so aktuell wie eh und je.«[26]

Die Krise macht die Ungleichgewichte in der EU sichtbar

Mit dem Lehman-Schock vom 15. September 2008[27] versiegten in nur wenigen Tagen die Kapitalzuflüsse in die Peripheriestaaten fast vollständig. In aller Schärfe zeigten sich unter den Mitgliedsländern, zwischen Kern und Peripherie der Eurozone, die »Ungleichgewichte«, vor deren »Akkumulation« Otmar Issing im Januar 2008 gewarnt hatte. Bei diesen Ungleichgewichten handelt es sich um nichts anderes als um die Unterschiede, die sich im Akkumulationsprozess des Kapitals regelmäßig zwischen Staaten herausbilden. »Unter dem Kapitalismus ist ein gleichmäßiges Wachstum in der ökonomischen Entwicklung einzelner Wirtschaften und einzelner Staaten unmöglich. (...) Die Ungleichmäßigkeit der ökonomischen und politischen Entwicklung ist ein unbedingtes Gesetz des Kapitalismus.«[28]

Aber diese nun sichtbar gewordenen Ungleichgewichte unter den Staaten der Europäischen Union sind nicht ursächlich für die Staatsschulden- bzw. Eurokrise. Sie waren bereits vorher da, und sie werden auch nach einem Ende der Eurokrise weiter vorhanden sein. Ihre Ursachen liegen in der Mitgliedschaft der Peripheriestaaten in einer EU begründet, in der sich stets die starken Monopolunternehmen der Kernländer, und hier vor allem Deutschlands, durchsetzen. Sie konkurrieren die schwachen Industrien in den europäischen Randländern nieder mit der Konsequenz, dass diese deindustrialisiert werden. Was das für Griechenland bedeutet, beschrieb bereits 2010 die *Frank-*

---

26   Lucas Zeise, Die Herrschaft des Finanzkapitals, in: junge Welt vom 30.5.2012

27   An diesem Tag musste die US-amerikanische Investmentbank Lehman Brothers Konkurs anmelden. Der Zusammenbruch führte zu einer globalen Finanzmarktkrise.

28   Lenin, 1960a, S. 344 f.

furter Allgemeine Zeitung. Unter der Überschrift »Griechenland fehlt eine eigene Industrie« heißt es: »Die Textilindustrie spielt indessen kaum mehr eine Rolle für die Volkswirtschaft, da sie überwiegend nach Bulgarien und in asiatische Billiglohnländer abgewandert ist und damit zu einem sichtbaren Beispiel für die Deindustrialisierung Griechenlands wurde, die nach dem Eintritt Griechenlands 1981 in die EU eingesetzt hat.«[29]

Flassbeck und die anderen bleiben in ihrer Analyse ganz der keynesianischen Doktrin verhaftet, dass eine kapitalistische Krise eben immer nur eine Unterkonsumptionskrise sei und daher mit Lohnerhöhungen und mit sich daraus ergebendem höherem Konsum erfolgreich bekämpft werden könne. Ihre Annahme, damit zugleich auch den Ungleichgewichten unter den Handelsbilanzen der EU-Länder erfolgreich begegnen zu können, greift aber zu kurz. Denn dabei wird übersehen, dass die Stärke der deutschen Exportindustrie nur zu einem Teil auf den für sie günstigen Löhnen beruht. Von größerer Bedeutung ist die traditionelle Marktmacht deutscher Monopolunternehmen, etwa in der Automobilproduktion, in der Chemieindustrie und der Werkzeugmaschinen- bzw. Elektroindustrie. Hier besitzen die deutschen Konzerne einen fast uneinholbaren Vorsprung gegenüber ihren europäischen Konkurrenten. Damit dies in Zukunft auch so bleibt und er sogar noch größer wird, liegen die Ausgaben für Forschung in Deutschland mit etwa 2,8 Prozent des Bruttoinlandsprodukts (BIP) in der Spitzengruppe der EU-Staaten, vor Frankreich (2,3 Prozent), Großbritannien (1,7 Prozent) und weit vor Italien (1,3 Prozent).[30]

Das Versiegen der Kreditquellen hat in den Peripherieländern Refinanzierungsketten zerrissen und zugleich für zahlreiche Unternehmenszusammenbrüche gesorgt, beginnend in der dafür besonders anfälligen Bauindustrie. Für gerade erst errichtete Häuser und Wohnungen gab es plötzlich keine Käufer mehr, da diese keinen Kredit

---

29 Griechenland fehlt eine eigene Industrie, in: FAZ vom 8.5.2010

30 Vgl. DIW-Wochenbericht, Bericht Wachstum durch Forschung und Entwicklung, Nr. 35, 2015, S. 751 ff.

mehr bekamen, kaum fertig, wurden die Gebäude dem Verfall anheim gegeben. Schnell steckten sich in der Krise andere Branchen an. Es schlossen Restaurants, Cafés und kleine Läden. Banken gerieten daraufhin reihenweise in Schieflage, einige mussten schließen. Arbeitslosigkeit und Not breiteten sich aus.

Das Anwachsen der Schuldenquote in der EU

Der Absturz traf aber auch jene in den kerneuropäischen Ländern hart, die gestern noch so freigiebig mit Krediten waren. Die *Frankfurter Allgemeine Zeitung* zog im Herbst 2013 für Deutschland Bilanz: »Durch Insolvenzen von Banken, Unternehmen und Privatpersonen in den Kapitalimportländern ist in der Krise ab 2007 für die deutschen Kapitalexporteure bereits ein enormer Verlust entstanden. Auf rund 600 Milliarden Euro hat das Deutsche Institut für Wirtschaftsforschung die in den Jahren 2006 bis 2012 erlittenen Vermögensverluste im Ausland geschätzt. Es ist die Differenz zwischen den Überschüssen in der Leistungsbilanz und den Veränderungen in der Bilanz der Finanzbeziehungen mit dem Ausland (Kapitalbilanz)«[31].

Es zeigte sich einmal mehr, dass in internationalen Finanzkrisen Schuldner wie Gläubiger in den kapitalimportierenden als auch in den kapitalexportierenden Ländern unfreiwillige Schicksalsgemeinschaften bilden. In beiden Lagern drohte der Bankensektor zu kollabieren und konnte nur durch gigantische staatliche Stützungen am Leben gehalten werden. Die staatlichen Programme zum »Heraushauen« der Banken, die »Bail-outs«, beliefen sich überall auf gigantische Milliardenbeträge und rissen tiefe Löcher in die Budgets der Staaten. »Schätzungen des Internationalen Währungsfonds (IWF) und der Organisation für wirtschaftliche Zusammenarbeit und Entwicklung (OECD) besagen, dass in den westlichen Industrieländern bei einem gesamten Haushaltsbudget von über 12,5 Billionen US-Dollar die gesamten Rettungskosten bis Ende 2011 auf 1,7 Billionen US-Dollar angestiegen sind.«[32]

---

31   FAZ vom 26.9.2013

32   Hickel, 2012, S. 16

An der Spitze in der EU stand Irland mit Hilfen von 410 Milliarden Euro, was im Verhältnis zum BIP von 2009 nicht weniger als 220 Prozent ausmachte. Besonders hoch waren die Ausgaben für Bankenrettungen auch in Großbritannien (78,7 % des BIP), in Schweden (49,3 %), in den Niederlanden (39,1 %) und in Österreich (34,2 %). Deutschland stand mit 19,5 % auf einem Mittelplatz. Im Verhältnis dazu waren die Aufwendungen in Griechenland mit nur 10,8 Prozent relativ gering.

Im Ergebnis der Bankenrettung und der Krisenbewältigung durch Konjunkturprogramme, wie etwa in Deutschland mit der sogenannten Abwrackprämie, stieg die Schuldenquote (in Prozent des BIP) laut EU-Kommission und Internationalem Währungsfonds (IWF) in den wichtigsten kapitalistischen Ländern im Zeitraum 2007 bis 2010 stark an: Allein im Euroraum von 65,9 auf 84,1 Prozent. Besonders betroffen davon waren die Länder in der Peripherie der Eurozone. Dort schrumpfte krisenbedingt über einen längeren Zeitraum die Wirtschaft und damit das Bruttoinlandsprodukt, wodurch die Schuldenquote besonders schnell anstieg, allein in Griechenland erhöhte sie sich zwischen 2010 und 2015 von 110 auf 173 Prozent.

Aufgrund der staatlichen Stützungsprogramme wurde aus der Bankenkrise in den Peripherieländer eine Staatsschuldenkrise, und da sie sich nicht mehr alleine helfen konnten, schließlich die Eurokrise. Zugleich ist die seit 2007 anhaltende Krise bis heute eine Bankenkrise geblieben, auch in Griechenland, wo die großen Banken weiterhin auf Bergen uneinbringlicher fauler Kredite sitzen.[33]

---

33 Am 1. November 2015, also fast fünf Jahre nach Beginn der Krise in Griechenland, meldete die Welt am Sonntag: »Griechenlands vier größte Banken benötigen nach einer EZB-Analyse dringend Milliardenbeträge, um eine Krise zu überstehen.« Es gehe dabei um nicht weniger als 14,4 Milliarden Euro.

III.
Weshalb Griechenland?

Die Eurokrise wird oft mit einer Krise Griechenlands gleichgesetzt. Man spricht vom »Fall Griechenland«. Es wird der Eindruck erweckt, die Eurokrise ließe sich schon mit Geduld und Hartnäckigkeit überwinden, wäre da nur nicht das kleine, widerspenstige Land in der Südostecke der EU, das sich beharrlich weigert, endlich seine »Hausaufgaben zu machen«, wie es Bundesfinanzminister Wolfgang Schäuble immer wieder so anschaulich und schlicht formuliert.[34]

Es gibt nicht *den* »Fall Griechenland«

Was ist in den letzten Jahren nicht alles über die Probleme Griechenlands gesagt und geschrieben worden. Unzählige Artikel beschäftigten sich mit der dort angeblich epidemisch verbreiteten Vettern- und Klientelwirtschaft, mit Steuerhinterziehung bzw. überhaupt fehlender Besteuerung, etwa der Reederdynastien oder der Griechischorthodoxen Kirche. Ausführlich berichtet wurde über grassierende Korruption und Verschwendung staatlicher Mittel. Herausgestellt wurde eine Überbesetzung des öffentlichen Dienstes. Und fast immer endeten diese Artikel mit dringenden Mahnungen an die griechische Regierung, dieses oder jenes abzustellen, gründlich zu reformieren

---

34 Vgl. Rheinische Post vom 12.7.2013: »Die bisherigen Hilfen seien so angelegt, dass Griechenland seine Schulden am Ende wieder selbst bedienen könne, also spätestens im Jahr 2020, erklärte Schäuble. ›Bis dahin muss die Regierung in Athen ihre Hausaufgaben machen, das kann den Griechen niemand abnehmen. Ich weiß, wie hart das für die Menschen ist.‹«, in: www.rp-online.de/politik/deutschland/merkel-und-schaeuble-gegen-neuen-schuldenschnitt-aid-1.3532523

bzw. energisch gegen Mängel einzuschreiten. So entstand das Bild von Griechenland als schwarzem Schaf Europas.

Es soll hier überhaupt nicht bestritten werden, dass tatsächlich dort vieles im Argen liegt, möglicherweise mehr als in anderen Ländern der Union. Doch auch in den angeblich mustergültigen kerneuropäischen Staaten werden Steuern in einem hohen Maße hinterzogen bzw. verkürzt, schmieren Unternehmen öffentliche Entscheidungsträger und sind Schlendrian und Bürokratismus an der Tagesordnung. Es gibt also keinen Anlass, sich über Griechenland bzw. über *die* Griechen moralisch zu erheben.[35]

Wenn hier nur am Rande auf diese innergriechischen, hausgemachten Probleme eingegangen wird, so deshalb, weil ein von außen kommender Beobachter sich kein Urteil darüber anmaßen sollte. Nur die Griechen können und dürfen darüber selbst entscheiden. Dies sehen aber leider nicht nur rechte Kritiker der griechischen Politik anders, auch viele Texte linker Kommentatoren sind gespickt mit Vorwürfen und Empfehlungen an die griechische Politik. Die wenigsten dieser selbsternannten Ratgeber beherrschen aber die griechische Sprache und können sich daher nicht aus erster Hand informieren.

Griechenland steht in der EU ganz und gar nicht alleine mit seinen Problemen. Schon deshalb gibt es den »Fall Griechenland« nicht. Es war nicht das erste Land der EU, das in eine Zahlungsbilanzkrise geriet, als es im Frühjahr 2010 Kredite zur Finanzierung seines Staatshaushalts auf den internationalen Finanzmärkten nur noch zu unzumutbaren Bedingungen aufnehmen konnte und sich deshalb hilfesuchend an die übrigen Euroländer wandte. Und es sollte auch nicht das letzte Land bleiben, das in diese für die Eurokrise typische Falle geriet. Ihm folgten bald Irland, Portugal und Zypern auf diesem Weg nach und selbst das wirtschaftlich sehr viel stärkere Spanien musste zur Rettung seines Bankensektors europäische Finanzmittel in Anspruch nehmen.

Die Krise Griechenlands, wenn man denn schon von ihr sprechen will, ist Teil einer systemischen und allgemeinen Krise des

---

35 Vor allem in den ersten Jahren der Krise war das Griechenland-Bashing in den deutschen Medien an der Tagesordnung, vgl. dazu Bickes u. a., 2012

Eurosystems, nicht die Krise eines einzelnen Landes. Und als solche soll sie hier behandelt werden. Nur wenn man die Einbettung Griechenlands in das Eurosystem und seine totale Abhängigkeit von diesem in den Mittelpunkt der Analysen stellt, kann man das Scheitern der Syriza-Regierung im Sommer 2015 erklären, das eben nicht dem Versäumnis geschuldet war, die eine oder andere innenpolitische Reform nicht rechtzeitig bzw. nicht konsequent genug angepackt zu haben. Und so gelten denn auch die Konsequenzen, die aus diesem Scheitern für einen möglichen neuen Anlauf in Griechenland zu ziehen sind, ebenso für die übrigen in die Krise geratenen Euroländer.

Lettland als Versuchskaninchen

Wenn davon gesprochen wurde, dass Griechenland nicht das erste Land der EU war, das in eine Zahlungskrise geriet, so sind hier Ungarn, Rumänien und Lettland zu nennen. Alle drei Staaten verloren bereits im Herbst 2008, unmittelbar nach dem Lehman-Schock, den Zugang zu den Finanzmärkten. Über die Gründe dafür schrieb die der deutschen Bundesregierung nahestehende Denkfabrik Stiftung Wissenschaft und Politik (SWP): »Die Verwerfungen auf den Finanzmärkten sind primär Folge einer importierten Krise. Die notleidenden Banken aus Westeuropa zogen in großem Maßstab Geld von ihren Töchtern in ihren Regionen (d. h. in Osteuropa, A. W.) ab. Da die Bankensysteme in den Ländern der Region zum großen Teil von westlichen Kreditinstituten kontrolliert werden (die Auslandsbeteiligungen liegen zwischen zwei Dritteln und weit über 90 Prozent), führte dies rasch zu Liquiditätsengpässen.«[36] In Ungarn und in Südosteuropa dominieren vor allem österreichische und im Baltikum skandinavische Banken. Mit dem Abzug von Geld aus diesen Märkten wollten sie Verluste auf den Heimatmärkten kompensieren. Das Schicksal Osteuropas interessierte sie dabei wenig.[37]

---

36 Stiftung Wissenschaft und Politik (SWP), Krisen, Crashs und Hilfspakete, in: SWP-Aktuell 12, März 2009, S. 2

37 Vgl. hierzu den Abschnitt »Der Absturz Osteuropas« im Beitrag von Andreas Wehr, Währung mit eingebauter Sozialdemontage, in: Pfeiffer (Hg.), 2009, S. 73 ff.

Die Aufrechterhaltung der Zahlungsfähigkeit dieser Länder überließen die Banken der Europäischen Union. Als EU-Länder außerhalb der Eurozone, Lettland trat ihr erst am 1. Januar 2014 bei,
Ungarn und Rumänien gehören ihr weiterhin nicht an, mussten für
ihre Unterstützung nicht die anderen Euroländer einspringen, wie
dann im Mai 2010 bei der Zahlungsunfähigkeit Griechenlands geschehen. Es war auch noch nicht nötig, Rettungsschirme, wie die spätere
»Europäische Finanzstabilisierungsfazilität (EFSF)« bzw. den »Europäischen Stabilitätsmechanismus (ESM)«, für sie zu schaffen. Für Hilfen an Länder außerhalb der Eurozone hält die EU vielmehr einen
besonderen Fonds bereit.[38] In der Finanzkrise wurde das Volumen
dieses Fonds Ende 2008 von 12 auf 25 Milliarden und im Jahr 2009
weiter auf 50 Milliarden Euro erhöht. Im Vergleich zu den allein Griechenland später zur Verfügung gestellten öffentlichen Unterstützungs-
leistungen waren das niedrige Summen. Ungarn erhielt aus diesem
Fonds 6,5 Milliarden, Rumänien 5 Milliarden und Lettland 1,7 Milliarden Euro. Zusätzliche Mittel bekamen die drei Staaten vom Internationalen Währungsfonds (IWF), bei Rumänien und Ungarn waren
die Kredite des IWF sogar deutlich höher als die der EU.

Die Hilfen für das im Vergleich zu Rumänien und Ungarn kleine
Lettland mit seinen nicht einmal zwei Millionen Einwohnern waren
danach relativ hoch. Hoch war aber auch der Preis, den das Land dafür zu zahlen hatte. Von EU-Kommission und IWF wurde es unter gemeinsame Aufsicht gestellt, und beide Organisationen diktierten ihm
eine drakonische Austeritätspolitik. Es gab zwar noch keine Troika,
da die EZB noch nicht an Bord war, aber Vertreter des Zwillingspaars
EU-Kommission und IWF gingen in den Ministerien in Riga ein und
aus, ganz so wie es die Vertreter der Troika ein paar Jahre später in
Athen taten. Zum ersten Mal in der EU wurde von einem Land eine

---

38 Nach Artikel 143 des Vertrags über die Arbeitsweise der Europäischen
    Union (AEUV) kann EU-Ländern außerhalb der Eurozone »gegenseiti-
    ger Beistand« gewährt werden, wenn »ein Mitgliedstaat hinsichtlich seiner
    Zahlungsbilanz von Schwierigkeiten betroffen oder ernstlich bedroht ist,
    die sich entweder aus einem Ungleichgewicht seiner Gesamtzahlungsbilanz
    oder aus der Art der ihm zur Verfügung stehenden Devisen ergeben.«

interne Abwertung verlangt, was bedeutete, Preise und Löhne auf ein Niveau abzusenken, von dem angenommen wurde, dass es für die Wiederherstellung der Konkurrenzfähigkeit der lettischen Volkswirtschaft angemessen sei. Als Land, das sich seinerzeit noch außerhalb der Eurozone befand, hätte sich Lettland dem zwar entziehen können, indem es seine Währung, den Lats, aus der festen Bindung an den Euro herausnahm. Doch aus politischen Gründen hielt man strikt an dieser Bindung fest, denn wie auch die anderen baltischen Staaten Estland und Litauen sieht Lettland in der inzwischen erreichten Mitgliedschaft in der Eurozone eine prinzipielle Sicherheitsgarantie gegenüber einer angenommenen Bedrohung seiner Souveränität durch Russland. Seit 2005 befand sich Lettland im sogenannten EWS-II-System, einer Vorstufe zur Mitgliedschaft im Eurosystem, in der ein Schwanken des Wechselkurses um nicht mehr als 15 Prozent gegenüber dem Euro möglich war. Doch selbst diesen Spielraum wollte man in Riga nicht nutzen, um ja keinen Zweifel an seiner Entschlossenheit aufkommen zu lassen, der Eurozone möglichst bald beizutreten.

Die Auflagen von EU-Kommission und IWF trafen Lettland hart. Die Kürzungen würgten die Wirtschaft des Landes in kürzester Zeit ab, so dass der Präsident der lettischen Nationalbank, Ilmers Rimsevic, sie im Herbst 2009 als »klinisch tot« bezeichnete.[39] Die Arbeitslosigkeit stieg dramatisch an, Armut breitete sich aus. Den Auflagen folgend, kürzte die lettische Regierung den Haushalt zusammen, Gehälter im öffentlichen Dienst wurden herabgesetzt, Ausgaben für Soziales und Gesundheit rigoros gekürzt. Geschätzt wird, dass allein die Hälfte aller Krankenhäuser geschlossen wurde.[40] Das Land hat sich bis heute nicht von dieser Gewaltkur erholt. Die meisten der 200.000 Einwohner, die das Land in dieser Zeit verließen, sind bis heute nicht zurückgekehrt. Aber jener Politiker, der als lettischer Ministerpräsident diesen Zerstörungskurs maßgeblich verantwortete, wurde im Herbst 2014 mit einem einflussreichen Posten in der Europäischen

---

39   Vgl. FAZ vom 9.9.2009

40   Vgl. hierzu den Abschnitt »Lettland – das Scheitern eines baltischen Tigers« in Wehr, 2011, S. 39-46

Kommission belohnt. Valdis Dombrovskis wurde als der für den Euro und sozialen Dialog verantwortliche Kommissar zu einem der sechs stellvertretenden Präsidenten der Kommission ernannt.

Lettland ging demnach Griechenland voraus, und anders als Giorgos Chondros in seinem Buch annimmt, spielte nicht Griechenland »das Versuchskaninchen für die interne Abwertung«[41], sondern die Bevölkerung von Lettland wurde das erste Opfer einer von der Europäischen Kommission, dem IWF und der eigenen Regierung auferlegten Austeritätspolitik. Doch den Niedergang des Landes nahm in den übrigen Ländern der EU kaum jemand zur Kenntnis. Auch in der linken Öffentlichkeit interessierte man sich nicht für das kleine, weit entfernte Land, das ansonsten nur durch Aufmärsche lettischer SS-Veteranen für Schlagzeilen sorgt. Heute wird nicht selten die fehlende internationale Solidarität mit der griechischen Syriza-Regierung für ihr Scheitern verantwortlich gemacht. Doch wo war die Solidarität mit der Opposition in Lettland, die sich gegen den Austeritätskurs stemmte?[42]

Die Durchsetzung der strikten Austeritätspolitik in Lettland bereits 2009 sollte sich auf den Umgang mit der Syriza-Regierung in den europäischen Gremien im Frühjahr 2015 auswirken, denn ihr wurde stets das baltische Land als angeblich erfolgreiches Beispiel einer Politik der inneren Abwertung vorgesetzt: »Das Baltikum: Sparpolitik bewährt sich«, heißt es heute noch.[43] Und die Vertreter Lettlands gehörten, wie alle anderen Politiker der osteuropäischen Euroländer, in den Verhandlungen der Eurogruppe zu den schärfsten Kritikern der griechischen Position. Dabei nahmen sie die Haltung ein: Was wir gestern als Letten durchlitten haben, können wir heute den Griechen

---

41 Chondros 2015, S. 19

42 Die linke lettische Opposition ist keineswegs schwach. Das vor allem die Interessen der russischstämmigen Bevölkerung vertretende Parteienbündnis Saskaņas Centrs (Zentrum der Harmonie) gehört zu den stärksten politischen Kräften im Land. 2009 wurde der Vorsitzende der Sozialistischen Partei, Alfreds Rubiks, auf der Liste dieses Parteienbündnisses in das Europäische Parlament gewählt. Dort schloss er sich der Konföderalen Fraktion der Vereinten Europäischen Linken / Nordische Grüne Linke (GUE/NGL) an.

43 Sinn, 2015, S. 173

nicht ersparen. Und auf dem Höhepunkt der Krise um die griechische Regierung unter Alexis Tsipras im Sommer 2015 sollte ausgerechnet die Stimme des Vertreters der lettischen Nationalbank im Europäischen Zentralbankrat eine entscheidende Rolle spielen. Aber das soll später gezeigt werden.

Irland als Vorbild

Auch Irland ging Griechenland voraus. Dort zeichnete sich bereits Anfang 2006 ein hohes Leistungsbilanzdefizit ab, von 0,6 Prozent im Jahr 2004 stieg es bis 2008 auf 5,7 Prozent. Die Wirtschaft des Landes verlor zunehmend an Konkurrenzfähigkeit. Der Grund dafür lag in der Sättigung des irischen Immobilienmarktes, der in den Jahren des Eurobooms viel Kapital aus Großbritannien und Deutschland angezogen hatte. Mit Irland geriet ausgerechnet das neoliberale Vorzeigemodell, der »keltische Tiger«, ins Schlingern. Auch Spanien verlor 2006 an Dynamik, auch hier war ein überhitzter Immobilienmarkt die Ursache.

Die Regierung in Dublin verordnete sich selbst eine Politik der inneren Abwertung: Ausgaben für Bildung, Soziales und Gesundheit wurden gekürzt, Investitionen in staatliche Infrastruktur gestrichen und staatliches Eigentum privatisiert. Den öffentlich Beschäftigten wurden die Gehälter um nicht weniger als 15 Prozent gekürzt. Sozialleistungen wurden generell um vier, Leistungen für Kinder sogar um zehn Prozent abgesenkt. Auch die Löhne in der Privatwirtschaft sanken. Durchsetzbar war dies alles aufgrund der traditionellen Schwäche der irischen Gewerkschaften und des weitgehenden Fehlens einer starken linken politischen Kraft.[44] So gibt es etwa in Irland einen im europäischen Vergleich nur geringen Kündigungsschutz.

---

44   Die politische Landschaft Irlands wird seit jeher von den zwei bürgerlichen Parteien Fianna Fáil und Fine Gael bestimmt. Die Labourpartei ist traditionell schwach und wird bestenfalls als Juniorpartner von einer der beiden dominierenden Parteien zur Koalitionsbildung gebraucht. Erst in jüngster Zeit scheint sich diese Machtverteilung im Ergebnis der Krise durch den Erfolg der Labourpartei bei den Wahlen 2011 und durch den Aufstieg der linksrepublikanischen Partei Sinn Féin zu ändern.

Als Griechenland Ende 2009 von der Finanzkrise erfasst wurde, führten europäische Politiker und Medien Irland beständig als Vorbild an, dem Athen nur nachzueifern bräuchte. Es wurde als Modell gepriesen, wie sich ein Euroland mit eigenen Kräften aus dem Sumpf ziehen könne. Noch heute erhält Irland Lob dafür: »Umso überraschender ist es, dass Irland den Weg in die reale Abwertung im Euroraum offenkundig geschafft hat«, sagt etwa Hans-Werner Sinn in einem 2015 veröffentlichten Werk.[45]

Doch bereits im Frühjahr 2010 wurden die Lobpreiser des irischen Wegs kleinlauter, denn es zeigte sich, dass all die selbst auferlegten Restriktionen nicht reichten. Die internationale Finanzkrise traf nun auch Irland, es handelte sich nicht länger mehr um ein hausgemachtes Problem. Irland wurde sogar besonders hart von der Finanzkrise getroffen, war es doch während des Eurobooms zu einem der wichtigsten Anlageplätze des aus Kerneuropa kommenden Kapitals geworden. Doch nun versiegten diese Finanzströme, schlimmer noch: Die Fließrichtung drehte sich um. Es setzte eine starke Kapitalflucht ein. Doch anstatt die völlig überdimensionierten bankrotten Banken des Landes zu verstaatlichen und anschließend abzuwickeln, wie es Island vorgemacht hatte[46], entschloss sich Dublin, sie am Leben zu erhalten und durch gigantische staatliche Hilfen »herauszuhauen«. Am Ende summierten sich diese Subventionen zugunsten der Eigentümer der Banken und der Anleger auf die astronomisch hohe Summe von 410 Milliarden Euro. Setzt man das Bruttoinlandsprodukt (BIP) von 2009 mit 100, so entsprach diese Summe nicht weniger als 220 Prozent. Kein anderes Land der EU hat im Verhältnis zu seinem BIP eine solch hohe Summe zur Rettung des Bankensystems aufgewendet.

Die Hilfen für die Banken führten 2010 zu einem Haushaltsdefizit von nicht weniger als 33 Prozent. Zur Erinnerung: Erlaubt ist nach den Maastrichtkriterien ein jährliches Defizit von lediglich drei Prozent. Das irische war also mehr als zehnmal so hoch! Es explodierte

---

45 Sinn, 2015, S. 169

46 Vgl. hierzu das Kapitel »Island – ein Land wehrt sich gegen den drohenden Ruin«, in: Wehr, 2011, S. 46-53

die Staatsverschuldung. Betrug sie im Jahr 2007 erst 47,15 Milliarden, liegt sie 2015 bei 209,4 Milliarden Euro. Irland gehört damit zu den am höchsten verschuldeten EU-Ländern. Mit einer Schuldenquote von 123,7 Prozent des BIP steht es an vierter Stelle nach Griechenland, Italien und Portugal. Auch die Arbeitslosenquote gehört zu den höchsten in der EU. 2011 war sie auf 14 Prozent gestiegen, Es setzte eine Auswanderungswelle ein, und viele der im Zuge der Arbeitnehmerfreizügigkeit nach Irland gekommenen osteuropäischen Lohnabhängigen haben das Land inzwischen wieder verlassen. Doch 2014 lag die Arbeitslosenquote immer noch bei 11,4 Prozent.

Trotz aller eigenen Anstrengungen war Irland im Sommer 2010 nicht länger mehr ein Land, dem das internationale Finanzkapital vertraute. Und so konnte es seine Staatsanleihen nur noch zu unzumutbar hohen Zinsen platzieren. Im Herbst 2010 war es soweit, Dublin musste bei den übrigen Euroländern um finanziellen Beistand nachsuchen. Der wurde ihm zwar gewährt, doch der Preis dafür war die Unterzeichnung eines Memorandums, in dem sich die irische Regierung verpflichtete, der von der Kommission, der EZB und dem IWF konzipierten strikten Austeritätspolitik Folge zu leisten. Zuvor aber, Anfang Mai 2010, war bereits Griechenland ein Hilfspaket der übrigen Euroländer zur Abwendung seiner Zahlungsunfähigkeit zugesagt worden. Auch diese »Hilfe« wurde nur gegen die Unterzeichnung eines »Memorandum of Understanding« gewährt.

Der Weg Griechenlands in die Knechtschaft

Am 4. Oktober 2009 fanden in Griechenland Parlamentswahlen statt. Es siegte die sozialdemokratische Pasok mit heute kaum mehr vorstellbaren 43,92 Prozent.[47] Ministerpräsident wurde Giorgos Papandreou. Wie nach Wahlsiegen oft üblich, kündigte der neue Finanzminister Giorgos Papakonstantinou sogleich einen Kassensturz an. Der erbrachte ein deutlich höheres Haushaltsdefizit, als noch kurz zuvor

---

47   Von diesem hohen Niveau aus hat die Pasok in nur gut fünf Jahren einen beeindruckenden Rückgang der Wählergunst erlebt. Bei den Wahlen am 25. Januar 2015 erhielt sie nur noch 4,68 Prozent.

von seinem konservativen Amtsvorgänger behauptet. Am 21. Oktober 2009 wurden die Zahlen dem entsprechend nach oben korrigiert. Das Defizit für 2008 wurde nun mit 7,7 und nicht wie bisher mit 5 Prozent des BIP angegeben. Noch deutlicher fiel die Korrektur für 2009 aus: Die für das Jahr erwartete Neuverschuldung wurde auf 12,5 angesetzt. Wie sich später herausstelle, war sie mit 13,6 Prozent sogar noch höher.

Doch was lediglich als gezieltes Nachtreten der neuen Regierung gegenüber den abgewählten Konservativen gedacht war, erwies sich als fatales Wecksignal für die Ratingagenturen, die Wachhunde des internationalen Finanzkapitals. In den großen US-amerikanischen und europäischen Medien wurde über einen bevorstehenden Staatsbankrott Griechenlands spekuliert. Auch die Europäische Kommission war alarmiert. Sie ließ sogleich die Arbeit der griechischen Statistikämter überprüfen. Der darüber verfasste Bericht fiel äußerst kritisch aus.[48] EU-Kommissar Joaquin Almunia, damals für die Überwachung der Eurozone zuständig, kündigte an, gegen Griechenland vorzugehen: »Die Regierung in Athen habe die im Frühjahr (2009, A. W.) gemachten Vorgaben klar missachtet, sagte Almunia. Das griechische Defizitverfahren soll daher verschärft werden. Griechenland wird ›in Verzug gesetzt‹. Das ist theoretisch der letzte Schritt, bevor Sanktionen wie Geldbußen verhängt werden.«[49] Angekündigt wurde eine »engmaschige Haushaltsüberwachung (...), wie es sie in dieser Strenge ›noch nie‹ gegeben habe.«[50] Das »in Verzug setzen« Griechenlands bedeutete, dass das Land möglichst schnell zur Drei-Prozent-Marke der Maastricht-Obergrenze zurückzukehren hatte. Die neue Regierung unter Ministerpräsident Papandreou antwortete darauf, indem sie das »Programm für Stabilität und Entwicklung« verkündete, mit dem das Defizit in kürzester Zeit verringert werden sollte.

---

48 Vgl. European Commission: Report on Greek Government Deficit and Debt Statistics, Brussels, 8.1.2010 (COM (2010) 1 final)

49 Bis 2013 Zeit für den Defizitabbau, in: FAZ Net vom 10.11.2009

50 Brüssel beurteilt den griechischen Sparplan skeptisch, in: FAZ vom 2.2.2010

Doch die Finanzmärkte überzeugte das alles nicht. Im Gegenteil: Für griechische Staatsanleihen verlangten sie immer höhere Renditen. Ende April 2010 lagen sie bereits bei 10,6 für dreijährige und bei 8,9 Prozent für 10-jährige Anleihen. Die griechische Regierung bat daraufhin in einem Schreiben an Eurogruppenpräsident Jean-Claude Juncker, EU-Kommissar Olli Rehn und EZB-Präsident Jean-Claude Trichet um die Aktivierung des Unterstützungsmechanismus, auf den sich die EU-Regierungschefs einen Monat zuvor, am 25. März 2010, geeinigt hatten. Die Eurostaaten entsprachen dieser Bitte und erklärten sich bereit, bis zu 30 Mrd. Euro für 2010 als Darlehen bereitzustellen.

Damit begab sich Griechenland in die Abhängigkeit der übrigen Euroländer, aus der es sich bis heute nicht befreien konnte. Zu den Euroländern trat bald der Internationale Währungsfonds (IWF) hinzu. Im Juni 2010 wurde die Europäische Finanzstabilisierungsfazilität (EFSF) als sogenannter Rettungsschirm eingerichtet, die im September 2012 vom Europäischen Stabilitätsmechanismus (ESM) abgelöst wurde. Diese Institutionen versorgten Griechenland und dann die anderen Memorandumsländer mit Krediten zur Aufrechterhaltung ihrer Zahlungsfähigkeit. Insgesamt erhielt Griechenland bis Juni 2015 öffentliche Kredite in Höhe von insgesamt 344 Milliarden Euro.[51] Die Rückzahlung dieser Beträge, sollte sie überhaupt jemals erfolgen, wird Jahrzehnte beanspruchen. Das Land wird daher auf nicht absehbare Zeit in Abhängigkeit von seinen Gläubigern bleiben.

Der Preis, den Griechenland für diese Unterstützung zu zahlen hat, ist hoch. Mittlerweile sind dem Land drei Memoranden auferlegt worden. Bis in kleinste Details sind darin die Maßnahmen aufgeführt, die in genau festgelegten Schritten abzuarbeiten sind. Das von der Syriza-Regierung unterzeichnete und vom griechischen Parlament am 13. August 2015 beschlossene dritte Memorandum ist dabei das umfangreichste und zugleich härteste. Selbst die Unabhängigkeit der Regierung bei der Vorlage von Gesetzesentwürfen wird darin einge-

---

51   Dies war der Stand 2015, Angaben nach Sinn, 2015, S. 372

schränkt: »Die Regierung muss die Institutionen zu sämtlichen Ge-
setzentwürfen in relevanten Bereichen mit angemessenem Vorlauf
konsultieren und sich mit ihnen abstimmen, ehe eine öffentliche Konsultation durchgeführt oder das Parlament befasst wird.«[52] Das ist ein
in der Europäischen Union bislang beispielloser Eingriff in die Souveränitätsrechte eines ihrer Mitgliedsländer. Griechenland ist damit auf
den Status einer Halbkolonie herabgesetzt worden.

Die ihm auferlegte Politik hat das Land aber nicht aus der Krise
heraus und auf einen Wachstumskurs zurückgeführt. Im Gegenteil:
Die Staatsschuld ist trotz eines Schuldenschnitts im Frühjahr 2012 weiter angestiegen und lag im zweiten Quartal 2015 mit 167,8 Prozent an
der Spitze aller EU-Länder. Die Wirtschaftsleistung ist in den letzten
fünf Jahren stark gesunken, so dass Griechenland inzwischen etwa ein
Viertel seines Bruttoinlandsprodukts verloren hat. Auch im dritten
Quartal 2015 ist sie weiter zurückgegangen, diesmal um 0,5 Prozent.
Die Arbeitslosigkeit betrug im August 2015 24,6 Prozent. »Sie liegt
damit im sechsten Jahr der Rezession immer noch mehr als doppelt so
hoch wie im EU-Durchschnitt. Nach der Statistik hat rund jeder zweite
jüngere Grieche keine offizielle Beschäftigung. Viele schlagen sich mit
kleinen Jobs in der Schattenwirtschaft durch.«[53] Der Lebensstandard
ist für die breite Masse der Bevölkerung erheblich gesunken, Armut
und Verelendung haben sich unter den Schwächsten in der Gesellschaft ausgebreitet. Die »Rettungspolitik« ist gescheitert. Konsequenzen daraus will man aber weder in der Europäischen Kommission
noch beim IWF ziehen. Die Gefahr einer einseitigen Aufkündigung
der Euro-Mitgliedschaft durch Athen sieht man nach der Kapitulation
der Syriza-Regierung vor den Forderungen der Gläubiger am 12. Juli
2015 als gebannt an.

Griechenland – das »illegitime Kind« der Eurozone

Die Lage, in die Griechenland im Frühjahr 2010 geriet und in der
es sich bis heute befindet, ist Ergebnis der in der Eurozone gelten-

---

52   Erklärung des Eurogipfels vom 12.7.2015
53   Tsipras' Partei streikt gegen eigene Reformen, in: FAZ vom 13.11.2015

den Mechanismen, die euphemistisch als »Konstruktionsfehler«[54] umschrieben werden. *Dies*, und nicht all die Versäumnisse, die es in der
griechischen Innenpolitik darüber hinaus noch gibt, ist die wirkliche
Ursache für die missliche Lage.

Und doch ist zu fragen, weshalb es ausgerechnet Griechenland so
hart traf. Weshalb nur wurde das Land von den Finanzmärkten so
gnadenlos abgestraft, so dass es sich seit Beginn des Jahres 2010 nicht
mehr allein finanzieren konnte? Zwar waren die angehäuften griechischen Staatsschulden bereits Ende 2009 hoch. Sie lagen bei 113 Prozent des BIP. Doch auch Italien hatte zu diesem Zeitpunkt Schulden
von 115 Prozent. Und selbst in einem so robusten kerneuropäischen
Land wie Belgien betrug der Schuldenstand 1993 schon einmal 140
Punkte. Und blickt man über Europa hinaus, so sieht man, dass eine
ganze Reihe von Staaten noch wesentlich höher verschuldet ist. So
betrug das Defizit Japans 2009 mindestens 189,6 Prozent des BIP.
Und in absoluten Zahlen wurde das griechische Defizit 2009 in Höhe
von 406 Milliarden Euro von dem Spaniens mit 695 Milliarden und
dem Italiens mit 2.062 Milliarden Dollar deutlich übertroffen. Mit
der hohen Neuverschuldungsrate von 13,6 Prozent für 2009 lag Griechenland zwar in der Spitzengruppe der EU-Länder, doch auch das
war seinerzeit nichts Außergewöhnliches. Das Defizit Irlands betrug
2009 sogar 14,3 Prozent, das Großbritanniens 11,5 und das Spaniens
11,2 Prozent. Aus diesen Daten kann ein erster Schluss gezogen werden: Es war die Kombination aus einer hohen Gesamtverschuldung
und einer erheblichen Neuverschuldung im Jahr 2009, die die Situation für Griechenland so brisant machte.

Ein zweiter, politischer Grund kam hinzu. Das Misstrauen der Finanzmärkte gegenüber Griechenland war Anfang 2010 auch deshalb
so groß, weil in der öffentlichen Meinung und in der Politik der kerneuropäischen Länder das Land schon lange als illegitimes Kind der
Eurozone galt, der es eigentlich gar nicht angehören durfte. Griechenland war nicht Gründungsmitglied der Eurozone, es stieß erst 2001
als erstes Beitrittsland hinzu. Und bei diesem Beitritt ging es nicht mit

---

54　　Merkels Schalter, in: FAZ vom 12.11.2015

rechten Dingen zu. Die Manipulationen, die ihn erst möglich machten und an denen Manager von Goldman Sachs maßgeblich beteiligt waren, sind inzwischen weitgehend aufgeklärt.[55] Bekannt geworden sind auch Manipulationen durch die statistischen Ämter, die Angaben zum Staatsdefizit der Jahre 1997 bis 2000 betrafen.

Und so gab es von Beginn an Kritik an der Mitgliedschaft Griechenlands in der Eurozone, die bis heute nicht verstummt ist. Vor allem konservative und liberale deutsche Politiker tun sich dabei hervor. In den Bundestagsdebatten über die Griechenlandhilfen in den letzten Jahren warfen denn auch Abgeordnete der CDU/CSU-Fraktion der zum Zeitpunkt des Beitritts im Amt befindlichen rot-grünen Bundesregierung regelmäßig vor, für die Aufnahme plädiert zu haben, obwohl Griechenland seinerzeit nicht die Bedingungen erfüllt habe. Die These von einer illegitimen Mitgliedschaft hat sich mittlerweile in der veröffentlichten Meinung festgesetzt. In einem Kommentar der *Frankfurter Allgemeinen Zeitung* aus dem November 2015 heißt es: »War (sic!) nicht schon in der Geburtsstunde der europäischen Währungsunion jedem politisch Handelnden deren Konstruktionsmängel klar, und wussten nicht alle Beteiligten im Moment der Aufnahme Griechenlands in die Eurozone, dass das ein Fehler war?«[56]

Doch Manipulationen, wenn vielleicht auch nicht so umfangreich und auch nicht so klandestin wie in Griechenland, hatte es auch in anderen europäischen Ländern gegeben, als es darum ging, die Voraussetzungen für die Mitgliedschaft in der Eurozone zu erfüllen und dafur die Staatsschulden trickreich zu reduzieren. Italien als auch Frankreich gliederten hierfür riesige Defizite aus ihren Haushalten einfach aus und übertrugen sie auf die formal unabhängigen Rentenversicherungen. Doch mit diesen Gründungsländern der Europäischen Wirtschaftsgemeinschaft von 1957 wollte man sich nicht anlegen, denn eine Eurozone ohne Frankreich oder Italien war einfach nicht vorstellbar.

---

55 Vgl. hierzu die Darstellung im Film »Wer rettet wen?« von Leslie Franke und Herdolor Lorenz, 2015

56 Merkels Schalter, in: FAZ vom 12.11.2015

Bei Ausbruch der Finanzkrise war daher Griechenland längst das »schwarze Schaf« der Eurozone. Da passte es eben genau in das Bild vom »statistischen Serienlügner«[57], dass unmittelbar nach dem Regierungswechsel im Oktober 2009 plötzlich ein viel höherer Schuldenstand in Athen bekannt gegeben wurde. Und als dann der ehemalige EZB-Chefvolkswirt Otmar Issing Anfang 2010 auch noch erklärte, »kaum ein anderes Land hat auf der einen Seite über Jahre hinweg so große Vorteile aus der Währungsunion gezogen und auf der anderen Seite so sehr gegen die gemeinsamen Regeln verstoßen wie Griechenland«[58], da konnte es keinen verwundern, dass sich die Finanzmärkte aus der Finanzierung des Landes zurückzogen.

Weshalb Griechenland »gerettet« wurde

Im April 2010 war Griechenland faktisch bankrott. Chondros beschreibt die damalige Situation: »In 2009 wertete Standard and Poor's die langfristige Kreditwürdigkeit des Landes von A auf A- herab, gefolgt von Fitch mit der miesen Note BBB+. Da wollte Moody's nicht zurückstehen. Das Ergebnis dieses Dreiklangs war die jähe Erhöhung der Kosten für die Kreditaufnahme des Landes. Unter Mitwirkung der internationalen Ratingagenturen begann die offizielle Kurserhöhung der griechischen Spreads[59], und die Aufnahme von Anleihen kam das Land immer teurer zu stehen. Am 21. Januar 2010 lag der Spread der griechischen Staatsanleihen mit zehnjähriger Laufzeit bereits bei 300 Einheiten, um im April desselben Jahres auf die astronomische Höhe von 1000 Einheiten hochzuschnellen.«[60]

Doch warum hatte die Regierung in dieser Situation nicht den Staatsbankrott erklärt? Es wäre nicht das erste und letzte Mal gewe-

---

57   Financial Times Deutschland vom 9.11.2009

58   Otmar Issing, Die Europäische Währungsunion am Scheideweg, in: FAZ vom 29.1.2010

59   Spreads, auf Deutsch: Spanne, hier der Unterschied in den Renditen zwischen den deutschen und griechischen Bezugsobligationen mit zehnjähriger Laufzeit.

60   Chondros, 2015, S. 36f.

sen, dass ein Staat Liquidation anmeldet[61] Und mit Blick auf die Erfahrungen von mittlerweile fünf Jahren »Rettungspolitik« steht fest, dass der griechischen Bevölkerung ihr Leidensweg dadurch weitgehend erspart geblieben wäre.

Doch eine solche Liquidation hätte gegen die Interessen der griechischen Banken durchgesetzt werden müssen, denn auch sie hatten Schuldverschreibungen des Staates in einem erheblichen Maße gekauft. Mit einem Schuldenschnitt wären diese Forderungen entwertet worden, wenn nicht gar ganz verloren gegangen. Und tatsächlich haben die griechischen Banken beim Schuldenschnitt im März 2012 einen Teil dieser Forderungen dann eingebüßt. Aber Anfang 2010 wollte es sich die Pasok-Regierung unter Papandreou nicht mit den Banken und den hinter ihnen stehenden Besitzenden verderben.

Ein weiterer und womöglich entscheidender Grund für den ausgebliebenen Staatsbankrott war der Umstand, dass die Staatsschuld im Frühjahr 2010 zu mehr als 70 Prozent nicht von den einheimischen sondern von ausländischen Banken gehalten wurde. Damit lag Griechenland beim Anteil der Auslandsverschuldung an der gesamten Staatsschuld an erster Stelle in der EU, vor Belgien, Portugal, Italien und Frankreich.[62] Hier finden wir daher die Antwort auf die Frage, weshalb das Land überhaupt von den anderen Euroländern gerettet wurde. Es war die Furcht, das viele aus Kerneuropa dorthin verliehene Geld zu verlieren: »Zusammen mit dem Euro waren auch einige europäische Banken in Gefahr, in erster Linie französische und deutsche, welche mit den griechischen Banken auch den Löwenanteil an griechischen Staatsanleihen hielten.«[63]

Doch nicht einmal alle griechische Banken befanden sich 2010 im Besitz einheimischer Eigentümer. 54 Prozent der Bank Geniki gehör-

---

61   Eine Aufstellung zählt für die Zeit nach 1945 acht Staaten auf, die einen Staatsbankrott bzw. einen Beinahezusammenbruch erlitten, vgl. https://de. wikipedia.org/wiki/Staatsbankrott

62   Vgl. Statistik der Auslandsverschuldung in Prozent der gesamten Staatsverschuldung, in: FAZ vom 19.3.2010

63   Chondros, 2015, S. 40

ten der französischen Bank Société Générale. Und unter den ausländischen Gläubigern standen französische und deutsche Banken ganz
weit vorne. »Die Bank für Internationalen Zahlungsausgleich (BIZ)
hat das Engagement der französischen Kreditgeber im vergangenen
Monat auf 75 Milliarden Dollar beziffert – gegenüber 43 Milliarden
Dollar für deutsche Banken. Neben der Société Générale ist vor allem der Crédit Agricole mit seiner Tochtergesellschaft Emporiki, der
fünftgrößten griechischen Bank, in Griechenland aktiv. Crédit Agricole bezifferte kürzlich sein Kredit-Engagement über Emporiki hinaus
auf 8.50 Millionen Dollar.«[64] In einer anderen Analyse heißt es: »Es
fällt auf, dass die französischen Banken absolut und relativ wesentlich
stärker in Griechenland engagiert waren als die deutschen.«[65] Dabei
handelte es sich keineswegs nur um französisches Kapital, das nun
im Feuer stand: »Die französischen Banken hatten sich viel Geld im
Ausland geliehen. Viel Geld war von Deutschland direkt oder auch
über die Benelux-Länder an die französischen Banken geflossen, die
es in Staatspapieren südlicher Länder anlegten und es den südlichen
Banken liehen, weil sie zu diesen Ländern besonders enge Geschäfts-
beziehungen unterhielten.«[66] Das im Verhältnis zu den deutschen Fi-
nanzinstituten sehr viel größere Engagement französischer Banken
war denn auch der Grund dafür, dass Paris im Frühjahr 2010 Berlin
drängte, endlich Hilfen zu gewähren. In der Entscheidungsnacht war
es der französische Staatspräsident Nicolas Sarkozy, der sich in der
Runde der Staats- und Regierungschefs der Eurozone am 7. Mai 2010
am entschiedensten dafür einsetzte.

Auch wenn das Engagement deutscher Banken in Griechenland
nicht ganz so groß war wie dasjenige französischer, veranlasste es sie
dennoch, von der Bundesregierung zu verlangen, mit Kredithilfen
den Bankrott des Landes abzuwenden. Zu den Auswirkungen eines
möglichen Bankrotts auf deutsche Banken hieß es: »Besonders teuer
würde eine Griechenland-Pleite für jene Geldhäuser, die ohnehin

---

64   Griechenland-Risiko belastet Société Générale, in: FAZ vom 8.5.2010
65   Sinn, 2015, S. 123
66   Sinn, 2014, S. 61

schon am Tropf des Staates hängen: den maroden Münchener Immobilienunternehmer Hypo Real Estate (HRE) und die Commerzbank mit ihrer Immobilien- und Staatsfinanzierungstochter Eurohypo.«[67]

Es waren also Klasseninteressen, nämlich die der Eigentümer der Banken und der Geldanleger, die einem Staatsbankrott Griechenland entgegenstanden und damit dem griechischen Volk all die Leiden auferlegten. Und zu dieser Vermögensrettung der Reichen wurden die Gelder aller Steuerzahler der Euroländer herangezogen. Neben dem griechischen Volk werden es daher auch sie sein, die eines Tages dafür zu zahlen haben.

---

67 Spiegel Online vom 30.4.2010, zitiert nach: Unsere Zeit (UZ) 2010/18 vom 7.5.2010

IV.
Die Suche nach einem Ausweg

Der Preis für die Kredithilfen war hoch. Die griechische Regierung hatte ein umfangreiches Paket von Auflagen zu akzeptieren, die auf den Umbau des wirtschaftlichen Ordnungsrechts, der Sozialgesetzgebung, des Arbeitsrechts sowie des Rentenrechts abzielten. Detailliert aufgelistet wurden diese Forderungen in dem bereits erwähnten 32 Seiten umfassenden »Memorandum of Understanding« vom Mai 2010. Zugleich wurde ein genauer Terminplan vorgegeben, wann welche dieser Maßnahmen zu realisieren sei.[68]

Das Memorandum und seine Folgen

Das Memorandum enthielt auch weitreichende Forderungen nach Änderungen des Staats- und Verwaltungsaufbaus. Sie reichten von der Verpflichtung, die Zahl der Gemeinden, Präfekturen und Regionen des Landes zu reduzieren, über die Vorlage eines Plans zur Steigerung der Profitabilität des Eisenbahnnetzes bis zur Festlegung von Haushaltsobergrenzen für nationale Ministerien, lokale Verwaltungen und Sozialversicherungen. Aussagen über eine Reduzierung der hohen Militärausgaben Griechenlands fanden sich in dem Memorandum hingegen nicht, dies war ganz offensichtlich den Interessen der Rüstungsindustrie der Geberländer geschuldet.

Mit dem Memorandum verpflichtete sich die Athener Regierung außerdem zu weitreichenden Deregulierungen und Privatisierungen. Das entsprechende Kapitel wurde euphemistisch mit »Wettbewerb in offenen Märkten befördern« überschrieben. Im Zusammenhang mit

---

68   Vgl. Greece: Memorandum of Understanding on Specific Economic Policy
     Conditionality, May 2, 2010

der Reform des Eisenbahnwesens wurde darin ausdrücklich die »Ermöglichung von Wettbewerb von Anbietern für Bahnleistungen« verlangt. In einem weiteren Kapitel, überschrieben mit »Wettbewerb in offenen Märkten stärken«, wird u. a. gefordert, »den Frachtverkehr auf Straßen von Restriktionen einschließlich von Mindestpreisfestsetzungen zu befreien«. Verlangt wurde darüber hinaus die »Liberalisierung des Großhandels mit Elektrizität«. Ganz offensichtlich haben hier die europäischen Monopolunternehmen der Strombranche den Gläubigern die Feder geführt. Auch »festgelegte Tarife« und »territoriale Einschränkungen« bei der Ausübung freier Berufe – genannt werden Anwälte, Apotheker, Notare, Architekten, Ingenieure und Buchprüfer – waren aufzuheben.

Das »Memorandum of Understanding« zielte damit nicht allein auf »Reformen« der arbeits- und sozialgesetzlichen Bestimmungen, wie sie etwa mit der Hartz-IV-Gesetzgebung in Deutschland von der rot-grünen Bundesregierung durchgesetzt worden waren bzw. auf eine »innere Abwertung« durch Lohn- und Preissenkungen, wie zuvor in einigen osteuropäischen Ländern und in Irland praktiziert. Beabsichtigt war vielmehr darüber hinaus ein umfassender Umbau der gesellschaftlichen Ordnung durch Privatisierungen öffentlichen Eigentums und durch weitreichende Deregulierungen, etwa beim Zugang zu bisher geschlossenen Gewerbetätigkeiten, wie z. B. der des Taxifahrers. Die Gläubiger nutzten ihre Machtstellung als Kreditgeber aus, um Griechenland in ihrem Sinne auf Kurs zu bringen, wobei immer hinzugefügt werden muss, dass diese Politik auch die Billigung der griechischen Bourgeoisie und ihrer politischen Vertreter fand. Zwar gab es von dort keinen Applaus für die ebenfalls im Memorandum verlangten Steuererhöhungen, doch Kürzungen im Sozial-, Bildungs- und Gesundheitsbereich sowie Privatisierungen öffentlichen Eigentums, vor allem aber der Abbau der Rechte der Lohnabhängigen wurden von ihnen uneingeschränkt unterstützt.

Mit Hilfe des Memorandums sollte die Regierung in Athen auf die Rolle eines bloß Ausführenden reduziert werden. Wesentliche Souveränitätsrechte gingen auf den IWF in Washington, die Europäische Kommission in Brüssel und die Europäische Zentralbank in Frankfurt am Main über. Selbst für die *Frankfurter Allgemeine Zeitung* stand fest, dass eine solche Gängelung mit der Demokratie eines souveränen Landes unvereinbar ist: »Tatsächlich wird Griechenland auf absehbare Zeit nur eine eingeschränkte Demokratie sein. Das griechische Volk kann wählen, was es will – wirklich ändern kann es nichts.«[69] Und diese »eingeschränkte Demokratie« sollte bald nicht nur für Griechenland gelten. Das der Regierung in Athen auferlegte Memorandum wurde Vorbild für ganz ähnliche in Irland[70], in Portugal[71] und in Zypern.[72]

Mit diesen Memoranden und den »Rettungsschirmen«, erst der Europäischen Finanzstabilisierungsfazilität (EFSF) und dann des Europäischen Stabilitätsmechanismus (ESM), sowie mit der Einsetzung einer die Aufsicht führenden Troika wurde die Wirtschafts- und Währungsunion (WWU) zugleich weiterentwickelt. Sie soll damit für künftige Krisen wetterfest gemacht werden. Zugleich verstärken die im Zuge der Eurokrise erfolgten Veränderungen der WWU den Trend zur Herausbildung einer imperialistischen Ordnung in der EU mit Kern und Peripherie.

Die »Rettungspolitik« ist aber auch in den kerneuropäischen Ländern alles andere als populär. Konservative Kräfte in Deutschland werfen der Bundesregierung vor, die Bail-out-Klausel des Vertrags von Maastricht, die Nichtbeistandsklausel, beiseitegeschoben zu haben, wonach die Haftung der Europäischen Union für Verbindlichkeiten einzelner Mitgliedstaaten ausgeschlossen ist.[73] Der Ökonom

---

69   Griechisches Exempel, in: FAZ vom 30.6.2011

70   Vgl. EU/IMF Program of Financial Support for Ireland, Program Documents, 1.12.2010

71   http://ec.europa.eu/economy_finance/publications/occasional_paper/2011/op79_en.htm

72   http://ec.europa.eu/economy_finance/publications/occasional_paper/2013/op149_en.htm

73   Artikel 125 (1) AEUV lautet: »Die Union haftet nicht für die Verbindlichkeiten der Zentralregierungen, der regionalen oder lokalen Gebietskörperschaften oder anderen öffentlich-rechtlichen Körperschaften, sonstiger Einrichtungen des öffentlichen Rechts oder öffentlicher Unternehmen von Mitgliedstaaten und tritt nicht für derartige Verbindlichkeiten ein.«

und Vorsitzende der »Aktionsgemeinschaft Soziale Marktwirtschaft«, Joachim Starbatty, erklärte zum Beschluss der Euroländer vom Mai 2010 über Kredithilfen für Griechenland denn auch: »Damit war der Weg in eine europäische Haftungsgemeinschaft beschritten und der Boden des Maastricht-Vertrages verlassen worden.«[74] Diese vielfach geäußerte Kritik führte zu Verwerfungen in den Parteien CDU/CSU mit dem Ergebnis, dass sich eine stetig wachsende Zahl ihrer Bundestagsabgeordneten bei Abstimmungen über Hilfspakete für Euroländer der Fraktionsführung verweigerte, sich enthielt oder mit Nein stimmte.[75] Die breite Kritik unter konservativen Ökonomen und in bürgerlichen Medien führte schließlich mit der Gründung der »Alternative für Deutschland (AfD)« zur Etablierung einer neuen Partei am rechten politischen Rand. Inzwischen gelang der AfD der Einzug in einige Landesparlamente. Auch ein Erfolg bei den Wahlen zum Deutschen Bundestag wird ihr inzwischen zugetraut. Die Eurokrise wäre damit Auslöser für eine weitreichende Änderung der Parteienlandschaft der Bundesrepublik Deutschland.

Die Antwort von unten auf den Klassenkampf von oben

Bei der Gewährung der ersten Kredite an Griechenland ging man davon aus, dass Athen ab 2014 einen Haushaltsüberschuss von 4,5 Prozent des BIP erwirtschaften könne, um die Gesamtverschuldung bis 2020 auf 120 Prozent des BIP reduzieren zu können. Doch bald stellte sich heraus, dass die Forderungen des Memorandums das eine sind, ihre Durchsetzung aber etwas ganz anderes ist. Die verlangten Steuererhöhungen, Rentenkürzungen und Einschnitte in das Gehaltsgefüge des öffentlichen Sektors ließen sich zwar noch relativ schnell im Parlament verabschieden. Bereits schwieriger war es aber, sie in die Tat umzusetzen, denn immer häufiger wurde darauf mit Protesten, Demonstrationen und Streiks reagiert.

---

74   Starbatty, 2013, S. 140

75   Bei der Abstimmung im Deutschen Bundestag am 19. August 2015 über das dritte Memorandum für Griechenland verweigerte mehr als ein Fünftel der Abgeordneten der CDU/CSU-Fraktion die Zustimmung, 63 stimmten mit Nein und drei enthielten sich. Dies waren so viele Abweichler wie nie zuvor.

Noch schwieriger war es aber, grundlegende Reformen der staatlichen Struktur auf den Weg zu bringen. Dabei ging es u. a. um den Neuzuschnitt von Ministerien bzw. die Zusammenlegung von Kommunen. Hierzu war nämlich die zur Durchsetzung des Memorandums geschaffene Troika aus Europäischer Kommission, Europäischer Zentralbank und Internationalem Währungsfonds auf eine enge Kooperation mit der griechischen Seite angewiesen, und die wurde oft nur widerwillig, wenn überhaupt gewährt.

So zeigten sich bald die Grenzen der Macht der Gläubiger gegenüber Athen. Maßnahmen, die zuvor die irische und die lettische Regierung zur Durchsetzung einer inneren Abwertung ohne größere Widerstande durchsetzen konnten, waren in Griechenland schon nicht mehr so einfach zu realisieren. In Lettland waren die Gewerkschaften, wie in den postsozialistischen Ländern üblich, schwach und gesellschaftlich isoliert. Und auch in Irland konnten sie der Entrechtung der Lohnabhängigen keinen entschiedenen Widerstand entgegensetzen. Genau das wird denn auch von Neoliberalen an diesem Land geschätzt: »Erstens hat Irland im Gegensatz zu diesen Ländern (gemeint sind hier Griechenland und Portugal, A. W.) einen sehr flexiblen Arbeitsmarkt mit geringem Kündigungsschutz und schwachen Gewerkschaften. Irland hat sich ja immer wieder zum US-amerikanischen Modell des Arbeitsmarktes bekannt und lehnt das europäische Modell ab. Die notwendigen Lohn- und Preissenkungen ließen sich deshalb sehr rasch realisieren.«[76] In Griechenland hingegen standen dem von Beginn an eine kampferprobte und kampfbereite Arbeiterklasse sowie linke Organisationen und Parteien im Weg. Der Klassenkampf von oben, organisiert in Brüssel und Washington und unterstützt von der griechischen Bourgeoisie, wurde auf den Straßen und Plätzen von unten militant beantwortet.

Generalstreik folgte auf Generalstreik. 2010 waren es allein sieben, 2011 sechs. Im Juni 2011 erreichte der auf die Straße getragene Protest einen ersten Höhepunkt. Über Wochen wurde fast täglich demonstriert. Der zentrale Athener Syntagma-Platz wurde zum Zentrum der

---

76   Sinn, 2014, S. 145

Proteste: »Mit der Besetzung des Syntagma entwickelten sich Selbst-
organisationsprozesse, die sich an basis- bzw. direktdemokratischen
Vorstellungen orientierten.«[77] Anlässlich des fünften Generalstreiks
seit Jahresbeginn 2012 antwortete eine im Ausstand befindliche An-
gestellte im Gespräch mit der Tageszeitung *junge Welt* auf die Frage,
zum wievielten Mal sie sich seit den ersten Kürzungsmaßnahmen an
einem Generalstreik beteiligt hat: »Ich habe aufgehört zu zählen.«[78]

Der von unten geführte Abwehrkampf als Antwort auf den Klassenkampf von oben konnte zwar die Politik der Kürzungen und des
strukturellen Umbaus nicht stoppen, er konnte sie aber verzögern und
behindern. Manche der Rechnungen der Gläubiger gingen deshalb
nicht auf. In den Augen der bürgerlichen Medien und Politiker wurde das ohnehin bereits schwarze Schaf Griechenland aufgrund dieser
Kämpfe noch schwärzer, und für einige wurde das Land gar zu einem
hoffnungslosen Fall. Die Proteste, Streiks und Verweigerungen aller
Art schufen günstige Bedingungen für eine Linkswende im parteipolitischen Spektrum Griechenlands. Profitierten von der Eurokrise in
Kerneuropa populistische Rechtskräfte, so wurden in den südlichen
Peripheriestaaten vor allem Linkspopulisten stärker, in Griechenland
Syriza und in Spanien die aus der Bewegung der Empörten hervor-
gegangene Bewegung Podemos (Wir können).

Wachsende politische Instabilität

Im Sommer 2011 wurde die griechische Pasok-Regierung unter Ministerpräsident Giorgios Papandreou immer schwächer. Der Widerstand
gegen die von ihr exekutierte Politik der Troika blieb nicht ohne Wirkung. Der Pasok bröckelte ihr linker Rand weg. Der Zersetzungspro-
zess begann in den Provinzen und erreichte schließlich die Fraktion
im griechischen Abgeordnetenhaus, der Vouli. Immer mehr sozialdemokratische Abgeordnete verweigerten sich der Parteiführung, gaben
ihr Mandat zurück, wurden aus der Pasok-Fraktion ausgeschlossen
oder wechselten in andere Parteien. Sie entzogen sich der Forderung,

---

77   Kritidis, 2014, S. 86
78   Kein Bus für die Troika, in: junge Welt vom 7.11.2012

weiter ihre Hand für die Zerstörung des Landes zu heben, durch politischen Selbstmord. »Unter dem anhaltenden Druck der Plätze konnten die zentrifugalen Tendenzen in der Parlamentsfraktion der Pasok nur mit Versprechungen und Erpressungen mühevoll unterdrückt werden.«[79] Die »Fraktionslosen« wurden dennoch zur zweitgrößten Gruppe im Athener Parlament.

Angesichts der Schwäche blieb Papandreou nur die Forderung nach Bildung einer großen Koalition, nach einer Regierung der nationalen Einheit. Mit Blick auf die schwindende eigene Mehrheit versuchte er deshalb, die konservative Oppositionspartei Nea Dimokratia (ND) zu einem Regierungseintritt zu bewegen. Entsprechender Druck auf die ND wurde auch von den Gläubigern ausgeübt: »Vor dem Hintergrund seiner Weigerung, ohne Bedingungen in eine Regierung der nationalen Einheit einzutreten, sah sich der Vorsitzende der oppositionellen Nea Dimokratia, Antonis Samaras, heftigsten Anfeindungen seiner europäischen Parteikollegen, der Troika und der internationalen Presse ausgesetzt – ein an sich grotesker Vorgang internationaler Einmischung, der zeigt, wie blank die Nerven innerhalb der EU lagen.«[80]

Der von der ND für eine Regierungsbeteiligung verlangte Preis war hoch: Papandreou sollte als Ministerpräsident seinen Hut nehmen. Die Pasok hätte demnach auf jenen Politiker verzichten müssen, dessen Charisma sie ihren Wahlsieg im Herbst 2009 verdankte. Aber auch die Europäische Kommission, die EZB sowie der IWF wollten Papandreou als »ihren besten Mann in Athen« unbedingt halten. Bei ihrer Forderung, die Athener Politik auf eine breitere parlamentarische Grundlage zu stellen, verwiesen sie auf Portugal, wo die drei stärksten Parteien, Sozialdemokraten, Sozialisten und Konservative, noch vor den Wahlen im Herbst 2010 das Diktat der Troika zu unterschreiben hatten. So war die künftige Politik des Landes längst festgelegt, als die Bürger am 4. Oktober 2010 in Portugal abstimmten. Ähnlich verfuhr man mit Irland. Nun sollten sich also auch in Griechenland

---

79   Kritidis, 2014, S. 90

80   Ebd.

die bis dahin oppositionellen Konservativen zu dem von der Pasok-Regierung unterschriebenen Memorandum bekennen, indem sie in die Regierung eintraten. Doch Samaras blieb stur. Als Bedingung für einen Regierungseintritt verlangte er neben dem Abtritt Papandreous nun auch eine Neuverhandlung des Memorandums, denn mit den dort vorgeschriebenen Steuererhöhungen waren die Bürgerlichen ganz und gar nicht einverstanden. Da aber die Gläubiger nicht dazu bereit waren und ein Rücktritt Papandreous für die Sozialdemokraten weiterhin nicht akzeptabel war, blieb es bei der Alleinregierung der Pasok. Bei einer Vertrauensabstimmung im Parlament erhielt Giorgos Papandreou im Juni 2011 noch einmal die Mehrheit.

Im November des Jahres versuchte Papandreou erneut, die konservative Opposition aus ihrer Reserve zu locken und sie in eine »Regierung des nationalen Notstands« einzubinden. Um den Druck zu verstärken, kündigte er überraschend an, über seine »Rettungspolitik« das Volk abstimmen zu lassen. Doch was als Versuch gedacht war, die Basis für seine Politik zu verbreitern und damit zu demonstrieren, dass es zu ihr keine Alternative gab, geriet zu einem Desaster. Sofort nach der Ankündigung der Abstimmung stürzten an der Athener Börse die Kurse ab. Es ging die Furcht um, die Griechen könnten Nein sagen. Geschockt zeigten sich auch die Politiker in Brüssel, Paris und Berlin. Auf Papandreou wurde massiver Druck ausgeübt, das Plebiszit abzusagen. Es blieb ihm keine andere Wahl, als sich diesem Druck zu beugen. Das Scheitern seines Plans isolierte Papandreou in seiner Partei vollends. Am 9. November 2011 trat er als Ministerpräsident zurück.

Der fehlgeschlagene Versuch, mit einem Plebiszit das Volk ins Spiel zu bringen, hätte der Krise um Griechenland eine grundlegende Wende geben können, denn ein mögliches Nein hätte sichtbar gemacht, dass eine Mehrheit der Bevölkerung nicht hinter der Politik des Memorandums stand, und es hätte so der Anfang des Endes der Mitgliedschaft Griechenlands in der Eurozone sein können. Zu einer vergleichbaren Volksabstimmung kam es erst mehr als drei Jahre später, am 5. Juli 2015, unter der ersten Syriza-Regierung. Dabei sagten mehr als 60 Prozent der Bürger Nein zu den Forderungen der Gläubiger. Doch dieses Nein blieb ohne Folgen.

Der Rücktritt von Ministerpräsident Papandreou führte nicht zu Neuwahlen. Am 11. November 2011 wurde vielmehr unter dem parteilosen Loukas Papadimos eine Übergangsregierung gebildet. Zugleich wurde zwischen den Parteien vereinbart, nicht sofort Neuwahlen abzuhalten, sondern erst Verhandlungen über einen Schuldenschnitt abzuwarten. Befürchtet wurde aber vor allem, dass ein solcher Wahlgang instabile Verhältnisse zur Folge gehabt hätte: »Die Märkte! Nur nicht beunruhigen. Keine Politik! Nur ›Sachentscheidungen‹. (…). Wahlen so spät wie möglich! Kein Wahlkampf, kein Parteienstreit, keine Politik. Nur Sparprogramme. Damit Brüssel und Berlin zufrieden sind.«[81]

Mit Papadimos, der verharmlosend als »Technokrat« bezeichnet wurde, hievte man einen ehemaligen Vizepräsidenten der EZB ins Amt und damit einen, der in den Tagen der Aushandlung des Memorandums mit Griechenland noch auf der anderen Seite, auf der der Gläubiger, gestanden hatte. Aber Papadimos war nicht nur ehemaliger EZB-Banker, er hatte auch engsten Kontakt mit der US-amerikanischen Investmentbank Goldman Sachs. *Zeit Online* zitierte dazu den französischen Journalisten Marc Roche: »Monti, Papadimos und Draghi seien ›Galionsfiguren eines enggestrickten Netzes‹, mit dem Goldman Sachs sich den Zugang zu internen Informationen und zu den Entscheidungsträgern sichere.«[82] Die Etablierung eines parteilosen »Technokraten« als Regierungschef, sollte sich wenige Tage später in Italien wiederholen. Mit dem ehemaligen EU-Kommissar Mario Monti wurde auch dort ein ehemaliger Spitzenpolitiker der EU Regierungschef. Und auch Monti hatte sich zuvor keiner Wahl gestellt. In Athen und Rom regierten nun Frankfurt und Brüssel direkt.

Dem Kabinett Papadimos gehörten Politiker der Pasok, der ND und der rechtsgerichteten Partei Laos an. Die Parteiführer Papandreou und Samaras hingegen waren nicht dabei. Die Pasok stellte 13 der insgesamt 17 Minister, die Laos einen, ein Minister war parteilos, die ND als die nach der Pasok zweitgrößte Partei im Abgeordneten-

---

81 Expertokratie als neue Herrschaftsform, in: Zeit Online; www.zeit.de/politik/ausland/2011-12/experten-regierung-krise-demokratie/seite-2

82 Ebd.

haus, war mit nur zwei Ministern vertreten. Dies unterstrich ihren weiter bestehenden Widerwillen, das unter der Pasok-Regierung ausgehandelte Memorandum mitzutragen. Hatte sie sich am Ende doch dem Druck aus Brüssel, Washington, Berlin und Paris beugen müssen und war sie der Regierung Papadimos beigetreten, so wollte sie in ihr aber möglichst unauffällig bleiben. Die ND machte zudem die Durchführung von möglichst bald stattfindenden Neuwahlen zur Bedingung für ihre Regierungsbeteiligung.

Zweites »Rettungspaket« und Schuldenschnitt

Es zeigte sich bald, dass die Griechenland im Mai 2010 gewährten Hilfen nicht ausreichen würden und ein weiteres Kreditprogramm als »Rettungspaket«, verbunden mit einem weiteren Memorandum, notwendig war. Am 14. März 2012 erklärten daher die Eurofinanzminister ihre Zustimmung zu einem zweiten Programm. Wurden die Kredite des ersten Hilfsprogramms noch bilateral von den übrigen Euroländern an Griechenland vergeben, so wurde nun die im August 2010 geschaffene Europäische Finanzstabilisierungsfazilität[83] Grundlage dafür. Aus diesem Fonds sollten bis Ende 2014 Kredithilfen in Höhe von 144,7 Milliarden Euro gewährt werden.[84] Hinzu kamen weitere 19,8 Milliarden Euro aus Mitteln des Internationalen Währungsfonds.

Schon allein die Tatsache, dass überhaupt ein zweites Griechenland-Paket notwendig wurde, stellte eine Niederlage der Krisenmanager aus Brüssel, Washington, Berlin und Paris dar, war man doch beim ersten Rettungspaket noch davon ausgegangen, dass es sich um eine einmalige, sich nicht wiederholende Maßnahme handele. Bis spätestens Mitte 2012 sollte für das Land eine tragfähige Schuldenquote erreicht werden, so dass es spätestens 2013 wieder Kredite auf

---

83 Die EFSF wurde im September 2012 vom Europäischen Stabilitätsmechanismus (ESM) abgelöst.

84 Tatsächlich sollte das Programm dann aber erst am 30. Juni 2015 beendet werden. Über die Auszahlung einer letzten Tranche von 7,2 Milliarden Euro gab es im ersten Halbjahr 2015 ein erbittertes Ringen zwischen der Syriza-Regierung und der Troika. Da bis zum 30. Juni 2015 keine Einigung erzielt wurde, verfiel diese Tranche.

den Finanzmärkten hätte aufnehmen können. Doch die Verschuldung war seit Mai 2011 nicht gesunken, sondern vielmehr gestiegen, von 120 auf inzwischen 170 Prozent des Bruttoinlandsprodukts. Die Griechenland verordnete Austeritätspolitik war nicht erfolgreich, und sie konnte es auch nicht sein. Die alleinige Fixierung auf einen schnellen Schuldenabbau durch Senkung der Löhne im öffentlichen Sektor, von Renten und Lohnersatzleistungen, verbunden mit Kürzungen staatlicher Leistungen jeder Art entzog der Volkswirtschaft dringend benötigte Kaufkraft, führte zu Gewinnrückgängen in der Privatwirtschaft und am Ende zu Betriebsschließungen mit dem Ergebnis wachsender Arbeitslosigkeit. Die Folge davon war ein weiterer Rückgang von Steuereinnahmen. Die dadurch entstandenen neuen Defizite mussten mit neuen Schulden ausgeglichen werden. Im Ergebnis stieg die Verschuldung weiter an. Mit einem Wort: Die verordnete Medizin war nicht nur wirkungslos gegen die Krankheit, sie verschlechterte sogar den Zustand des Patienten.

Eine Abwendung von der offensichtlich falschen Politik kam für die dafür Verantwortlichen auch jetzt nicht in Frage. Stattdessen erhöhte man den Druck auf die Athener Regierung. Im Oktober 2012 wurde gemeldet: »Die Währungspartner forderten die Regierung in Athen am Montag auf, bis zum EU-Gipfel am 18. Oktober alle noch offenen Punkte abzuarbeiten, die als Voraussetzung für eine Auszahlung der nächsten Hilfsgelder verabredet wurden. Sollten alle Vorbedingungen erfüllt werden, sind die internationalen Geldgeber bereit, spätestens im November die nächste Hilfsrate von 31,5 Mrd. Euro zu zahlen. Athen braucht das Geld dringend, um nicht zahlungsunfähig werden.«[85] Diese Aufforderung aus dem Oktober 2012 richtete sich seinerzeit gegen die Regierung unter dem ND-Politiker Antonis Samaras. Sie hätte aber nahezu wortgleich auch aus dem Frühjahr 2015 stammen können, mit Alexis Tsipras als Adressaten. Sie zeigt anschaulich, dass sich der Krisenmechanismus, hier auf die Erfüllung der Verpflichtungen aus dem Memorandum drängende Gläubiger, dort eine griechische Regierung, die die Bedingungen nicht oder nur unzureichend erfüllen will bzw.

85   Financial Times Deutschland vom 9.10.2012

aufgrund des Widerstands von unten nicht erfüllen kann, über all die Jahre gleich geblieben war, ganz unabhängig davon, wer gerade regierte. Dem Internationalen Währungsfonds war diese europäische Borniertheit im Frühjahr 2012 unheimlich geworden. Sein Engagement bei diesem zweiten Paket fiel daher deutlich kleiner aus als beim ersten.

Im März 2012 konnte die griechische Regierung nach langen Verhandlungen mit den Gläubigerbanken, deren Interessen der damalige Chef der Deutschen Bank, Josef Ackermann, vertrat, einen »freiwilligen« Verzicht auf Forderungen, d. h. einen Schuldenschnitt, erreichen. Staatsanleihen im Volumen von 206 Milliarden Euro wurden in neue Titel getauscht. Abgeschrieben wurden dabei 105 Milliarden Euro nominaler Ansprüche. Die Gläubiger, darunter vor allem europäische und die vier großen griechischen Banken, verzichteten damit auf 53,5 Prozent des Nennwerts ihrer Forderungen. Für den restlichen Anteil von 46,5 Prozent erhielten sie neue Papiere bzw. Bargeld. Das bedeutete im Einzelnen: Für eine alte Anleihe in Höhe von 1.000 Euro bekamen sie im Wert von 315 Euro neue griechische Papiere, die aber jetzt nach britischem Recht ausgegeben wurden, welches für Gläubiger besonders vorteilhafte Regelungen enthält. Zusätzlich wurde ihnen zugesichert, bei einem weiteren Schuldenschnitt nicht noch einmal belangt zu werden. Die neuen Anleihen haben eine Laufzeit von 30 Jahren, und die Zinsen für sie liegen anfangs bei 2 Prozent und steigen schrittweise auf 4,3 Prozent. Sollte die griechische Wirtschaft eines Tages stabil wachsen, so käme ein Extrazins von einem Prozent hinzu. Die Tilgung für die neuen Anleihen beginnt 2022 und beträgt dann fünf Prozent pro Jahr. Um die Gläubiger für den Schuldenschnitt zu gewinnen, wurde pro alter Anleihe in Höhe von 1.000 Euro ein Betrag von 150 Euro sofort in bar ausgezahlt. Dieses Geschenk wurde wörtlich als »Sweetener« bezeichnet. Allein diese »Versüßung« der Finanzindustrie kostete die öffentliche Hand Griechenlands 30 Milliarden Euro. Ein entsprechender Betrag wurde dafür im zweiten Hilfspaket von EU und IWF bereitgestellt. Damit aber noch nicht genug: Da für den Zeitraum der Umstellung auf die neuen Anleihen den Gläubigern Zinsverluste entstehen könnten, wurde ihnen das Recht eingeräumt, zwischenzeitlich günstig Anleihen der EFSF erwerben zu können.

Für die Gläubiger fiel dieser Schuldenschnitt damit ausgesprochen günstig aus. Zwar verzichteten sie auf gut die Hälfte ihrer Forderungen, doch bei einem Staatsbankrott Griechenlands wäre der Ausfall mit Sicherheit höher gewesen. Im Gegenzug erhielten sie für den verbliebenen Anteil neue Anleihen zu besseren Bedingungen. Vor allem aber: Sie erhielten jetzt direkt Bargeld. Die mit dem Schnitt angestrebte Entlastung Griechenlands hingegen hielt nur kurz an. Zwar sank die Schuldenquote auf 132 Prozent, da die griechische Wirtschaft aber weiter stark schrumpfte, lag sie bereits im Herbst 2012 höher als zuvor.

Für die griechischen Banken und auch für die Gesundheitsversicherung des Landes erwies sich der Schuldenschnitt als folgenreich. Sie alle hatten sich mehr oder weniger freiwillig mit Staatsanleihen ihres Landes eingedeckt und es damit liquide gehalten. Jetzt waren diese Papiere nur noch die Hälfte wert. Die Gesundheitsversicherung verlor dadurch einen erheblichen Teil ihrer Rücklagen und musste dementsprechend ihre Leistungen einschränken. Und »Sweetener« hielt niemand für sie bereit. Die akute medizinische Krise im Land hat auch hierin ihre Ursache. Und für die bereits in der internationalen Finanzkrise geschwächten vier großen griechischen Banken, die zudem weiterhin faule, d.h. uneinbringliche Kredite in Milliardenhöhe in ihren Büchern stehen haben, bedeutete der Aderlass, dass sie erneut zu schwanken begannen. Um ihren Zusammenbruch zu verhindern, musste der griechische Staat sie kurzfristig mit 25 Milliarden aus Mitteln des Hilfsfonds versorgen. Im Gegenzug erhielt der staatliche Rettungsfonds Hellenic Financial Stability Fund (HFSF)[86]

---

86   Der Hellenic Financial Stability Fund (HFSF), der griechische Bankenstabilisierungsfonds, wurde im Juli 2010 auf gesetzlicher Grundlage geschaffen, arbeitet aber als private Einrichtung. Seine Aufgabe ist es in erster Linie, den privaten Banken Griechenlands Mittel zu beschaffen, um ihre Liquidität zu erhalten. Der Fonds führt auch die Aufsicht über die Verwendung dieser Mittel. Da ein erheblicher Teil der bereitgestellten Gelder aus den verschiedenen Hilfsfonds für Griechenland kommt, wurde von der ersten Regierung Tsipras verlangt, den HFSF unter öffentliche Kontrolle zu stellen. Dies wurde von den griechischen Banken als auch von den internationalen Gläubigern strikt abgelehnt.

Mehrheitsbeteiligungen an den drei Privatbanken, an der Nationalbank, der Piraeus Bank und der Alpha Bank. Einmal mehr hatte sich
gezeigt, dass die Bankenkrise noch lange nicht beendet war, auch die
Syriza-Regierung sollte sie drei Jahre später zu spüren bekommen.

Die Parlamentswahl am 6. Mai 2012

Bei der Parlamentswahl im Mai 2012 handelte sich um eine vorgezogene, denn die letzte hatte erst zweieinhalb Jahre zuvor, im Oktober
2009, stattgefunden. Auf die Neuwahl hatten sich Pasok und die ND
bei der Bildung des Kabinetts unter Loukas Papadimos im November 2011 geeinigt. Sie sollte unmittelbar nach der Vereinbarung über
einen Schuldenschnitt mit den privaten Gläubigern stattfinden. Der
war nun im März 2012 erreicht worden.

Beide großen traditionellen Mehrheitsparteien, sowohl die konservative ND als auch die sozialdemokratische Pasok, erlitten am
6. Mai starke Verluste. Keine von ihnen erreichte eine eigene Mehrheit. Die ND verlor 14,63 Prozent und kam auf nur noch 18,85 Prozent. Die verlorenen Stimmen gingen vor allem an die im Februar
2012 von der ND abgespaltene rechtskonservative Partei Unabhängige Griechen (Anel). Die Anel sprach sich im Wahlkampf entschieden gegen die Memorandumspolitik aus und erhielt dafür 10,62 Prozent der Stimmen. Katastrophal fiel das Ergebnis für die Pasok aus:
Von ihren noch im Oktober 2009 erreichten 43,92 Prozent verlor sie
nicht weniger als 30,74 Prozent. Lediglich 13,18 Prozent der zur Wahl
Gegangenen wollten sie noch wählen. Blickt man auf die absoluten
Zahlen der für die Pasok abgegebenen Stimmen, so wird der Verlust noch eindrucksvoller: Von einstmals 3.012.542 Wählern aus dem
Oktober 2009 waren nur zweieinhalb Jahre später 833.452 übriggeblieben.

Die Kommunistische Partei Griechenlands (KKE) konnte sich
leicht auf 8,48 Prozent verbessern. Erstmals zog mit 6,97 Prozent die
neonazistische und rassistische Partei Goldene Morgenröte ins Parlament ein. Sie verdrängte die gleichfalls rechtsaußen angesiedelte Partei Laos, die mit nur noch 2,89 Prozent an der Drei-Prozent-Hürde
scheiterte. Erfolgreich war hingegen die Partei Demokratische Linke

(Dimar) mit 6,11 Prozent. Bei dieser Partei handelt es sich um eine 2010 erfolgte Abspaltung rechter Kräfte von der im Syriza-Bündnis arbeitenden Koalition der Linken, der Bewegungen und der Ökologie (Synaspismos). Die eigentliche Sensation der Wahlen vom 6. Mai 2012 aber war der Aufstieg von Syriza. Hatte sie im Oktober 2009 erst 4,6 Prozent erreicht und war damit lediglich fünftstärkste Kraft geworden, so wurde sie jetzt mit 16,79 Prozent zweitstärkste Partei, was eine 3,6-fache Steigerung bedeutete.

Zum ersten Mal nach Beginn der Krise um Griechenland Ende 2009 hatte mit den Wahlen im Mai 2012 das Volk sprechen können, und es zeigte sich, dass die Parteien des Brüsseler Diktats über keine eigene Mehrheit mehr verfügten. Noch schlimmer für die Gläubiger: Durch den Stimmenverlust der ND war es unmöglich geworden, die verlorene Hegemonie der Pasok durch die der Konservativen zu ersetzen. Zum ersten Mal seit dem Ende der griechischen Diktatur im Juli 1974 verfügte keine der beiden großen Parteien mehr über eine eigene Mehrheit. Und nicht einmal zusammen hatten sie genügend Mandate erhalten, um die Regierung bilden zu können. Hierzu bedurfte es der Beteiligung mindestens einer weiteren Partei.

Doch jede andere Partei, die sich zum Brüsseler Kürzungspakt bekannte, musste fürchten, bei der nächsten Wahl ebenfalls abgestraft zu werden. Ihr wäre es dann wie der rechtsradikalen Partei Laos gegangen, die sich in das Technokratenkabinett eines Loukas Papadimos hatte einbinden lassen und sich nach den Wahlen im Mai als außerparlamentarische Gruppe wiederfand. Beerbt wurde sie von der offen faschistischen Goldenen Morgenröte. Zwar hatte Dimar nach dem Wahlgang erklärt, dass sie möglicherweise bereit sei, eine Koalition mit der Pasok und der ND einzugehen, dabei machte sie jedoch zur Bedingung, dass sich auch Syriza an ihr beteilige. Dahinter stand die Befürchtung, dass eine weiterhin frei aus der Opposition heraus agierende Syriza sich auf Kosten der in die Regierungsdisziplin eingebundenen Partei Dimar profilieren könnte. Doch der Vorsitzende von Syriza, Alexis Tsipras, lehnte eine Regierungsbeteiligung mit der Begründung ab, dass in den Wahlen der Sparkurs vom Volk abgelehnt worden sei.

Die Parlamentswahl am 17. Juni 2012

So konnte es nicht überraschen, dass die Führer der drei größten Parteien nacheinander mit dem Versuch scheiterten, eine Regierung zu bilden. Dem Staatspräsidenten Karolos Papoulis blieb nach der Verfassung Griechenlands nichts anderes übrig, als einen der obersten Richter zum Übergangspremier zu ernennen, das Parlament aufzulösen und Neuwahlen auszuschreiben. Diese fanden am 17. Juni 2012 statt.

Obwohl zwischen den beiden Wahlgängen lediglich knapp sechs Wochen lagen, ergab der zweite Urnengang ein anderes Bild: Der eben noch geschlagenen ND gelang mit einem Zuwachs von 10, 81 Prozent der Wiederaufstieg. Mit 29,66 lag sie vorne und erhielt somit die 50 Zusatzmandate, die nach dem griechischen Wahlrecht der stärksten Partei zustehen. Dieser Zuwachs führte zum Stimmenrückgang ihrer Konkurrenzpartei Anel, die 3,11 Prozent verlor. Ganz offensichtlich waren viele der in den Mai-Wahlen zur Anel abgewanderten Wähler, erschrocken über den Einbruch der ND, zu ihr zurückgekehrt. Die Pasok konnte hingegen ihre Verluste nicht wiedergutmachen. Mit 12,28 Prozent stagnierte sie auf dem niedrigen Niveau des Wahlgangs vom Mai.

Ganz anders erging es Syriza. Sie konnte ihren Aufstieg mit einem weiteren Plus von 10,1 Prozent fortsetzen und hätte es um ein Haar geschafft, sogar stärkste Partei zu werden. Mit 26,89 Prozent lag sie nur noch knapp hinter der ND. Die Demokratische Linke (Dimar) blieb mit 6,25 Prozent stabil. Hohe Verluste erlitt hingegen die kommunistische KKE. Nachdem sie bei den Wahlen am 6. Mai noch leicht auf 8,48 Prozent zugelegt hatte, erreichte sie jetzt nur noch 4,5 Prozent. In nur sechs Wochen hatte sie nahezu die Hälfte ihrer Wähler verloren. Wählten im Mai noch 536.105 Wahlberechtigte kommunistisch, taten dies im Juni lediglich 277.227. Nahezu unverändert blieb das Ergebnis für die faschistische Goldene Morgenröte.

Nach den Juni-Wahlen bildete sich eine Regierung unter Führung der ND. Während Pasok und ND für die Fortsetzung der Austeritätspolitik eintraten, Syriza, KKE, Anel und die Goldene Morgenröte sie hingegen strikt ablehnten, nahm Dimar jetzt eine vermittelnde Stellung ein. Noch im Mai 2012 wollte sie eine Koalition mit der ND und der Pasok nur dann eingehen, wenn sich auch Syriza an ihr beteiligte, doch unmittelbar vor der Wahl am 17. Juni hatte sie diese Bedingung nicht mehr wiederholt. So war es nicht überraschend, dass sie nun erklärte, eine vom ND-Vorsitzenden Samaras geführte Regierung unterstützen zu wollen. Sie stellte zwei Minister im Kabinett, die aber nicht Parteimitglieder waren, und verlangte, die Vereinbarungen mit den Gläubigern neu zu verhandeln, um auf diese Weise Korrekturen der Austeritätspolitik zu erreichen. Doch – wenig überraschend – zeigten sich die Gläubiger zu solchen Verhandlungen nicht bereit.

Dimar blieb in der Regierung ohne größeren Einfluss. Da sie aber für deren Politik in vollem Maße mitverantwortlich gemacht wurde, suchte sie bald nach einer Möglichkeit für die Aufkündigung der Regierungsbeteiligung. Die ergab sich aufgrund der Schließung der staatlichen Radio- und Fernsehanstalt ERT auf Anordnung von Ministerpräsident Samaras, die er ohne Absprache mit seinen Koalitionspartnern getroffen hatte. Dimar verließ daraufhin am 21. Juni 2013 die Regierungskoalition. Die beiden von ihr nominierten parteilosen Minister, Andonis Manitakis für die Verwaltungsreform und Justizminister Antonis Roupakiotis, erklärten ihren Rücktritt. Bis zur Neuwahl des Abgeordnetenhauses am 25. Januar 2015 regierte die Nea Dimokratia mit der Pasok allein in einer großen Koalition.

Die beiden im Frühjahr 2012 kurz nacheinander abgehaltenen Wahlen veränderten die politische Landschaft Griechenlands grundlegend. Zwei um die Vorherrschaft ringende Parteien hatten sich durchgesetzt: Die konservative ND und die linkssozialistische Syriza. Der bis dahin auf der linken Seite den Ton angebenden Pasok blieb nur noch eine Nebenrolle. Auch bei den Wahlen im Januar und im September 2015 bestätigte sich diese Konstellation.

V.
»Die stärkste der Parteien« –
Syriza und ihre Konkurrenten

Die Suche der griechischen Bevölkerung nach einem Ausweg aus der Krise fiel auf Syriza. Das war in erster Linie deren Verdienst. Der Partei war es gelungen, die traditionell stark zersplitterte Linke jenseits der KKE zu sammeln und sie auf das Ziel der Eroberung der Regierungsmacht auszurichten. Doch neben den eigenen Verdiensten war es das für Syriza günstige politische Umfeld, das diesen Erfolg erst möglich machte. Denn anders lässt sich ein solch fulminanter Aufstieg einer Partei, die bei Wahlen nie über fünf bis sechs Prozent Zustimmung hinausgekommen war, zur nunmehr stärksten politischen Kraft Griechenlands nicht erklären. Es war die Zerrüttung der sozialen Verhältnisse großer Teile der Bevölkerung, die das möglich gemacht hatte. Daraus folgte die politische Unrast, die Syriza nach oben trug. Die Parteienlandschaft war in Bewegung geraten: Traditionelle Loyalitäten wurden von einer Wahl zur anderen aufgegeben, neue wurden eingegangen und ebenso schnell wieder gekündigt.

Die Pasok: eine »verwesende Volkspartei«

Profitiert hat Syriza vor allem vom Scheitern der griechischen sozialdemokratischen Partei, der Pasok. Schon die beiden Wahlen im Frühjahr 2012 zeigten deren Niedergang: »Die sozialistische Pasok ist eine verwesende Volkspartei«[87], urteilte die *Frankfurter Allgemeine Zeitung*. Es drängt sich der Vergleich mit einer ähnlichen Entwicklung aus den 1970er Jahren auf. Damals war es die sozialdemokratisch ausgerichte-

---

87   Was Griechenland braucht, in: FAZ vom 29.10.2012

te Zentrumspartei, die immer schwächer wurde und Schritt um Schritt von der im Aufwind befindlichen und zunächst ganz radikal auftretenden Pasok verdrängt wurde.[88] Nun war es Syriza, die von links her die Pasok angriff und schließlich verdrängte. Und gegenwärtig stellt sich die Frage, ob sich, angesichts der Kapitulation von Tsipras gegenüber den Forderungen der Gläubiger im Juli 2015, diese Entwicklung abermals wiederholt. Linker Angreifer wäre die von Syriza abgespaltene Partei »Volkseinheit«, und die Rolle der »verwesenden Volkspartei« käme Syriza zu. Doch noch kann darüber nur spekuliert werden.

Es war der Verrat jeglicher sozialdemokratischer Grundsätze, der zum rasanten Niedergang der Pasok führte. Man kennt das aus Frankreich, Spanien, den Niederlanden, Belgien, aus Polen und vielen anderen Ländern und nicht zuletzt auch aus Deutschland, wo sich die SPD bis heute nicht vom Aderlass an Mitgliedern und Wählern erholt hat, den ihr der Abbau sozialer Rechte unter einer sozialdemokratisch geführten Regierung eingebracht hat.

Die Pasok hat sich aber auch taktisch falsch verhalten und damit Syriza in die Hände gespielt. Spätestens im Herbst 2011, als der von Brüssel, Berlin und Paris protegierte parteilose Banker Loukas Papadimos Ministerpräsident wurde, hätte sie sich von der Regierungsmacht verabschieden müssen. Der ihr von den Wählern zwei Jahre zuvor gegebene Kredit von fast 45 Prozent Zustimmung war restlos aufgebraucht. Doch die Pasok hielt, so lange es gerade noch ging, an der Regierungsmacht fest. Bis in den November des Jahres 2011 hinein hatte sie noch allein regieren können, doch war sie da durch Austritte

---

88 Lange wurde die Pasok zu den konsequent antikapitalistischen Kräften in Europa gezählt. Noch 1986 hieß es in einem Buch aus der DDR u. a. über sie: »Die Charakterisierung der EG-Integration als einen im Interesse des Großkapitals und unter seiner Leitung ablaufenden Prozess, der ›zur verstärkten und umfassenden Konzentration der Industrien, der Monopole und der mächtigsten multinationalen Gesellschaften‹ (Politische Erklärung der Konferenz der kommunistischen Parteien der kapitalistischen Länder Europas vom 16.-28. Januar 1974 in Brüssel) geführt hat, wird von der britischen Labour Party, von Teilen der dänischen Sozialdemokratie, von der griechischen Pasok und vom linken Flügel der französischen Sozialistischen Partei (CERES-Gruppe) geteilt.« Röder, 1986, S. 262

von Abgeordneten schon geschwächt worden. In dem am 11. November 2011 gebildeten Kabinett des Technokraten Papadimos bestand sie dennoch darauf, die Mehrheit der Minister stellen zu können. Auch in der Regierung des ND-Politikers Antonis Samaras war sie nach den Wahlen im Juni 2012 vertreten, allerdings nur noch als Juniorpartner. Erst mit der Wahl am 25. Januar 2015 endete diese Politik der Beteiligung um jeden Preis. Weit abgeschlagen landete sie mit nur 4,68 Prozent auf dem siebten Platz, noch hinter den Kommunisten und den Rechtsradikalen. Auf diesem, für eine sozialdemokratische Partei verheerend niedrigen Niveau blieb sie auch bei den Wahlen am 20. September 2015.

Für diese Blindheit für das Gebot der Stunde – nämlich den Gang in die Opposition – lassen sich mehrere Gründe nennen. Dazu gehört, dass mit Evangelos Venizelos im Herbst 2012 jemand Finanzminister im Kabinett Papadimos wurde, der sich das ehrgeizige Ziel gesetzt hatte, Papandreou als den bis dahin wichtigsten sozialdemokratischen Politiker Griechenlands endlich abzulösen. Venizelos hatte sich zuvor gegen das von Papandreou für den 1. November 2011 geplante Referendum ausgesprochen und diesen damit desavouiert. Dem blieb daraufhin nur der Rücktritt. Venizelos meinte Papandreou ausgerechnet in einem Augenblick beerben zu können, als es schon nichts mehr zu erben gab. Inzwischen ist die Geschichte auch über ihn hinweggegangen. Im Juni 2012 wurde er schließlich doch noch Parteivorsitzender und damit Kapitän auf dem bereits schwer leck geschlagenen Schiff namens Pasok. Nach erfolgreicher Versenkung der Partei trat Venizelos im Juni 2015 als ihr Vorsitzender zurück.

Das sture Festhalten der griechischen Sozialdemokraten an der zerrinnenden Regierungsmacht war aber auch der Haltung der Europäischen Kommission geschuldet. Die Kommission versucht regelmäßig in allen Memorandumsländern die Mehrheitsparteien, in aller Regel Konservative und Sozialdemokraten, für eine Zustimmung zu ihrer Austeritätspolitik zu gewinnen. Nur so glaubt man in Brüssel, dieser Politik eine breite gesellschaftliche Akzeptanz sichern und den politischen Widerstand schwach halten zu können. In Portugal zwang die Europäische Kommission deshalb alle für eine Regierungsbildung in Frage kommenden Parteien – die rechtsliberalen Sozialdemokraten, Konservative und Sozialisten –, noch vor den Wahlen im Juni 2011 das für das Land vorgesehene Memorandum zu unterzeichnen. Auf diese Weise wollte man sicher gehen, dass der Ausgang der Wahlen keinen Einfluss auf die diktierte Austeritätspolitik haben werde. In Griechenland ging diese Rechnung nicht auf. Die an der Regierungsmacht gehaltenen Sozialdemokraten zerschlissen sich dabei, der Weg für Syriza war frei.

Eine Abspaltung nach rechts: Die Demokratische Linke

Fast hätte ausgerechnet eine Abspaltung von Syriza ihr noch kurz vor dem Triumph die Palme des Sieges streitig gemacht. Im Juni 2010 hatte sich die Demokratische Linke (Dimar) unter der Führung des Syriza-Abgeordneten Fotis Kouvelis gegründet. Hinter der Abspaltung stand – wie so oft in der parteipolitischen Geschichte Griechenlands – eine Personalie: Kouvelis hatte im Februar 2008 für den Vorsitz Syrizas kandidiert, war jedoch Alexis Tsipras unterlegen. Zwei Jahre später verließen er und mit ihm etwa 550 Funktionäre, darunter vier Parlamentsabgeordnete, die Partei Koalition der Linken, der Bewegungen und der Ökologie (Synaspimos)[89] und damit zugleich das Bündnis Syriza unter dem Vorwurf, Synaspimos bzw. Syriza seien unter den Einfluss weit links stehender Kräfte auf einen unrealistischen, radikalen Kurs geraten. In Absetzung zu Syriza präsentierte man sich dagegen als eine neue, realpolitische und damit regierungsfähige Alternative. Kurzum: Man bot das auch für deutsche Verhältnisse nicht ungewohnte Schauspiel: »Kampf der vernünftigen Realos gegen wirklichkeitsfremde Fun-

---

89 Synaspismos geht auf eine 1968 erfolgte Abspaltung von der Kommunistischen Partei Griechenlands (KKE) zurück, die sich später als Kommunistische Partei Griechenland – Inland eurokommunistisch ausrichtete. Nach verschiedenen Zwischenstufen, wozu 1989 auch ein kurzfristiges Bündnis mit der KKE gehörte, wurde Synaspismos 1992 als Partei gegründet. 2004 entstand aus ihr heraus die Koalition der radikalen Linken – Syriza. Syriza arbeitete zunächst als ein Parteienbündnis, erst 2012 nahm sie den Status einer Partei an. Im Juni 2013 wurde sie offiziell als Partei gegründet und hielt ihren ersten Parteitag ab. Synaspismos löste sich dann in die Nachfolgepartei auf.

dis« und hoffte dabei auf Applaus und Unterstützung der bürgerlichen Medien. Auf welche Partei man dabei international als Verbündeten setzte, wurde im Parteisymbol deutlich: Der i-Punkt über dem Schriftzug Demokratische Linke sieht dem roten Fähnchen auf dem i der deutschen Partei Die Linke verblüffend ähnlich. Das demonstrative Betonen einer realpolitischen Perspektive und die gleichzeitige Kritik am vermeintlichen Fundamentalismus Syrizas verfingen tatsächlich beim Wähler. Bei Umfragen im Jahr 2011 erreichte Dimar zweistellige Ergebnisse und rückte damit dicht an Syriza heran. Vorübergehend sah es sogar so aus, als könnte nicht Syriza, sondern Dimar die breite Unzufriedenheit in der Bevölkerung für sich nutzen, und als könnte die Wahl bei der Suche nach einem Ausweg auf sie fallen.

Doch – wie bereits dargestellt – behielt Syriza die Nase vorn. Bei den Wahlen im Frühjahr 2012 wurde sie deutlich stärker als ihre linke Konkurrenz. Aber auch die Ergebnisse für Dimar waren vorzeigbar. Im Mai 2012 erreichte sie, bei ihrer ersten Kandidatur für das nationale Parlament überhaupt, beachtliche 6,11 Prozent, bei der Wahl sechs Wochen später waren es sogar 6,25 Prozent.

Doch die Beteiligung an der Regierung des ND-Politikers Samaras ab Juni 2012 hatte die Demokratische Linke erheblich an Ansehen gekostet. Als sie aus Anlass der Auflösung des staatlichen Rundfunk und Fernsehens ERT im Juni 2013 die von ihr nominierten Minister aus dem Kabinett zurückzog, war es bereits zu spät: Die Wählerschaft hatte sich ebenso von ihr abgewandt, wie sie zuvor die Pasok verlassen hatte. Bei den Wahlen zum Europäischen Parlament im Juni 2014 erhielt sie die Quittung. Lediglich 1,2 Prozent wollten noch Dimar wählen. Doch der Tiefpunkt war damit noch nicht erreicht. Bei den Wahlen zum nationalen Parlament am 25. Januar 2015 waren es gar nur noch 0,49 Prozent, die ihr Kreuz bei ihr machten. Von den 384.986 Stimmen vom Juni 2012 waren im Januar 2015 nur noch 29.820 übriggeblieben, ein desaströses Ergebnis. Während Syriza triumphierte, lag ihr einstiger Konkurrent am Boden. Bei den Wahlen am 20. September 2015 trat denn auch die Demokratische Linke als eigenständige Partei erst gar nicht mehr an. Sie schlüpfte stattdessen bei der Pasok unter. Die beiden großen Verlierer gingen also ein Wahlbündnis ein. Doch auch zusammen kamen sie lediglich auf 6,28 Prozent. Das waren gerade 1,12 Prozent mehr, als die Pasok alleine im Januar 2015 erreicht hatte.

Nach der Marginalisierung der Pasok war mit dem Verschwinden von Dimar als eigenständiger Kraft der Kampf um die Vorherrschaft im sozialdemokratischen bzw. sozialistischen Lager entschieden. Syriza hatte triumphiert. Was die Demokratische Linke angeht, so konnte die Führung von Syriza dabei eine gewisse Genugtuung empfinden. Der Spaltungsversuch von 2010 war nicht nur abgewehrt worden, die Dissidentengruppe hatte sich zudem als Partei als nicht dauerhaft lebensfähig erwiesen. Doch die Siege über Pasok und Dimar hatten auch ihren Preis. Die von beiden Parteien zu Syriza übergewechselten Wähler und Mitglieder dürften in ihrer Mehrheit nicht über Nacht zu radikalen Sozialisten bzw. Antikapitalisten geworden sein

Eine Abspaltung nach links: Die Partei Plan B

Mit Dimar gab es aber nicht nur eine Rechts-Abspaltung von Syriza. 2011 trennte sich Alekos Alavanos mit einigen Getreuen von der zum Syriza-Bündnis gehörenden Synaspismos. Alekos Alavanos ist kein Unbedeutender. Er gilt als Entdecker und Ziehvater von Alexis Tsipras, von 2004 bis 2008 war er Parteivorsitzender von Synaspismos und ab 2007, als Vorgänger von Tsipras, des Bündnisses Syriza. Unter ihm vollzog sich in den 1990er Jahren die Linkswende von Synaspismos, nachdem sie 1992 im griechischen Parlament noch für den Vertrag von Maastricht gestimmt hatte. Über mehrere Legislaturperioden vertrat Alavanos als einziger Abgeordneter Synaspismos im Europäischen Parlament.

Im Mai 2013 gründete nun Alavanos die Partei Plan B, wobei der Name zugleich Programm ist. Die *Frankfurter Allgemeine Zeitung* schrieb über deren Konstituierung: »Alavanos tut sich bereits seit einigen Monaten mit Kritik an Tsipras hervor. Dessen Haltung, die Bedingungen der Geldgeber abzulehnen, dabei aber in der Eurozone bleiben zu wollen, sei inkonsistent (...)«[90]. Plan B fordert aber nicht

---

90   Zwei neue Parteien wollen das Land zurück zur Drachme führen, in: FAZ
      vom 10.5.2013

alleine nur einen Grexit, d. h. den Ausstieg Griechenlands aus dem Euro. Angestrebt werden auch die Verstaatlichung der Banken, eine zentrale Planwirtschaft sowie die Einstellungen aller Zahlungen an die Gläubiger. Mit einem Wort: Die Programmatik von Plan B ist die einer konsequent sozialistischen Partei.

Alavanos und seine Partei blieben aber ohne größere Resonanz. Und dies konnte angesichts des Aufstiegs von Syriza und der damit verbundenen euphorischen Stimmung innerhalb der sozialistischen Linken wohl auch nicht anders sein. Angesichts des Scheiterns von Syriza hat die Programmatik von Plan B jedoch nichts von ihrer Aktualität eingebüßt. In der aus Syriza hervorgegangenen Partei Volkseinheit lebt sie weiter. Dieser Partei hat sich inzwischen auch Alekos Alavanos angeschlossen.

Die Kommunistische Partei Griechenlands: Keine Konkurrenz für Syriza

Syriza profitierte bei ihrem Aufstieg auch vom Zustrom früherer Wähler der Kommunistischen Partei Griechenlands (KKE). Der erhebliche Stimmenverlust der KKE von fast 4 Prozent bei der Wahl im Juni 2012 gegenüber dem Ergebnis im Mai des Jahres bedeutete nahezu eine Halbierung der bis dahin stabilen kommunistischen Wählerbasis. Hatte die KKE im Mai 2012 noch 8,48 Prozent der Stimmen erhalten, so blieben davon, nur sechs Wochen später, lediglich 4,5 Prozent übrig. Von diesem Verlust sollten sich die Kommunisten auch bei den Wahlen im Januar und September 2015 nicht erholen. Am 25. Januar 2015 gewann die KKE nur ein Prozent hinzu und erhielt 5,47 Prozent. Und selbst nach der Enttäuschung vieler Syriza-Anhänger über ihre Regierung verharrte sie bei den Wahlen am 20. September 2015 auf diesem niedrigen Niveau: Nur um 0,08 Prozent konnte sie zulegen. Ein Blick auf die Zahlen der abgegebenen Stimmen zeigt das ganze Ausmaß des Rückgangs: Wählten im Mai 2012 noch 536.105 Griechen die Kommunistische Partei, so waren es im September 2015 nur noch 301.632.

Es ist davon auszugehen, dass ein Großteil dieser ehemaligen kommunistischen Wählerschaft zu Syriza übergewechselt ist. Die KKE hat

es ihrer Konkurrenz dabei ausgesprochen leicht gemacht, entwickelte
sie doch keine Strategie, die der griechischen Bevölkerung einen Ausweg aus der Politik der Entrechtung und Verelendung noch innerhalb
des kapitalistischen Systems hätte aufzeigen können. Einen solchen
Ausweg versprach aber Syriza, und genau deshalb wurde sie attraktiv
für die Vielen, die nun einmal auf eine Verbesserung ihrer Situation
in absehbarer Zeit angewiesen sind. Und unter diesen Vielen waren
nicht zuletzt zahlreiche kommunistische Wähler. Zwar ging auch die
KKE mit Forderungen nach unmittelbaren Verbesserungen der Situation für die Lohnabhängigen und Unterdrückten in die Wahlkämpfe,
doch zugleich schloss sie eine Regierungsbeteiligung oder auch nur
die Duldung einer Regierung unter Führung von Syriza kategorisch
aus. Mit dieser Weigerung wurden aber ihre Forderungen sofort entwertet, da natürlich von einer Partei, die, wie die KKE, regelmäßig
nur zwischen vier und maximal neun Prozent der Wählerstimmen
zu erhoffen hat, nicht erwartet werden kann, dass sie plötzlich eine
Mehrheit zur Bildung einer Regierung erhält. Nur in einer Koalition
mit Syriza, zumindest aber in der Duldung einer von ihr geführten
Regierung hätten auch die kommunistischen Positionen eine Chance
auf Realisierung gehabt.

Das Problem der griechischen Kommunisten ist ein strategisches.
Und dieses Problem scheint gegenwärtig nicht lösbar zu sein, da die
prinzipielle Absage der KKE an jede Unterstützung einer nichtrevo-
lutionären Regierung im Programm der Partei verankert ist. Danach
kann nur eine sozialistische Arbeiter- und Volksregierung auf ihre Zustimmung zählen.[91] In der Strategie der KKE gibt es keinen Raum
für eine antimonopolistische Demokratie, d. h. für eine fortschrittliche
gesellschaftliche Phase, in der die sozialistische Revolution noch nicht
auf der Tagesordnung steht.[92] Die Ablehnung einer antimonopolisti-

---

91   Programm der KKE, angenommen vom 19. Parteitag vom 11.-14. April 2013:
      http://de.kke.gr/de/articles/PROGRAMM-DER-MMUNISTISCHEN-
      PARTEI-GRIECHENLANDS/

92   »Bei der antimonopolistischen Demokratie geht es um die Einleitung eines
      revolutionären Prozesses unter Bedingungen einer politischen Krise des
      staatsmonopolistischen Herrschaftssystems, der Auflehnung der Massen

schen Demokratie durch die KKE deckt sich mit ihrer Verurteilung der Theorie von der notwendigen Existenz von Übergangsgesellschaften zwischen Kapitalismus und Sozialismus. In den im Jahr 2008 vom 18. Parteitag der KKE beschlossenen »Thesen über den Sozialismus« heißt es hierzu: »Wir halten einen Ansatz für fehlerhaft, der von ›Übergangsgesellschaften‹ mit autonomen Merkmalen und einer langfristig existierenden Periode des ›Übergangs vom Kapitalismus zum Sozialismus‹ (Aufbau der Grundlagen der neuen sozio-ökonomischen Formation) ausgeht.«[93]

Damit nimmt die Kommunistische Partei Griechenlands eine Sonderrolle unter den größeren europäischen kommunistischen Parteien ein. Sie knüpft nicht an die Ergebnisse des VII. Weltkongresses der Kommunistischen Internationale (Komintern) von 1935 an, auf dem sich die kommunistischen Parteien zu einer Volksfrontpolitik bekannten, die sowohl der unmittelbaren Abwehr des Faschismus dienen sollte, zugleich aber auch eine Zwischenetappe hin zu einer sozialistischen Gesellschaftsveränderung beschrieb. Diese, unter Federführung des Generalsekretärs der Komintern, Georgi Dimitroff, konzipierte Strategie wurde zur Richtschnur beim erfolgreichen Kampf europäischer kommunistischer Parteien gegen die faschistische Okkupation während des Krieges wie auch Grundlage für die Erfolge der Kommunisten in der unmittelbaren Nachkriegszeit, als es ihnen in Frankreich, Italien, Österreich und anderen Ländern gelang, erheblichen Einfluss auf das politische Leben dort zu gewinnen.

Abgesehen von der Kommunistischen Partei Griechenlands und einigen kleinen Parteien, die sich unter Führung der KKE im Oktober 2013 zur Initiative Kommunistischer und Arbeiterpartei-

---

gegen Reaktion und Monopolkapital und der Bereitschaft großer Teile der Arbeiterklasse zur Aktionseinheit, um Maßregeln gegen die Monopole durchzusetzen, ohne dass die Massen zugleich schon die sozialistische Revolution wollen. Eine solche Kräftekonstellation ist aus heutiger Sicht zumindest in der BRD der wahrscheinlichere Weg des Herankommens an die sozialistische Revolution.«, in: Binus/Landefeld/Wehr, 2015, S. 115f.

93 Thesen über den Sozialismus, in: Konsequent, Schriftenreihe der DKP Berlin, Ausgabe 2, 2009, S. 15

en Europas[94] zusammengeschlossen haben, vertreten alle anderen europäischen kommunistischen Parteien heute eine an die Politik der Volksfront anknüpfende Strategie. Danach ist es nicht möglich, ohne Übergangsphasen grundlegende sozialistische Veränderungen zu erreichen. So bezieht sich etwa das Führungsmitglied der Kommunistischen Partei Portugals (PCP), Albano Nunes, auf den gegenwärtigen Kampf seines Landes um die Bewahrung der nationalen Unabhängigkeit und Souveränität gegenüber der EU, wenn er als eine solche Übergangsphase für Portugal die »fortgeschrittene Demokratie« nennt: »Und heute, in einer schwerwiegenden Situation der Abhängigkeit und Einmischung in innere Angelegenheiten, wo die Teilnahme am europäischen Prozess der kapitalistischen Integration ein Schlüsselelement darstellt, kämpft die PCP für eine patriotische linke Alternative, die uns den Weg in eine fortgeschrittene Demokratie öffnet, die nationale Unabhängigkeit verteidigt und sichert, und die ernsthaften Beschränkungen der nationalen Souveränität aufbricht, die, wie die Realität zeigt, tiefgehende Klassenhintergründe haben.«[95] Diese »fortgeschrittene Demokratie« ist für die portugiesischen Kommunisten aber keineswegs bereits Element einer sozialistischen Gesellschaft. Diese Phase dient vielmehr der Offenhaltung einer sozialistischen Option und ist ein unentbehrlicher Zwischenschritt zu ihrer Realisierung.

Mit der Bildung der portugiesischen Regierung unter dem sozialistischen Ministerpräsidenten António Costa am 26. November 2015 betrat die PCP Neuland, denn seitdem duldet sie erstmals eine von Sozialisten gebildete Regierung auch auf nationaler Ebene. Dies wurde möglich aufgrund eines Abkommens, das zuvor zwischen der PCP und der Sozialistischen Partei ausgehandelt werden konnte. Dabei mussten die portugiesischen Kommunisten auf eine Reihe von wichtigen Forderungen verzichten, die sie in ihrem Programm für die Wah-

---

94   Ihr gehört u. a. die Partei der Arbeit Österreich (PdA), nicht aber die Deutsche Kommunistische Partei (DKP) an.

95   Albanos Nunes, Die weltweite kommunistische und revolutionäre Bewegung. Aktuelle Fragen im ideologischen Kampf, in: Theorie und Praxis, 2015, Ausgabe 40, S. 11

len am 4. Oktober 2015 erhoben hatten. Durch dieses Bündnis auf Zeit will die PCP vor allem eine Rücknahme der Haushaltskürzungen und einen Privatisierungsstopp erreichen.

Die gegenwärtige Situation ist für die PCP besonders kompliziert, da mit dem »Linksblock« noch eine zweite Partei diese Regierung toleriert. Die PCP hat es daher gleich mit zwei Konkurrenten zu tun. Es bleibt abzuwarten, ob es ihr gelingen wird, die sozialistische Regierung von links her zu beeinflussen, oder ob es ihr am Ende nur wie anderen kommunistischen Parteien in Italien, Frankreich oder der Partei Die Linke in deutschen Bundesländern ergehen wird, die während ihrer Regierungszeit nur Hilfstruppen für die Sozialdemokraten stellten und am Ende geschwächt aus diesen Bündnissen hervorgingen. Anders als die KKE konnte die PCP mit ihrem mutigen Schritt aber jener strategischen Sackgasse ausweichen, in die jede Partei unweigerlich geraten muss, die von vornherein jede Unterstützung einer Linksregierung ablehnt.

Außerhalb Europas ist die Strategie eines sich in Phasen vollziehenden Übergangs hin zu einer sozialistischen Gesellschaftsordnung vor allem von der Japanischen Kommunistischen Partei (KPJ) ausgearbeitet worden. In ihren Dokumenten betont sie bereits seit Jahrzehnten die Notwendigkeit der Bildung einer »Vereinten Front« als ersten Schritt. Diese »Vereinte Front« soll sich zusammensetzen aus Gewerkschaften, unterschiedlichsten gesellschaftlichen Organisationen und aus anderen demokratischen Parteien.[96] Erst diese Konzeption einer realistischen Übergangsperiode hat die KPJ zu dem gemacht, was sie heute ist: Die größte kommunistische Partei in einem kapitalistischen Land.

Das alles ist aber nicht die Welt der griechischen Kommunisten. Sie überließen stattdessen Syriza allein das Feld. Indem die KKE nicht einmal Mindestanforderungen formulierte, von denen sie die Tolerierung einer Syriza-geführten Regierung hätte abhängig machen können, erlaubten sie es Syriza, sich auf der Linken als einzig realistische Alternative darzustellen. Der KKE wäre es auf diese Weise auch möglich gewesen, die illusionären Vorstellungen von Syriza über eine

---

96   Vgl. Japanese Communist Party 26th Congress, 2014, p. 44

mögliche Reform der EU zu benennen und zu kritisieren. So hingegen hat sie sich durch ihre attentistische Haltung von einem großen Teil ihrer traditionellen Anhängerschaft entfernt. Es überrascht daher nicht, dass sie auch heute vom Niedergang Syrizas nicht profitieren kann. Bei den Wahlen am 20. September 2015 konnte sie kaum von Syriza enttäuschte Wähler für sich gewinnen. Ihr – nur anteilmäßiger – Zuwachs von lediglich 0,08 Prozent war fast nicht wahrnehmbar.

Etwas anderes ist es aber, wenn der KKE heute der Vorwurf gemacht wird, sie trage eine Mitschuld am Scheitern von Tsipras. Mit Blick auf die Wahlen im Juni 2012 heißt es etwa im Buch des Syriza-Funktionärs Giorgos Chondros: »Wenn die KKE in dieser Phase der immer wieder ausgesprochenen und ehrlich gemeinten Einladung von Syriza nachgekommen wäre und sich zu einer Zusammenarbeit bei den Wahlen und in der Regierung im Rahmen eines überarbeiteten Parteiprogramms entschlossen hätte, dann wäre das Wahlergebnis ganz anders ausgefallen, dann hätte dieses Bündnis schon 2012 die Wahlen gewonnen, und dann hätte sich die politische Landkarte Griechenlands auf lange Sicht verändert. Doch ein weiteres Mal entschied sich die KKE in diesem Moment für eine sektiererische Haltung, denn sie stellte die Reinheit ihrer Ansichten über das Interesse der Bevölkerung.«[97] Seinen Vorwurf an die Adresse der KKE wiederholt Chondros für den Zeitpunkt der Regierungsbildung nach den Wahlen vom 25. Januar 2015: »Die Kommunistische Partei legte jedoch eine merkwürdig sektiererische Haltung an den Tag und lehnte jegliche Zusammenarbeit ab, obwohl Syriza ihr die Bildung einer linken Regierung angeboten hatte.«[98] Doch von einer solchen »ehrlich gemeinten Einladung« ist nichts bekannt geworden. Doch selbst wenn sie vorgelegen haben sollte, so wäre dies ein rein formaler Akt ohne jede Bedeutung gewesen, konnte doch die Syriza-Führung fest davon ausgehen, dass sie von der KKE umgehend abgelehnt werden würde. Dort kennt man schließlich die Verweigerungshaltung der KKE sehr genau, und auch Chondros ist sie natürlich vertraut, deshalb machte er ja auch in seinen Ausführungen

---

97   Chondros, 2015, S. 182
98   Chondros, 2015, S. 138

ein »überarbeitetes Parteiprogramm« der KKE zur Vorbedingung einer
Zusammenarbeit, wohlwissend, dass dieses Verlangen ganz unrealis-
tisch ist. Und schließlich: Wie hätte denn die Verhandlungsposition von
Syriza gegenüber den europäischen Gläubigern ausgesehen, wäre sie
mit der in Brüssel und anderswo als »stalinistisch« und »absolut dog-
matisch« bezeichneten KKE im Gepäck dorthin gereist?

Diese wohlfeile Anklage gegenüber der KKE war daher ein durch-
sichtiger Versuch, ihr eine Mitschuld am Debakel des Alexis Tsipras
zuzuschieben, konnte doch die Syriza-Führung immer fest von der ab-
lehnenden Haltung der KKE ausgehen, und sogar darauf vertrauen,
dass die Kommunisten sie schon nicht durch die Formulierung von
Mindestanforderungen für eine Tolerierung oder gar eine Regierungsbeteiligung unter Druck setzen würden. Die Strategie von Syriza zielte
denn auch darauf ab, sich als die einzig realistische, da regierungsfähige
Alternative darzustellen und mit diesem Angebot der KKE die Wähler
abspenstig zu machen. Damit war sie ja auch ausgesprochen erfolgreich.
Und schließlich hat es Syriza auch ohne die Hilfe der Kommunistischen
Partei geschafft, inzwischen bereits zweimal die Regierung zu bilden,
da sie mit der rechtskonservativen Partei Unabhängige Griechen (Anel)
über einen verlässlichen Koalitionspartner verfügt, der sich als überaus
einfach zu lenken erwiesen hat, einfacher, als es mit Sicherheit die KKE
je gewesen wäre. Syriza hatte also ihre Chance, und sie hat sie nicht
nutzen können. Es ist billig, die Verantwortung für den Misserfolg im
Nachhinein auf den politischen Konkurrenten schieben zu wollen.

In der deutschen Linken ist es Mode geworden, die KKE ausschließlich unter dem Aspekt ihrer Bündnispolitik zu bewerten und
sie, ganz so wie es die bürgerlichen Medien tun, als »sektiererisch«,
»stalinistisch« oder einfach »hinter der Zeit zurückgeblieben« abzutun.
So wird in der Erklärung der Redaktion der Z. Zeitschrift Marxistische
Erneuerung zwar die Spaltung der griechischen Linken bedauert, wenn
es heißt: »Ein besonders düsteres Kapitel ist die Spaltung der griechischen Linken, vor allem zwischen KKE und Syriza«[99]. Doch dann
wird ausschließlich die KKE dafür verantwortlich gemacht, indem

---

99   Z-Redaktion, 2015, S. 13

man ihr eine »sektiererische Haltung« vorwirft. Vergeblich sucht man darin auch nur ein Wort zu der Schuld von Syriza. Nicht hinnehmbar ist auch, wenn die KKE kurzerhand aus dem Kreis der demokratischen Parteien Griechenlands ausgegrenzt wird.[100]

Diese Vorwürfe werden einer Partei nicht gerecht, die im Kampf der griechischen Arbeiterklasse bzw. der gesamten entrechteten Bevölkerung gegen die Krisenlasten einen großen Anteil trägt. Die KKE hat zwar in den letzten Jahren einen Teil ihrer Wählerschaft verloren, die Zahl der Parteimitglieder konnte sie aber mit ca. 25.000 in etwa stabil halten. Damit gehört sie weiterhin zu den großen Parteien Griechenlands. Sie ist kommunalpolitisch gut verankert und stellt in zahlreichen Städten und Gemeinden den Bürgermeister, so etwa in Patras, der drittgrößten Stadt des Landes. In den Gewerkschaften ist sie in etwa so stark wie es Syriza vor ihrer Kapitulation im Sommer 2015 war. Und mit der Bewegung Kampffront aller Arbeiter (Pame) baut sie seit 1999 eine eigene Organisation klassenbewusster Lohnabhängiger auf. In der Studentenschaft ist ihre Anhängerschaft sogar deutlich größer als die Syrizas.[101] Und im Unterschied zu ihr, deren Jugendorganisation sich aufgrund der Enttäuschung über das Scheitern der Regierung aufgelöst hat, spielt die der KKE, die KNE, eine aktive Rolle in den Kämpfen der arbeitenden und studierenden Jugend. Schließlich verfügen die griechischen Kommunisten über zahlreiche eigene Medien, wobei hier vor allem die Zeitung *Rizopastis* (der Radikale) zu nennen ist. Sie sind mit 15 Abgeordneten im nationalen Parlament und mit zwei Abgeordneten im Europäischen Parlament vertreten.

---

100 Über ein Treffen von Parteiführern bei Alexis Tsipras nach dem Referendum am 5. Juli 2015 schrieb Winfried Wolf: »Das Ergebnis fiel so eindeutig aus, dass der Führer der Opposition, Samaras, noch in der Referendumsnacht zurücktreten musste, und am 6. Juli alle demokratischen Parteien Griechenlands, also die beiden früheren Regierungsparteien Nea Dimokratia und Pasok und die liberale Partei To Potami eine gemeinsame Erklärung verabschiedeten, mit der sie Tsipras bei seinen Verhandlungen mit der EU den Rücken stärkten.« Zu den »demokratischen Parteien« gehört demnach, nach Wolf, nicht die KKE! Vgl. Wolf, 2015, S. 6

101 Vgl. dazu Biver, 2015, S. 61 f.

Eine besondere Stärke der KKE ist ihre intensive Schulungs- und Ideologiearbeit, ohne die ihr starker innerer Zusammenhalt nicht vorstellbar ist. Die Bedeutung der Theorie für eine konsequente sozialistische Strategie steht für sie außer Frage. Somit hält sie am Leninschen Postulat fest: »Ohne revolutionäre Theorie kann es auch keine revolutionäre Bewegung geben.«[102] Man kann davon ausgehen, dass nicht nur die Mitglieder, sondern auch die gut 300.000 verbliebenen Wähler in ihrer großen Mehrzahl sehr genau wissen, weshalb sie weiterhin zu dieser Partei stehen.

Die Analysen der KKE zur politischen Situation Griechenlands, Europas und der Welt sind klar und nüchtern. Sie hält daran fest, dass der Nationalstaat weiterhin der Raum ist, in dem die Klassenkämpfe auszufechten sind: »Die Tendenz der Verstärkung der Verflechtung der Wirtschaft der Staaten im internationalen imperialistischen System führt nicht zu einem Rückgang der Rolle des bürgerlichen Staates, wie die verschiedenen theoretischen Varianten der ›Globalisierung‹ behaupten.«[103] Die Möglichkeit einer Reformierbarkeit der Europäischen Union hält die KKE für eine Illusion, dementsprechend plädiert sie für einen Austritt des Landes aus der EU. Den Aufbau des Sozialismus in einem Land wie Griechenland sieht sie hingegen für möglich an. In ihren programmatischen Forderungen entwirft sie sogar das Modell einer weitgehend autarken nationalen griechischen Ökonomie. Grundlage ihrer Position ist hier das von Lenin formulierte Gesetz von der ungleichmäßigen Entwicklung des Kapitalismus.[104] Im Programm heißt es dazu: »Die Möglichkeit des Heranreifens der revolutionären Situation, der Durchführung und des Sieges der sozialistischen Revolution, zunächst in einem Land oder in einer Gruppe von Ländern, ergibt sich aus dem Gesetz der ungleichmäßigen ökono-

---

102 Lenin, 1960b, S. 379

103 Programm der KKE, 2013, a.a.O.

104 In der Schrift »Der Imperialismus als höchstes Stadium des Kapitalismus« heißt es: »Die Stärke der Beteiligten aber ändert sich ungleichmäßig, denn eine *gleichmäßige* Entwicklung der einzelnen Unternehmungen, Trusts, Industriezweige und Länder kann es unter dem Kapitalismus nicht geben.«, in: Lenin, 1960, S. 300

mischen und politischen Entwicklung des Kapitalismus. Die Voraussetzungen, damit die sozialistische Revolution auf die Tagesordnung gesetzt wird, reifen nicht weltweit gleichzeitig heran. Die imperialistische Kette wird an ihrem schwächsten Glied brechen.«[105]

Die KKE stellt Griechenland heute nicht klassenindifferent in seiner Gänze als Opfer ausländischer Mächte dar, sie benennt vielmehr eindeutig die Verantwortung der griechischen Bourgeoisie für die desolate Lage. Mit Blick auf das griechische Kapital heißt es im Programm: »Der Kapitalismus in Griechenland befindet sich im imperialistischen Stadium seiner Entwicklung, in einer Zwischenstellung innerhalb des internationalen imperialistischen Systems, mit starken ungleichmäßigen Abhängigkeiten von den USA und der EU.«[106] Die Arbeiterklasse steht für die KKE weiterhin im Zentrum des Kampfes um eine andere Gesellschaftsformation: »Treibende Kräfte der sozialistischen Revolution werden die Arbeiterklasse als die führende Kraft, die unter den Monopolen leidenden Halbproletarier, die unterdrückten Volksschichten der Selbständigen in den Städten und die armen Bauern sein.«[107] Gesellschaftlichen Fortschritt erwartet die KKE nicht durch Regierungsbeteiligungen, sondern nur von Mobilisierungserfolgen der Arbeiterklasse und den mit ihr verbündeten Kräften. Erst wenn sich die gesamtgesellschaftlichen Machtverhältnisse verschieben, kann die kapitalistische Offensive, die unter dem Begriff Neoliberalismus seit Ende der 1970er Jahre anhält, zum Stehen gebracht werden. Nach Einschätzung der KKE ist aber ein Ende dieser Offensive gegenwärtig nicht in Sicht.

Aufgrund ihrer Analyse, dass sich Griechenland heute nicht in einer revolutionären, ja nicht einmal in einer vorrevolutionären Situation befindet, versucht die KKE schädliche Militanz bei Protesten und Demonstrationen zu verhindern. Damit macht sie sich aber keine Freunde unter gewaltbereiten anarchistischen und linksradikalen Kräften. Als im Oktober 2011 Ordnungskräfte der KKE das Parlament abschirmten und damit seine Erstürmung verhinderten, wurde

---

105   Ebd.

106   Ebd.

107   Ebd.

ihr prompt vorgeworfen, »Schützenhilfe«[108] für die Regierung geleistet zu haben. Auch wird ihr eine Politik des »abwartenden Taktierens«[109] zum Vorwurf gemacht, mit der sie verhindert haben soll, dass entschiedener gegen rechte Regierungen vorgegangen werden konnte. Der Streit in Athen erinnert an die Vorwürfe der rebellierenden Studenten gegenüber der Kommunistischen Partei Frankreichs im Paris des Mai 1968. In seiner Schrift »Kritik der revolutionären Ungeduld« hat der Philosoph Wolfgang Harich die bloße Rebellion als »Propaganda der Tat«, die aus »Wunschdenken« entsteht, kritisiert, weil sie stets nur zur Entfremdung von den Massen führt und daher dem herrschenden System nutzt.[110] Offensichtlich muss aber jede rebellische Generation, ob nun damals in Paris oder heute in Athen, diesen Lernprozess jeweils für sich neu durchmachen.

Die tiefe Spaltung der griechischen Linken ist und bleibt eine Tragödie, die nur dem Klassengegner nutzt. Zu Recht haben daher Mikis Theodorakis und Manolis Glezos[111] Schritte zu ihrer Aufhebung gefordert. Eine Annäherung ist aber aufgrund der jüngsten Entwicklungen in noch weitere Ferne gerückt. Viele entschieden linke Kräfte haben Syriza verlassen, und mit der Volkseinheit hat sich von ihr sogar eine neue Partei abgespalten. Es ist daher zu erwarten, dass Syriza aufgrund dieser Schwächung ihres linken Flügels weiter nach rechts rücken wird. Die griechischen Kommunisten fühlen sich dagegen nach der Kapitulation von Tsipras in ihrer Vermutung bestätigt, dass es sich bei Syriza doch nur um eine sozialdemokratische Partei handelt.

---

108 Kritidis, 2014, S. 92

109 Ebd., S. 102

110 Vgl. Wolfgang Harich, 1998, S. 33 ff.

111 Manolis Glezos ist eine historische Größe der griechischen Linken. Zusammen mit Apostolos Sandos riss er am 27.4.1941 die Hakenkreuzfahne von der Akropolis herunter. Wegen illegaler Tätigkeit für die Kommunistische Partei wurde er 1948 zum Tode verurteilt und nur aufgrund internationaler Proteste zu lebenslanger Haft begnadigt. Erst 1954 kam er frei. Von Juni 2014 bis Juli 2015 war er für Syriza Mitglied im Europäischen Parlament. Inzwischen hat er die Partei verlassen.

VI.
»Die Hoffnung kommt«

Am 25. Januar 2015 gewann Syriza unter der verheißungsvollen Parole »Die Hoffnung kommt« die Parlamentswahlen. Es handelte sich um vorgezogene Wahlen, denn bei der Wahl eines neuen griechischen Präsidenten im Dezember 2014 konnte Stavros Dimas als Kandidat der ND in drei Wahlgängen nicht die erforderliche Mehrheit im Parlament erreichen. In einer solchen Situation muss nach der griechischen Verfassung das Parlament innerhalb von zehn Tagen aufgelöst werden, und es werden Neuwahlen innerhalb von dreißig Tagen angesetzt. In Deutschland zeigten sich Politiker von CDU/CSU und SPD irritiert und ungehalten über diese Entwicklung, ahnten sie doch, dass die für Ende Januar vorgesehenen Wahlen einen Linksruck bringen würden. »Der stellvertretende Vorsitzende der Unionsfraktion, Ralph Brinkhaus (CDU), zeigte sich über die Entscheidung in Athen verärgert. ›Das ist unglaublich ärgerlich‹, sagte er dem *Handelsblatt*. Griechenland sei in vielen Bereichen gut unterwegs gewesen. ›Jetzt werden wir – egal wie die Parlamentswahl ausgeht – wieder einmal viel Zeit für die nächsten Reformschritte verlieren‹, so der Finanzexperte.«[112] Ganz anders sah es dagegen die Linkspartei: »Das Scheitern der Präsidentenwahl sei eine Quittung für die Sparpolitik der EU und Bundeskanzlerin Angela Merkel (CDU) ›steht vor dem Scherbenhaufen ihrer Austeritätspolitik in Europa‹ erklärte Parteichef Bernd Riexinger (...) ›Die Neuwahlen in Griechenland bieten die Chance, die europäische Idee wiederzubeleben.‹«[113]

---

112 CDU-Politiker nennt Athen-Wahl »unglaublich ärgerlich«, in: Handelsblatt vom 29.12.2014

113 Ebd.

Der Wahlsieg von Syriza kam nicht überraschend. Aufbauend auf ihre Wahlerfolge von Mai und Juni 2012 konnte sie ihren Aufstieg in den folgenden Jahren fortsetzen. Eine wichtige Etappe auf dem Weg zum Sieg waren die Wahlen zum Europäischen Parlament im Juni 2014. Erstmals wurde Syriza stärkste Partei Griechenlands. Statt, wie bis dahin nur einen, stellte sie nun sechs der insgesamt 21 griechischen Europaparlamentarier.[114] Bei den gleichzeitig durchgeführten Kommunalwahlen gewann sie mit Attika den bevölkerungsreichsten Wahlkreis des Landes mit Athen und Piräus im Zentrum, in dem allein 30 Prozent der griechischen Wählerschaft leben.

Doch was ist das eigentlich für eine Partei, die da gesiegt hatte? Wer ist eigentlich Syriza? Die im Januar 2015 so erfolgreiche Partei ist noch sehr jung. Zwar besteht die als Wahlbündnis gegründete Koalition der Radikalen und Linken bereits seit 2004, zu einer Partei wurde Syriza aber erst im Mai 2012. Die Umwandlung war notwendig geworden, da nach dem griechischen Wahlrecht nur einer Partei im Falle ihres Sieges 50 Zusatzmandate zustehen. Und im Mai 2012 war bereits nicht mehr auszuschließen, dass Syriza zur stärksten Kraft werden könnte. Ihre gegenwärtige Form und Funktionsweise hat sie sich auf ihrem ersten Parteitag vom 10. bis 14. Juli 2013 gegeben.

Eine multifraktionelle Partei

Als es um den Aufbau des Bündnisses Syriza ging, kam den Mitgliedern zugute, dass sie mit Synaspismos, der Koalition der Linken, der Bewegungen und der Ökologie, über eine seit längerem existierende Ausgangspartei verfügten. Giorgos Chondros bezeichnet Syriza als

---

114 Mittlerweile sind von diesen sechs Syriza-Abgeordneten nur noch vier übrig geblieben. Mit Nikolaos Chountis wechselte im September 2015 jener Abgeordnete in die neu gegründete Partei Volkseinheit, der in der vorangegangenen Legislaturperiode des Parlaments dort der einzige Vertreter von Syriza war. Damit ist die Volkseinheit wohl im Europäischen Parlament, aber nicht im griechischen Parlament vertreten. Aus der Syriza-Delegation trat auch Sofia Sakorava aus. Sie gehört seitdem der linken Fraktion als unabhängige Abgeordnete an.

»multifraktionell«[115] und damit auch als Erbin von Synaspismos, die selbst immer mehr ein Bündnis unterschiedlichster linker Strömungen als eine fest gefügte Partei war: »Jedenfalls bildet die parallele Existenz vieler Fraktionen und Richtungen eine lange Tradition im Synaspismos, dem zentralen Parteikörper von Syriza.«[116] Spötter behaupteten denn auch mit Blick auf deren Parlamentsfraktionen, dass Synaspismos mindestens 15 Abgeordnete benötige, um jeder Parteiströmung zumindest einen Parlamentarier garantieren zu können. Im Statut von Syriza heißt es zur Multifraktionalität der Partei: »Syriza ist einheitlich und multifraktionell, pluralistisch, offen für die Existenz unterschiedlicher Ideologien, Geschichten und Wertedispositionen und Denkströmungen im linken Raum. Sie ist klassenmäßig in der Arbeiter- und der breiteren Bewegung der Bevölkerung mit ausdrücklichen feministischen und ökologischen Zielsetzungen verankert. Sie respektiert und erachtet ihre diversen Wurzeln wie die obengenannten als Reichtum, sie erkennt die Existenzmöglichkeit von Richtungen und Fraktionen an und stellt ihnen den Raum zur Verfügung, in dem sie ungehindert gedeihen können. Alle Auffassungen werden in ihren internen Verfahren repräsentiert, allerdings immer unter der Prämisse, dass ihre Zusammensetzungen vorwärtsweisend sind.«[117]

Ein ganz ähnliches Selbstverständnis hat die 2004 gegründete Partei der Europäischen Linken (EL), der Syriza angehört. Auch sie beruft sich auf unterschiedlichste Bewegungen, Ideologien und Traditionen. In ihrer Gründungserklärung heißt es: »Wir fühlen uns den Werten und Traditionen des Sozialismus, des Kommunismus und der Arbeiterbewegung, der feministischen Bewegung und der Geschlechtergleichheit, der Umweltbewegung und einer nachhaltigen Entwicklung, des Friedens und der internationalen Solidarität, der Menschenrechte, des Humanismus und des Antifaschismus, des progressiven

---

115 Chondros, 2015, S. 176

116 Chondros, 2015, S. 180

117 Hier zitiert nach Chondros, 2015, S. 181. Auf Griechisch: http://syriza.gr/
     page/katastiko.html.VdFvwbPyNCO

und liberalen Denken im nationalen und internationalen Rahmen verpflichtet.«[118] Syriza ist daher eine typische linkspopulistische Partei der Eurolinken, wie sie sich nach dem Untergang des realen Sozialismus herausgebildet hat. Eines der Kennzeichen dieser Parteien ist, dass sie an die Stelle der früher für sozialistische bzw. kommunistische Parteien zentralen dialektisch-materialistischen Weltanschauung heute ein Patchwork unterschiedlichster Ideologien und Meinungen anbieten.[119]

Syriza ist das Resultat einer über Jahre erfolgten Zusammenfassung der traditionell stark fragmentierten griechischen Linken, wobei es allerdings wichtige Teile dieser Linken vorzogen, außerhalb der neuen Partei zu bleiben. Neben der KKE blieb auch die Antikapitalistische Linke – Zusammenarbeit für den Umsturz (Antarsya) selbständig. Auch bei ihr handelt es um ein Bündnis verschiedenartigster linker Gruppen. Vor allem trotzkistische Strömungen sind in ihr stark. Antarsya kandidiert zwar immer wieder bei Wahlen, kommt aber nie auch nur in die Nähe der für einen Einzug in das Abgeordnetenhaus notwendigen drei Prozent der Stimmen. Bei den Wahlen am 20. September 2015 erhielt sie 46.086 Stimmen, was einem Anteil von nur 0,85 Prozent entsprach. Als außerparlamentarische Bewegung hat Antarsya aber eine gewisse Stärke bei der Organisierung sowohl von Protesten als auch von solidarischer Selbsthilfe. Bekannt ist sie für ihre Militanz: »Antarsya favorisiert einen strikten Konfrontationskurs gegen die Direktiven aus Brüssel und hat bei der Koordination der Basisgewerkschaften starken Rückhalt.«[120]

---

118 Programm der Partei der Europäischen Linken (EL), beschlossen auf dem Gründungskongress der EL am 8. und 9. Mai 2004 in Rom; www.die-linke. de/politik/international/europaeische-linke/kongresse/gruendungsdokumente-der-el/programm-der-partei-der-europaeischen-linken-el/

119 Auch die Partei Die Linke gehört zu diesem Typus. In ihrem Erfurter Programm von 2011 heißt es: »Wir haben uns zusammengeschlossen zu einer politischen Kraft, die für Freiheit und Gleichheit steht, konsequent für Frieden kämpft, demokratisch und sozial ist, ökologisch und feministisch, offen und plural, streitbar und tolerant.«, Programm der Partei Die Linke, 2012, S. 5

120 Kritidis, 2014, S. 102

Die in Syriza zusammengeschlossenen unterschiedlichsten Organisationen und Strömungen blieben unabhängig, obgleich im Laufe der Zeit die Arbeit in der gemeinsamen Partei für sie immer wichtiger wurde. Diese Bündelung war zwar ein Gewinn für die griechische Linke, deren Geschichte immer wieder von unfruchtbaren Streitigkeiten und vielen Spaltungen geprägt war, »dieser Erfolg war aber auch gleichzeitig eine Achillesferse. Die 18 Gründungsorganisationen hatten sich zum Teil nicht aufgelöst oder bestanden als Strömungen fort, die oft das Interesse ihrer Strömung über das Gesamtinteresse der Partei stellten«[121]. Erst als Syriza im Sommer 2015 wieder zu zerfallen begann, wurde für Außenstehende erkennbar, wer und was sich alles in ihr zusammengefunden hatte. Zu nennen ist hier etwa die nach Synaspismos »zweitgrößte Gründungsorganisation, die maoistische ›Kommunistische Organisation Griechenlands‹, eine Schwesterorganisation der deutschen MLPD«[122]. Zu nennen sind auch unterschiedlichste trotzkistische Organisationen wie die Internationalistische Arbeiterlinke oder die Gruppe Rot. Von erheblichem innerparteilichem Einfluss war die Linke Plattform, die aus der linken Strömung von Synaspismos hervorgegangen war. Bis zur Austrittswelle im Sommer 2015 gehörten etwa 30 Prozent der Mitglieder des Syriza-Zentralkomitees zu dieser Strömung. Die innerparteilichen Fraktionsgrenzen waren beim Zerfall von Syriza zugleich die Bruchlinien zu den Abspaltungen. Ganze Strömungen verließen geschlossen die Partei, so die maoistische Kommunistische Organisation Griechenlands. Aus der Linken Plattform heraus gründete sich unter dem früheren Minister Panagiotis Lafazanis die neue Partei Volkseinheit.

Eine Partei unter autokratischer Führung

Der Parteiführer Syrizas, Alexis Tsipras, stammt aus Synaspismos. Er war das frische, junge, unverbrauchte Gesicht, ohne das die Partei in der Medienwelt nicht hätte bestehen und erfolgreich sein können. Schon rein äußerlich hob sich Tsipras in den Talkshows positiv von

---

121   Biver, 2015, S. 59
122   Ebd.

all den verbrauchten Politikern von Nea Dimokratia und Pasok ab. Hinzu kam sein Charisma. Der Erfolg von Syriza war daher auch sein Erfolg. Und er ist auch heute noch, trotz aller Rückschläge für ihn und die Partei, ihr unumstrittener Repräsentant. Sein Renommee unter der Wählerschaft war selbst angesichts des Brüsseler Kniefalls weitgehend unbeschädigt geblieben. Entscheidend war, dass er nicht Teil der Oligarchie ist: »Derzeit seien die griechischen Wähler bereit, Tsipras viel zu verzeihen, weil er nicht Teil des alten Establishments sei und damit nicht Sohn, Enkel oder Neffe eines bekannten Parteigranden. Die Griechen hätten diese Leute satt«, schrieb die *Frankfurter Allgemeine Zeitung* mit Blick auf die Wahlen vom 20. September 2015.[123]

Doch in der Krise zeigte sich, dass diese Machtposition auch eine negative Seite hat. Seine Ausnahmestellung verlieh Tsipras eine große innerparteiliche Macht, die durch die multifraktionelle Struktur der Partei sogar noch verstärkt wurde, konnte er doch von den Widersprüchen unter den Parteiflügeln profitieren, indem er den einen gegen den anderen ausspielte. Auf diese Weise gelang es ihm, in der bisher kritischsten Phase der Partei, im Juli 2015, wichtige Entscheidungen, etwa über die Ansetzung vorgezogener Wahlen, unter Missachtung der dafür vorgeschriebenen demokratischen innerparteilichen Entscheidungsverfahren zu treffen. Die vehement aus allen Teilen der Partei heraus erhobene Forderung nach Einberufung eines Parteitages wurde von ihm einfach ignoriert. Dies wird auch von Chondros kritisiert: »Ein weiterer Kritikpunkt war und ist das bis jetzt durchaus autokratische Verhalten der Parteiführung um Alexis Tsipras. Sie hat dafür gesorgt, dass der Vorstandsbeschluss für einen außerordentlichen Parteitag nicht umgesetzt wurde, was wesentlich dazu beigetragen hat, den Zerfallsprozess von Syriza zu beschleunigen.«[124]

---

123 Tsipras pokert wieder – mit guten Chancen, in: FAZ Net vom 28.8.2015; www.faz.net/aktuell/wirtschaft/eurokrise/griechenland/der-griechische-ministerpraesident-tsipras-pokert-vor-den-neuwahlen-13772265.html – zitiert wird in dem Artikel Nick Malkoutzis von der konservativen Zeitung »Kathimerini« und Betreiber des Blogs »Macropolis«.

124 Chondros, 2015, S. 186

Syriza ist eine ganz auf die Person Alexis Tsipras zugeschnittene Partei mit autokratischen Führungsstrukturen geworden.

Eine Bewegungspartei

Syriza hat stets großen Wert darauf gelegt, sich nicht als einheitliche Partei darzustellen, sondern ihre Politik gemäß ihrer Gründungserklärung auf eine breite Front sozialer und politischer Kräfte zu stützen. »Bewegungen« stellen daher in ihrem Selbstverständnis ein unverzichtbares Element dar. Dies hat die Partei in ihrem Parteisymbol deutlich gemacht: Es zeigt drei hintereinander aufgereihte Fahnen: Die erste ist eine rote und symbolisiert die Arbeiterbewegung, die grüne dahinter steht für die Ökologie und eine violette repräsentiert die »Bewegungen«. Über allen drei Fahnen schwebt ein gelber Stern. Nach dem Statut von Syriza ist es das Ziel der Partei, sich in den »breiteren Bewegungen der Bevölkerung mit ausdrücklichen feministischen und ökologischen Zielsetzungen«[125] zu verankern.

Auch auf europäischer Ebene setzt man Hoffnungen auf die Unterstützung durch die »Bewegungen«. In einer Rede auf dem IV. Kongress der Europäischen Linken 2013 erklärte Alexis Tsipras: »Mit der aktiven Solidarität einer breiten europäischen Bewegung gegen den Austeritätskurs werden wir diesen Kampf gewinnen. Denn die Europäische Linke braucht breitestmögliche soziale und politische Bündnisse, um zu wachsen und den Alltag der normalen Menschen maßgeblich zu beeinflussen.«[126] Gemeint gewesen sein dürften hier Bündnisse, wie sie aus Anlass der Demonstrationen gegen die G8-Gipfel zusammenkommen, an die Euromärsche, an die verschiedenen Sozialforen und die Blockupy-Proteste. Solche Veranstaltungen werden aber regelmäßig von breiten Zusammenkünften unterschiedlichster Organisationen, Strömungen und Einzelpersonen organisiert, die nur aus diesem einen Anlass zusammenarbeiten. Sie sind daher oft

---

125 Chondros, 2015, S. 181

126 Europa wieder nach vorn bringen, Rede von Alexis Tsipras auf dem IV. Kongress der Europäischen Linken (EL), 13.-15. Dezember 2013; www.die-linke.de/politik/international/europaeische-linke/kongresse/vierter-kongress-der-el-in-madrid/

sehr kurzlebig, da nur auf die Realisierung eines einzelnen, konkreten Ereignisses ausgerichtet.

Nach Chondros »›schwimmt‹ Syriza in den Bewegungen wie ein Fisch im Wasser«[127]. Zugleich lässt er durchblicken, dass es aufgrund der konkreten Regierungspraxis von Syriza ganz offensichtlich inzwischen Probleme im Verhältnis zu den »Bewegungen« gibt: »Selbstverständlich beeinflusste die Übernahme der Regierungsverantwortung durch Syriza ihr inneres Gleichgewicht und schuf eine noch vielschichtiger verflochtene Beziehung von Partei – Bewegung – Regierung. Tatsächlich ließen die Verhandlungen mit den Institutionen und die Situation, die im Inland insgesamt entstanden war, in dieser Phase der sich überschlagenden Ereignisse und der jäh einsetzenden Reifeprozesse nicht viel Spielraum für eine unbeeinträchtigte Entwicklung dieser Beziehung.«[128] Was hier unter den »jäh einsetzenden Reifeprozessen« verstanden werden soll, wird leider nicht erläutert. Ist es die Kapitulation der Tsipras-Regierung vor den Gläubigern?

Eine grüne Partei

Syriza will aber nicht nur eine Bewegungspartei, sie will auch eine grüne Partei sein. Zu ihren innerparteilichen Strömungen gehören denn auch die Ökosozialisten Griechenlands.

Die Hervorhebung der Ökologiebewegung findet sich – wie bereits dargestellt – auch in der Traditionslinie, in die sich die Europäische Linke (EL) stellt. Im Programm der EL von 2004 werden die »Werte und Traditionen (...) der Umweltbewegung und einer nachhaltigen Entwicklung« genannt.[129]

Das grüne Element Syrizas wird darüber hinaus durch ihr Wahlbündnis mit der griechischen Partei Ökologen/Grüne (Ikologi Prasini) bei den Parlamentswahlen im Januar und September 2015 unterstrichen. Wie grüne Parteien in fast allen Ländern Süd- und Osteuropas, sind auch die Ökologen/Grüne als eigenständige Partei in der

---

127   Chondros, 2015, S. 183

128   Ebd.

129   Programm der Partei der Europäischen Linken (EL), a. a. O.

Vergangenheit nicht erfolgreich gewesen. 2002 gegründet, schafften sie bisher nicht den Einzug in das nationale Parlament. Lediglich bei den Wahlen zum Europäischen Parlament 2009 gelang es ihnen, mit 3,49 Prozent über die Drei-Prozent-Hürde zu kommen und einen Abgeordneten nach Brüssel bzw. Straßburg zu entsenden. Dies blieb aber eine Episode. Bei der Wahl zum Europarlament 2014 verfehlten sie mit 0,9 Prozent den Wiedereinzug deutlich.

Es war wohl auch diese Erfolglosigkeit, die zum Wahlbündnis der Ökologen/Grüne mit Syriza führte. Die wiederum honorierte diese Unterstützung, indem sie ihnen in den beiden Syriza-Regierungen jeweils das Amt des stellvertretenden Umweltministers überließ. Syriza genießt seitdem auch die Gunst der Europäischen Grünen Partei. So nahm die deutsche grüne Abgeordnete des Europäischen Parlaments Franziska Keller an der Wahlkundgebung von Syriza am 18. September 2015 in Athen teil und überbrachte Alexis Tsipras die guten Wünsche der europäischen Grünen für die griechischen Wahlen zwei Tage später.

Eine proeuropäische Partei

Syriza ist vor allem eine proeuropäische Partei, wobei hier unter »proeuropäisch« ein Bekenntnis zu einer immer engeren europäischen Integration im Rahmen der EU verstanden wird. Syriza stellt denn auch nicht die Mitgliedschaft Griechenlands in der EU bzw. in der Eurozone in Frage. Ihre Vorgängerpartei Synaspismos hatte 1992 sogar dem Vertrag von Maastricht zugestimmt. Tsipras legte im Dezember 2013 in der Zeitschrift *Le Monde diplomatique* seine Sicht auf die EU dar: »Das heutige Europa – der Gemeinsame Markt und die Europäische Union – wurde auf dem Fundament bestimmter Prinzipien errichtet: kein Krieg mehr in Europa, universelle Menschenrechte und ein Gesellschaftsvertrag, der auf mehreren Säulen ruht: soziale Inklusion und Absicherung, ein öffentliches Bildungs- und Gesundheitswesen und eine allgemeine Sozialfürsorge, schließlich die schrittweise Annäherung des Lebensstandards der ärmeren Regionen an das Niveau der erfolgreichsten Länder. Das alles ist keineswegs die neue europäische Idee. Es die alte europäische Idee. Aber die wurde vor Jahren von einer Ideologie der Märkte und der bedingungslosen Konkurrenz verdrängt. Von der neuen europäischen Idee, namens Neoliberalismus.« Jetzt gehe es darum, »unsere Partner davon zu überzeugen, dass der heute verfolgte Kurs uns alle, das heißt alle Europäer, in eine schreckliche Sackgasse führt.«[130]

Sein Bild von der »alten europäischen Idee«, zu der heute zurückzukehren sei, ist jedoch ein Wunschbild, denn zu keinem Zeitpunkt war es das Ziel der europäischen Integration »soziale Inklusion und Absicherung« oder »ein öffentliches Bildungs- und Gesundheitswesen und eine allgemeine Sozialfürsorge« für die Bürger der EU zu etablieren. Ganz im Gegenteil: Dort, wo diese Leistungen vorhanden sind, existieren sie auf nationalstaatlicher Grundlage, und es ist die EU, bzw. die Europäische Gemeinschaft als ihr Vorläufer, die diese von den Völkern erkämpften sozialen Errungenschaften stets rückgängig zu machen versucht.

Als entschieden proeuropäische Linkspartei sieht sich Syriza stets als Vorkämpferin für ein anderes, demokratisches und soziales Europa. Dies ist auch der Anspruch der anderen Parteien der Europäischen Linken. Im Programm der deutschen Linkspartei heißt es zum Beispiel: »Gemeinsam mit anderen linken Parteien stehen wir für einen grundlegenden Politikwechsel in der Europäischen Union. Wir wollen eine andere bessere EU. Die Europäische Union muss zu einer tatsächlich demokratischen, sozialen, ökologischen und friedlichen Union werden.«[131]

»Change Europe« lautete denn auch das Motto des IV. Kongresses der Europäischen Linken vom 13.-15. Dezember 2013 in Madrid, von dem Alexis Tsipras zum Spitzenkandidaten der EL für die Europawahlen 2014 und zugleich als ihr Kandidat für das Amt des EU-Kommissionspräsidenten nominiert wurde. Sein Vortrag trug die Überschrift: »Europa wieder nach vorn bringen«. Er kündigte bei einem Wahlsieg für Griechenland »einen Wandel« an, der auch Bedeutung für die anderen Länder der EU haben werde: »Eine Sy-

130 Alexis Tsipras, Wir Europäer, in: Le Monde diplomatique vom 13.12.2013
131 Programm der Partei Die Linke, 2012, S. 66

riza-Regierung wird den Wandel in Europa anregen. (...) Denn mit
der Syriza-Regierung wird Griechenland die Sparpolitik aufgeben
und einen durchführbaren Plan für die griechische Wirtschaft auf
den Tisch legen, aber vor allem, einen machbaren Plan für ganz
Europa.«[132]

Als Spitzenkandidat der Europäischen Linken erhielt Tsipras eine
herausgehobene Stellung. Er war *der* Hoffnungsträger der europäischen Linksparteien. Diese, seit dem Untergang des europäischen
Sozialismus immer schwächer werdenden, linken bzw. kommunistischen Parteien erhofften sich von ihm einen neuen Schwung. In Italien bildete sich aus Anlass der Wahlen zum Europäischen Parlament
sogar die Liste L'Altra Europa con Tsipras (Ein anderes Europa mit
Tsipras), bei der man von der Bekanntheit des griechischen Politikers
auch in Italien profitieren wollte. Initiiert wurde sie von unabhängigen linken Persönlichkeiten, Unterstützung erhielt sie von den Partei-
en Rifondazione Comunista (Kommunistische Wiedergründung) und
Sinistra Ecologia Libertà (Linke, Ökologie, Freiheit). Beide Parteien
hatten dafür auf eigene Kandidaturen verzichtet. Der Liste gelang es,
drei Abgeordnete in das Europäische Parlament zu schicken, darunter
Barbara Spinelli, Tochter des sozialistischen Politikers und Europäischen Kommissars Altiero Spinelli.[133]

»Was die Syriza-Regierung tun wird« – das Regierungsprogramm

Da Syriza bereits 2012 mit dem Wahlsieg gerechnet hatte, hätte man
eigentlich erwarten können, dass sie mit einem gut vorbereiteten und
durchdachten Plan in die Wahlen am 25. Januar 2015 gehen würde.
Doch stattdessen wurde am 15. September 2014 ein nur vier Seiten
umfassendes Regierungsprogramm mit dem Titel »Was die Syriza-
Regierung tun wird« vorgelegt, in dem die Forderungen der Partei

---

132   Europa wieder nach vorn bringen, Rede von Alexis Tsipras, a. a. O.

133   Barbara Spinelli hat inzwischen die Liste Ein anderes Europa mit Tsipras
      verlassen und gehört als unabhängige Abgeordnete der linken Fraktion
      (GUE/NGL) im Europäischen Parlament an.

einfach hintereinander aufgelistet waren, versehen mit Angaben, was deren Realisierung im Einzelnen kosten würde.[134] Nach Chondros war Syriza mit diesem Programm aber nicht ausreichend auf die kommenden Stürme vorbereitet: »Syriza hat es versäumt, sich nach den Wahlen von 2012 gründlich auf eine mögliche Übernahme der Regierung vorzubereiten und ein detailliertes Regierungsprogramm auszuarbeiten. Vielmehr hat sie sich auf die Wahlen konzentriert. Ihr (…) im September 2014 verabschiedetes Programm von Thessaloniki war im Kern ein Plan zur Bekämpfung der humanitären Krise, keineswegs aber ein umfassendes Programm, welches das Land weder durch die komplizierten Verhandlungen, geschweige denn aus der Krise herausführen konnte.«[135]

Kern des Regierungsprogramms war ein »nationaler Wiederaufbauplan« mit vier Pfeilern: 1. Die humanitäre Krise bekämpfen; 2. Die Wirtschaft wieder ankurbeln und Steuergerechtigkeit schaffen; 3. Ein nationaler Plan zur Beschäftigungsförderung; 4. Die Umwandlung des politischen Systems zur Stärkung der Demokratie. Verbunden wurde dieser Plan mit einem weitreichenden Versprechen: »Wir übernehmen die Verantwortung und legen uns dementsprechend gegenüber der griechischen Bevölkerung auf einen nationalen Wiederaufbauplan fest, der das Memorandum sofort nach unserem Regierungsantritt ersetzen wird, noch vor den Verhandlungen und unabhängig von ihrem Ergebnis.« Angekündigt wurde außerdem, nach einer Regierungsübernahme sofort über die »Streichung des größten Teils des nominellen Werts der öffentlichen Schulden auf einer europäischen Schuldenkonferenz« zu verhandeln.

Dieses Programm wurde von Alexis Tsipras bei seiner Rede zum Auftakt des Wahlkampfes am 3. Januar 2015 ausdrücklich als »nicht verhandelbar« bezeichnet. Mit Blick auf den Wahltag erklärte er: »Deswegen ist das Dilemma am 25. Januar eindeutig: Memoran-

---

134 »Was die Syriza-Regierung tun wird«, das Regierungsprogramm von Syriza, vorgestellt auf der Internationalen Messe in Thessaloniki am 15. September 2014 von Alexis Tsipras; www.ag-friedensforschung.de/regionen/Griechenland1/reg-programm.pdf

135 Chondros, 2015, S. 184

dum oder Syriza. Unterwerfung oder Verhandlung. Austerität oder Wachstum. Und die Antwort unseres Volkes wird Syriza lauten, eine Regierung der sozialen Rettung für Würde, Gerechtigkeit und Demokratie.«[136]

Wahl und Regierungsbildung

Als bei den Wahlen am 25. Januar 2015 stärkste Partei erhielt Syriza jene 50 Zusatzmandate zugesprochen, die nach dem griechischen Wahlrecht dem Sieger zustehen. Was einstmals ersonnen wurde, um eine Alleinregierung einer der staatstragenden Parteien, der Pasok bzw. der Nea Dimokratia, abzusichern, hätte jetzt fast einer linken Kraft die alleinige Mehrheit gebracht. Syriza erhielt aufgrund dieser Regelung mit 36,34 Prozent zwar 149 Mandate, verfehlte aber die absolute Mehrheit von 151 der insgesamt 300 Sitze knapp.

Durch die Koalition mit der mit 13 Abgeordneten in das Abgeordnetenhaus eingezogenen rechtskonservativen Partei Unabhängige Griechen (Anel) nur einen Tag nach der Wahl konnte Syriza jedoch die notwendige Regierungsmehrheit erreichen. Das überraschend schnell eingegangene Bündnis mit der Anel trübte allerdings ein wenig die Freude über den Wahlsieg bei den Anhängern Syrizas in der europäischen Linken, schließlich war der Anel-Parteivorsitzende und jetzt zum griechischen Verteidigungsminister ernannte Panos Kammenos ein klar rechter Politiker. Als ehemaliger Anhänger der Nea Dimokratia gilt er als Schutzherr des reaktionärsten Teils der Griechisch-orthodoxen Kirche, zudem ist er ein Vertrauter von Reederdynastien. Dazu passt, dass der von Anel 2014 ins Europäische Parlament entsandte Abgeordnete Notis Marias dort Mitglied in einer gemeinsamen Fraktion mit Abgeordneten der Alternative für Deutschland, der rechtspopulistischen Dänischen Volkspartei und der separatistischen Neu-Flämischen Allianz aus Belgien ist.[137]

---

136 Es wählt nicht Schäuble, es wählen die Griechen, Rede von Alexis Tsipras, Vorsitzender von Syriza, zur Eröffnung des Wahlkampfs in Griechenland am 3.1.2015; www.die-linke.de/nc/die-linke/nachrichten/detail/zurueck/nachrichten/artikel/es-waehlt-nicht-schaeuble-es-waehlen-die-griechen/

137 Vgl. Phillip Becher, Aufeinander zugehen, in: junge Welt vom 12.2.2015

Hätte es jemand in der deutschen Linkspartei gewagt, mit solch eindeutig rechts angesiedelten Kräften zusammenzuarbeiten oder gar eine Regierungskoalition zu bilden, wäre sofort ein Proteststurm zu erwarten gewesen, und es wäre der Vorwurf der »Querfront« erhoben worden. Doch aus Anlass der Koalitionsbildung in Athen geschah in der Europäischen Linken nichts dergleichen. Die Linken-Vorsitzende Katja Kipping äußerte lediglich »die Erwartung, dass Syriza auch in einer Anel-Koalition ›bei einem klar antirassistischen Programm bleibt‹«[138]

---

138 Vincent Körner, Die ersten sechs Wochen, in: nd-Dossier, 2015a, S. 4

VII.
Isoliert in der Eurogruppe

»Der neuen Regierung war aber von Beginn an klar, dass sie die versprochene Wende in der Krisenpolitik nur erreichen wird, wenn es ihr gelingt, europaweit einflussreiche Bündnispartner zu gewinnen. Die in der Europäischen Linkspartei zusammengeschlossenen Kräfte reichten dafür nicht aus. Als starke Bündnispartner kamen nur die Sozialdemokraten in Frage.«[139] Ministerpräsident Alexis Tsipras und Finanzminister Gianis Varoufakis begannen daher unmittelbar nach der Vereidigung der neuen Regierung eine intensive Reisediplomatie. Stationen waren u. a. Paris, Rom und Berlin. Es handelte sich dabei nicht nur um die üblichen Antrittsbesuche einer neuen Regierung, die griechische Regierung wollte vor allem sozialdemokratische Politiker von ihrem Konzept überzeugen. Bereits 2013 hatte Tsipras erklärt: »(...) wir müssen einen politischen Kampf an zwei Fronten führen. Zum einen zu Hause, zum anderen in Brüssel, Frankfurt und Berlin. Hier müssen wir unsere Partner davon überzeugen, dass der heute verfolgte Kurs uns alle, das heißt alle Europäer, in eine schreckliche Sackgasse führt.«[140]

Hoffen auf Paris und Rom
Erstes Ziel der Reisen war Paris. Auf die sozialistische französische Regierung unter Präsident François Hollande setzte Tsipras besonders große Hoffnungen. Wenn es überhaupt eine Chance gab, eine »Wende

---

139   Andreas Wehr, Politik des Elends, in: junge Welt vom 27.4.2015

140   Alexis Tsipras, Wir Europäer, in: Le Monde diplomatique vom 13.12.2013

in Europa«[141] zu erreichen, dann nur unter Führung, zumindest aber aktiver Mithilfe von Paris. Waren es nicht die französischen Sozialisten gewesen, die immer mal wieder den strikten Austeritätskurs der deutschen Bundesregierung infrage gestellt hatten, indem sie das eine oder andere mal Berlin keck aufforderten, mit Lohnerhöhungen in Deutschland der lahmenden europäischen Konjunktur aufzuhelfen?

Doch die Hoffnung trog. Die Medien berichteten zwar von einem freundlichen Empfang Tsipras' im Palais de l'Élysée, auch wurden ihm ermunternde Worte mit auf den Weg gegeben, in der Sache konnte er jedoch nichts erreichen. Dies war auch wenig verwunderlich, denn 2014 hatte eine grundlegende Wende in Paris stattgefunden, hin zu einer eindeutig neoliberalen Ausrichtung der Politik. Tsipras war zu spät gekommen. Seit März 2014 führte Manuel Valls, ein Vertreter des kapitalfreundlichen Flügels der Sozialisten, als Ministerpräsident die Regierung. Kaum im Amt, hatte Valls ein 50-Milliarden-Kürzungsprogramm für die Haushaltsjahre 2015 bis 2017 vorgelegt. Während die Steuern für die Unternehmen gesenkt wurden, fror man gleichzeitig Sozialleistungen vom Kindergeld bis zum Mietzuschuss ein. Als Vorbild für diese Politik wurde in Paris ganz offen die Agenda 2010 der rot-grünen Bundesregierung unter Gerhard Schröder und Josef Fischer genannt.

Der neue Rechtskurs der Sozialisten wurde ein knappes halbes Jahr später mit dem kompletten Umbau der Regierung weiter verschärft. Ende August 2014 wurden Wirtschaftsminister Arnaud Montebourg und mit ihm weitere Vertreter des linken Flügels der Sozialisten aus der Regierung entfernt. Anlass für diesen Schritt war die Kritik Montebourgs an deutschen Regierungspolitikern. Er hatte ihnen vorgeworfen, von der Sparpolitik »besessen zu sein«[142]. Diese Wahrheit empfand man in Berlin als unerhört. Die *Frankfurter Allgemeine Zeitung* frohlockte denn auch über den Rauswurf: »Der Pariser Krawallminister tritt ab.«[143] In einer Analyse dieser Wende der Sozialisten heißt es: »Indem Frankreich seinen Widerstand aufgibt und sich den kaputten

141   Alexis Tsipras, Europa wieder nach vorn bringen, a. a. O.

142   FAZ vom 26.8.2014

143   Ebd.

Nationen der Südschiene auch nicht mehr als Ansprechpartner und Anführer anbietet, der Korrekturen an den für sie ruinösen haushaltspolitischen Auflagen erfolgversprechend einklagen könnte, legt es sie auf die Unwidersprechlichkeit der deutschen Konditionen fest.«[144]

Auch in Rom war Tsipras kein Erfolg beschieden. Wie François Hollande hatte sich auch Ministerpräsident Matteo Renzi längst darauf festgelegt, in der Arbeitsmarkt-, Renten- und Sozialpolitik der deutschen Linie zu folgen. Anfang 2014 kam es darüber zum Streit zwischen der von der Demokratischen Partei gestellten Regierung und den Gewerkschaften. Warum also sollte Renzi in einer solchen Situation ausgerechnet Sympathien für eine griechische Regierung entwickeln, die – anders als er – einen sozialstaatlichen Kurs verfolgen wollte? Hinzu kam, dass Renzi Auseinandersetzungen mit der deutschen Bundesregierung über Griechenland nicht gebrauchen konnte, muss er doch froh sein, wenn Berlin nicht Rom wegen der hohen Staatsverschuldung Italiens an den Pranger stellt. Mit 132,11 Prozent liegt diese in der EU an zweiter Stelle nach der Griechenlands und noch vor jener Portugals, Irlands und Zyperns – Länder, die die übrigen Eurostaaten um Unterstützung nachsuchen mussten, da sie sich an den Kapitalmärkten nicht mehr alleine finanzieren konnten.

»Vereinbarungen sind einzuhalten« – Tsipras in Berlin

Wie nicht anders zu erwarten, fiel der Empfang von Tsipras in Berlin kühl aus. Die Bundesregierung hatte mit einem Wahlsieg Syrizas gerechnet und war daher vorbereitet. Bereits Ende 2014 hatten deutsche Regierungspolitiker deutlich gemacht, dass man gegenüber einer Linksregierung zu keinerlei Zugeständnissen bereit sei. Die *Frankfurter Allgemeine Zeitung* berichtete: »Bundesfinanzminister Wolfgang Schäuble warnte Griechenland vor einer Abkehr vom Reform- und Sparkurs. ›Die harten Reformen tragen Früchte, sie sind ohne jede Alternative‹, sagte er. Deutschland werde das Land auch weiterhin auf diesem Wege ›mit Hilfe zur Selbsthilfe‹ unterstützen. ›Wenn Griechen-

---

144 Die Antworten der Grand Nation auf Krise und Krieg in Europa, in: Gegenstandpunkt, Heft 2, 2015, S. 50

land einen anderen Weg einschlägt, wird es schwierig‹, räumte Schäuble ein. Neuwahlen änderten nichts daran, dass man sich in dem Land an Vereinbarungen halten müsse. Jede Regierung müsse die Verträge einhalten.«[145] Die Gefahr, dass ein Ausscheiden Griechenlands aus der Eurozone zum Austritt weiterer Staaten führen könnte und damit einen Dominoeffekt auslösen würde, wurde heruntergespielt.[146] So wurde am 3. Januar 2015 auf *Spiegel Online* gemeldet: »Entgegen ihrer bisherigen Linie ist die Bundesregierung nach *SPIEGEL*-Informationen bereit, Griechenland notfalls aus der Eurozone ausscheiden zu lassen. Kanzlerin Angela Merkel und Finanzminister Wolfgang Schäuble (beide CDU) halten einen Austritt des Landes aus der Gemeinschaftswährung für verkraftbar. Grund dafür seien die Fortschritte, die die Eurozone seit dem Krisenhöhepunkt 2012 gemacht habe, heißt es in Regierungskreisen. So sei die Ansteckungsgefahr für andere Länder begrenzt, weil Portugal und Irland als saniert gelten. Zudem stehe mit dem ESM ein schlagkräftiger Rettungsmechanismus zur Verfügung, für die Sicherheit großer Kreditinstitute sorge die Bankenunion.«[147]

In Berlin wurde also bereits vor dem Wahlsieg Syrizas in Erwägung gezogen, ein linksgeführtes Griechenland aus der Eurozone ausscheiden zu lassen. Der schließlich am 11. Juli 2015 auf Initiative von Wolfgang Schäuble unterbreitete Vorschlag der Eurogruppe[148], Athen einen vorübergehenden Austritt anzubieten, kam daher keineswegs überraschend. Bundeskanzlerin Merkel und die anderen Staats- und Regierungschefs der Euroländer folgten aber dieser Empfehlung nicht. Bei einem Ausscheiden Griechenlands wäre der finanzielle und politische Schaden für die Regierung Merkel beträchtlich gewesen. Berlin hätte eingestehen müssen, dass die umfangreichen Finanzhilfen für Athen am Ende vergeblich gewesen und nun sogar verloren waren, dies hätte dem Ansehen Merkels in Deutschland und Europa

---

145 Für Griechenland wird es jetzt eng, in: FAZ vom 30.12.2014

146 Ebd.

147 www.spiegel.de/politik/ausland/griechenland-bundesregierung-hat-nichts-gegen-austritt-aus-euro-a-1011122.html vom 3.1.2015

148 Die Eurogruppe ist das Gremium der Finanzminister der Euroländer.

erheblich geschadet. Zudem spielt Griechenland in der Europapolitik Deutschlands eine unverzichtbare Rolle, erprobt man doch an dem Land Instrumente, die möglichst bald in der ganzen Eurozone angewandt werden sollen. Es geht dabei um die weitgehende Aufhebung der Souveränität eines Landes zugunsten einer direkten Lenkung durch Brüssel bzw. Berlin. Die Offenheit der Eurogruppe für einen Austritt Griechenlands verfehlte bei der Regierung in Athen nicht ihre Wirkung. Da sie einen »Grexit« unbedingt vermeiden wollte, wurde sie noch vorsichtiger bei ihrem Vorgehen und schließlich erpressbar.

Für die Syriza-Regierung besonders ernüchternd war die Reaktion der SPD. Die neue griechische Regierung war gerade einmal drei Tage im Amt, da wurde bereits gemeldet: »Die Bundesregierung und die EU-Kommission haben die neue griechische Regierung abermals aufgefordert, sich an die mit den Eurostaaten vereinbarten Verpflichtungen zu halten. Nur dann seien diese auch in der Lage, ›weiterhin Hilfen, die in Aussicht gestellt worden sind, geben zu können‹, sagte Vizekanzler Sigmar Gabriel (SPD) am Mittwoch in Berlin. Damit drohte der Bundeswirtschaftsminister indirekt mit einem Entzug weiterer Hilfen für das krisengeschüttelte Land. (…) Deshalb sei die Umsetzung der eingegangenen Abmachungen die Voraussetzung für Hilfen der EU-Staaten oder Gelder der Europäischen Zentralbank. ›Die Spielräume sind sehr, sehr gering‹, sagte Gabriel. Einen Erlass der von Griechenland eingegangenen Verbindlichkeiten schloss er de facto aus: ›Ich kann mir nicht vorstellen, dass wir über einen Schuldenschnitt reden.‹«[149]

Damit stand die Position der SPD fest. Sie sollte sich in den nächsten Monaten auch nicht mehr ändern. Gabriel betätigte sich in der Krise um Griechenland sogar als Scharfmacher. Ausgerechnet in der *Bild-Zeitung* erschien im Juni 2015 unter der Überschrift »Vize-Kanzler Sigmar Gabriel rechnet mit griechischer Regierung ab: ›Es reicht‹. Die Zeitbombe tickt« ein Artikel, in dem er wie folgt zitiert wird: »Würden sich die Hardliner der Regierung in Griechenland durchsetzen, wäre das kein Sieg der Linken, sondern der rechtsextremen Nationalisten.

---

149   Berlin und Brüssel halten Druck auf Athen aufrecht, in: FAZ vom 29.1.2015

Es wäre das Zeichen, dass man mit nationalen Interessen Europa erpressen kann. Geradezu ein Aufbruchsignal für die Rechtsradikalen wie Le Pen in Frankreich. ›Deshalb werden Europa und Deutschland sich nicht erpressen lassen. Und wir werden nicht die überzogenen Wahlversprechen einer zum Teil kommunistischen Regierung durch die deutschen Arbeitnehmer und ihre Familien bezahlen lassen‹«. Ein »Erfolg der Hardliner der Regierung in Griechenland« als »Aufbruchsignal für die Rechtsradikalen wie Le Pen in Frankreich«– darauf musste erst einmal jemand kommen! Wen wundert es da noch, wenn Gianis Varoufakis in einem Interview der Zeitschrift *Stern* Gabriel als »schlimmsten Politiker bezeichnet, den ich getroffen habe«?[150]

Diesem offen feindlichen Kurs gegenüber der Regierung in Athen widersprach niemand aus der Führungsriege der SPD. Nur wenige wagten andere Akzente zu setzen. Zu ihnen gehörte die einstige Kandidatin von SPD und Grünen für das Amt der Bundespräsidentin, Gesine Schwan. Auf ihre Initiative hin hatte die DGB-nahe Hans-Böckler-Stiftung Gianis Varoufakis am 8. Juni 2015 in den Berliner Französischen Dom zum Vortrag geladen.[151] Gesine Schwan war es auch, die verschiedentlich der offiziellen Position der Partei gegenüber der Athener Regierung widersprach. Doch ihr Engagement blieb die Ausnahme.

18:1 gegen Athen

Allein war die griechische Regierung von Beginn an auch in der Eurogruppe, dem Zusammenschluss der Finanzminister der gegenwärtig 19 Euroländer. Die mangelnde Bereitschaft der französischen sowie der italienischen Regierung, dem deutschen Druck auf Griechenland etwas entgegenzusetzen, hatte dies ermöglicht. Der Bundesregierung gelang es so mühelos, auch die übrigen Länder gegen Athen in Stellung zu bringen. In den deutschen Medien wurden gern osteuropäische Politiker zitiert, die sich über die angeblich hohen griechischen

---

150 Gianis Varoufakis im Stern, »Ich war Opfer. Es war Rufmord«; www.stern. de/politik/ausland/yanis-varoufakis-im-stern---ich-war-opfer--es-war-rufmord--6611372.html

151 Vgl. dazu Andreas Wehr, Varoufakis sucht Verbündete, in: junge Welt vom 10.6.2015

Sozialstandards empörten. Man sei nicht länger bereit, einen griechischen Mindestlohn zu dulden, der weit über dem des eigenen Landes liege, hieß es immer wieder: »Arme EU-Mitglieder wie die Slowakei, Slowenien und Tschechien wollen nicht mehr für Athen geradestehen. Denn sie selbst haben weniger Geld. (...) Vorbehalte gegen die griechische Haltung gibt es auch in den vier anderen osteuropäischen Ländern, die dem Euroraum angehören, den baltischen Staaten sowie Slowenien. Sie bringen vor, dass sie selbst durch große Spar- und Reformprogramme hätten gehen müssen, um einerseits den Euro einführen zu dürfen und andererseits auch in schwierigen Zeiten auf eigenen Füßen stehen zu können.«[152] Immer wieder wurde auf das Schicksal Lettlands hingewiesen, dessen Bevölkerung angeblich klaglos die Kürzungspolitik hingenommen hatte.

Zur Illustration des berechtigten Unwillens der Osteuropäer druckte die *Frankfurter Allgemeine Zeitung* Tabellen ab, nach denen Griechenland bei der Höhe des Mindestlohns im Vergleich der östlichen EU-Mitglieder nach Slowenien auf Platz zwei lag, vor den baltischen Staaten und weit vor Rumänien und Bulgarien. Auch bei einem Vergleich des Pro-Kopf-Einkommens pro Jahr in Euro lag Griechenland danach an zweiter Stelle direkt hinter Slowenien. Mit einem Wort: Die elenden Verhältnisse Osteuropas wurden als Maß genommen, und dabei wurde festgestellt, dass es der griechischen Bevölkerung noch lange nicht elendig genug ginge.

Damit wurde deutlich: Das 1981 der Europäischen Gemeinschaft beigetretene Griechenland wird nicht länger mehr als ein südeuropäisches Land, vergleichbar mit Italien oder Spanien, behandelt, es soll vielmehr auf den Standard Osteuropas heruntergebracht werden. Diese Absicht wird gar nicht verheimlicht: »Und es wird weiter Geld nach Athen fließen müssen, solange die Löhne und Renten in Griechenland nicht der tatsächlichen Leistungsfähigkeit der griechischen Wirtschaft entsprechen. Dazu müsste sich der Durchschnittsverdienst in Griechenland irgendwo zwischen dem Niveau Estlands und Sloweniens einpendeln. Das ist nur über eine fortgesetzte interne Abwertung erreichbar,

---

152   Zähneknirschen über Griechenland in Osteuropa, in: FAZ vom 28.2.2015

also über weitere Kürzungen.«[153] Für Griechenland heißt das: wachsende Armut, weitere Entrechtung der Lohnabhängigen, steigende Arbeitslosigkeit und mehr Arbeitsemigration. Doch das nimmt man in Berlin, Brüssel und Washington gleichgültig hin, ganz so wie man sich auch für das Schicksal der osteuropäischen Staaten nicht interessiert.

Die Regierungen Spaniens, Portugals und Irlands holte Berlin mühelos ins Boot der Gegner der Syriza-Regierung. Da die konservativen Regierungen in Madrid, Lissabon und Dublin in ihren Ländern von links her massiv bedrängt wurden, konnten sie an einem Erfolg der Athener Regierung nicht interessiert sein, wären doch ihre Widersacher zu Hause dadurch nur ermutigt worden. Tsipras hatte ja vorausgesagt, dass ein Sieg Syrizas der Auftakt für weitere Erfolge der Linken in anderen Ländern der EU sei:»Am 25. Januar findet die notwendige Wende in Europa hier in Griechenland ihren Anfang. Und unser Wahlsieg wird Ende des Jahres auch zum Sieg des spanischen Volkes. Mit Podemos und Izquierda Unida an der Regierung. Und ein Jahr später zu einem Sieg des irischen Volkes. Mit der Sinn Féin von Gerry Adams.«[154] Warum also sollten die Konservativen dieser Länder ihm behilflich sein? So stand es von Anfang an 18:1 gegen Athen, sowohl in der Eurogruppe als auch auf den Gipfeltreffen der Staats- und Regierungschefs der Euroländer.

»Das Funktionieren der Demokratie wiederherstellen« – die Regierungserklärung des griechischen Ministerpräsidenten

Als neu gewählter Ministerpräsident gab Alexis Tsipras am 8. Februar 2015 vor dem griechischen Parlament seine Regierungserklärung ab. Abermals berief er sich dabei auf angebliche »Gründungsprinzipien des vereinten Europas (...), eines Europas der Solidarität, des sozialen Zusammenhalts, des Wachstums und der Demokratie«[155]. Verspro-

---

153 Risse in Athen, in: FAZ vom 27.2.2015

154 Es wählt nicht Schäuble, es wählen die Griechen, a.a.O.

155 Entscheidende Momente. Aus der Regierungserklärung von Alexis Tsipras vom 8.2.2015, in: nd-Dossier, 2015, S. 25ff.

chen wurde, »das Funktionieren der Demokratie« in Griechenland
wiederherzustellen: »Allem voran das Funktionieren des Parlaments,
das faktisch durch andauernde Gesetzgebungsakte abgeschafft worden ist.«[156] Gegenüber den öffentlichen Gläubigern des Landes, den
Regierungen der Eurostaaten, der EZB und dem IWF, schlug Tsipras
versöhnliche Töne an. Die noch im Wahlkampf gezeigte Schärfe, vor
allem gegenüber der deutschen Bundesregierung, war verschwunden,
er bat vielmehr »die Bürger in Griechenland und in anderen europäischen Ländern« um Mithilfe: »Nur durch ihre Unterstützung werden
wir es schaffen, Griechenland, aber auch Europa, aus dem Teufels-
kreis von Austerität, Rezession und Deflation herauszuholen.«[157]

Zur Schuldenfrage erklärte Tsipras: »Wir wiederholen in aller
Deutlichkeit: Griechenland will seine Schulden bedienen.« Er bekundete die Absicht der Regierung, eine »technische Lösung für eine Umstrukturierung der Schulden und die Rückzahlung auf dem Wege von
Verhandlungen und gegenseitigen Einverständnissen (zu) finden.«[158]
Von einer »Streichung des größeren Teils des nominellen Werts der
öffentlichen Schulden auf einer europäischen Schuldenkonferenz«[159],
wie noch im Syriza-Regierungsprogramm gefordert, war hingegen
keine Rede mehr.

Der Haushalt des Landes sollte durch eine »Brückenfinanzierung«
gesichert werden: »Was die neue griechische Regierung bei den Verhandlungen mit den Partnern anstrebt, ist eine bis einschließlich Juni
geltende neue Vereinbarung in einem Überbrückungsprogramm, eine
›Brücken-Vereinbarung‹, wie wir sie nennen.«[160] Diese »neue Vereinbarung« sollte das Griechenland unter der Samaras-Regierung im März
2012 auferlegte zweite Memorandum ablösen. Dieses Memorandum

---

156 Entscheidende Momente, a. a. O., S. 25

157 Ebd, S. 26

158 Ebd.

159 »Was die Syriza-Regierung tun wird«, das Regierungsprogramm von Syriza, vorgestellt auf der Internationalen Messe in Thessaloniki am 15. September 2014 von Alexis Tsipras; www.ag-friedensforschung.de/regionen/
Griechenland1/re-programm.pdf

160 Entscheidende Momente, a. a. O., S. 25

war nur bis Ende 2014 gültig, wurde aber wegen der bis zum Jahresende noch nicht ausgezahlten letzten Kredittranche durch eine Vereinbarung der Gläubiger mit Griechenland bis Ende Februar 2015 verlängert.

Eine klare und eindeutige Absage erteilte Tsipras jeder weiteren Privatisierung öffentlichen Eigentums: »Was die neue griechische Regierung jedoch nicht tun wird, ist den verbrecherischen Ausverkauf öffentlichen Eigentums fortzusetzen, um daraus eine nicht tragfähige Schuldenlast zu finanzieren oder aktuelle Liquiditätsengpässe zu decken. Es haben genug Verbrechen auf Kosten des öffentlichen Interesses stattgefunden.«[161]

Ein besonderes Schwergewicht legte der Ministerpräsident auf Maßnahmen zur Lösung der humanitären Krise: »Größte Priorität unserer Regierung (…) wird die Bewältigung der tiefen Wunden des Memorandums, die Bewältigung der humanitären Krise in unserem Vaterland sein, wie wir vor den Wahlen versprochen haben. Die konkreten Maßnahmen werden die kostenlose Versorgung mit Nahrungsmitteln, Strom, Wohnraum und Gesundheitsversorgung für die Tausenden von Familien und Haushalten betreffen, die in den letzten Jahren Opfer der härtesten Barbarei, der Barbarei der Memoranden wurden.«[162]

»Fast eine Kapitulation« –
Die Erklärung der Eurogruppe zu Griechenland

Doch nur 12 Tage nach Abgabe der Regierungserklärung stand bereits fest, dass die wichtigsten der darin angekündigten Vorhaben nicht realisierbar waren. Der Grund dafür: Am 20. Februar 2015 stimmte die Syriza-geführte Regierung unter massivem Druck einer »Erklärung der Eurogruppe zu Griechenland«[163] zu, die im klaren Widerspruch zu den Aussagen von Tsipras vor dem Parlament stand.

In der »Erklärung« wurde Athen zwar die Auszahlung des noch ausstehenden Betrags aus dem laufenden Hilfsprogramm sowie aus

---

161 Ebd., S. 29

162 Ebd., S. 26f.

163 Erklärung der Eurogruppe zu Griechenland vom 20. Februar 2015, in: nd-Dossier, 2015, S. 32

Gewinnen der EZB aus Aufkäufen griechischer Staatsanleihen in Höhe von insgesamt knapp 7,2 Milliarden Euro zugesichert. Auch wurde die ursprünglich auf Ende Februar festgelegte Auszahlungsfrist dieser Mittel, bis zu der die Auszahlungsbedingungen zu erfüllen waren, auf Ende April verlängert. Doch im Gegenzug musste Athen weitreichende Zugeständnisse machen. Es hatte zu akzeptieren, dass das in der Regierungserklärung noch als »barbarisch« gebrandmarkte Memorandum vom März 2012 weiterhin Grundlage blieb. Lediglich seine Bezeichnung wurde geändert, es hieß jetzt »Vereinbarung«. Die in der Regierungserklärung an Stelle des Memorandums geforderte »Brückenfinanzierung« bis einschließlich Juni 2015 war damit gegenstandslos geworden.

Die Gläubiger bekundeten andererseits ihre Bereitschaft, während der verlängerten Laufzeit der Vereinbarung über eine »Überprüfung« der darin enthaltenen Maßnahmen mit sich reden zu lassen. Solche Überprüfungen und daraus folgende Anpassungen hatte es auch schon in den Jahren zuvor in Griechenland, aber auch in anderen Programmländern immer wieder gegeben.[164] In der »Erklärung« wurde dazu vereinbart, dass die griechische Regierung »eine erste Liste mit Reformmaßnahmen auf Grundlage der aktuellen Vereinbarung vorlegen« solle. »Die Institutionen werden dann eine erste Einschätzung abgeben, ob diese Liste umfassend genug ist, um als tragfähiger Ausgangspunkt für einen erfolgreichen Abschluss der Überprüfung dienen zu können. Die Liste wird dann weiter konkretisiert und mit den Institutionen bis Ende April vereinbart.«[165]

Es sollte vor allem diese »Liste mit Reformmaßnahmen« sein, über die in den kommenden Monaten ein nicht enden wollender

---

164 So hatte etwa das Verfassungsgericht Portugals im Mai 2014 bestimmte Auflagen des Memorandums hinsichtlich verlangter Gehaltskürzungen für öffentlich Bedienstete für verfassungswidrig erklärt. Den Gläubigern blieb daraufhin nichts anderes übrig, als diese Forderungen fallen zu lassen. Vgl. Richter kippen Sparbeschlüsse in Portugal, in: FAZ Net; www.faz.net/aktuell/wirtschaft/eurokrise/portugal/verfassungsgericht-richter-kippen-sparbeschluesse-in-portugal-12966163.html

165 Erklärung der Eurogruppe zu Griechenland, a.a.O., S. 32

Streit zwischen der griechischen Regierung und den Gläubigern in der Eurogruppe ausgetragen wurde. Während Athen versuchte, dabei weitreichende Veränderungen der »Vereinbarung« zu erreichen, beharrten die Gläubiger darauf, dass die Liste – wie ebenfalls im Text der Erklärung festgehalten –, nur auf »Grundlage der aktuellen Vereinbarung« erstellt werden dürfe. Für den US-amerikanischen Ökonomen James K. Galbraith waren diese Kompromissformulierungen Grundlage für seine positive Bewertung der Erklärung vom 20. Februar 2015: »Es ist eher unwahrscheinlich, dass die griechische Regierung bei den anstehenden Verhandlungen einbrechen und gänzlich nachgeben wird, es wird aber noch eine ganze Weile brauchen, bis sich erkennen lässt, wie groß der Handlungsspielraum wirklich ist, der im ersten Scharmützel erkämpft werden konnte.«[166]

Die griechische Regierung hatte sich in der Erklärung verpflichten müssen, »die zur Gewährleistung der Schuldentragfähigkeit (...) erforderlichen angemessenen Primärüberschüsse bzw. Finanzierungserlöse sicherzustellen.«[167] Nach dem Verständnis der Gläubiger hieß dabei »angemessen« die Erzielung eines Primärüberschusses von drei Prozent in 2015 und von 4,5 Prozent in 2016. Die griechische Regierung hatte aber vor dem 20. Februar angekündigt, einen Überschuss »nur von 1,5 Prozent«[168] anzustreben. Von der Erzielung eines Primärüberschusses von mindestens drei Prozent machte der IWF aber seine weitere Beteiligung an Finanzierungsprogrammen für Griechenland abhängig, denn er verlangt die Wiederherstellung der Schuldentragfähigkeit des Landes von 112 Prozent der Jahreswirtschaftsleistung innerhalb von nur fünf Jahren bis 2020. Dass der IWF weiterhin als einer der Gläubiger Mitglied der »Institutionen« bleibt, daran hat vor allem die Bundesregierung ein großes Interesse, schätzt man doch in Berlin den Fonds als harten Sanierer. Und so verlangte der deutsche

---

166 James K. Galbraith, Man muss schon richtig lesen, in: neues deutschland vom 1.3.2015 und in: nd-Dossier, 2015, S. 43

167 Ebd. Unter Primärüberschuss wird ein Budgetüberschuss abzüglich der Zinskosten für den Schuldendienst verstanden.

168 Vgl. Schäubles kleines Einmaleins, in: FAZ vom 11.2.2015

Bundesfinanzminister einen hohen Überschuss: »Nur so gehe die Rechnung auf, mahnte auch Schäuble. ›Bei einem niedrigen Primärüberschuss werden sie in den Rechnungen bis 2020 niemals auch nur in die Nähe der Schuldentragfähigkeit kommen.‹«[169]

Ein hoher Primärüberschuss lässt sich entweder durch höhere Einnahmen erreichen, indem mehr Steuern eingenommen oder Privatisierungserlöse erzielt werden, oder durch Kürzungen im Haushalt. Letzteres dürfte die wahrscheinlichere Antwort sein. Mit der bekundeten Bereitschaft der griechischen Regierung, einen »angemessenen« Überschuss erzielen zu wollen, lässt sich zudem die Finanzierung zusätzlicher staatlicher Hilfsprogramme zur Bewältigung der »humanitären Krise«, wie noch in der Regierungserklärung als ein Schwerpunkt angekündigt, kaum realisieren.

Eine weitere Niederlage erlitt die griechische Regierung durch die Weigerung der Gläubiger, über einen umfassenden Schuldenschnitt überhaupt nur mit ihr zu verhandeln. Eine Schuldenreduzierung war im Wahlkampf von Syriza aber als eines ihrer wichtigsten Ziele genannt worden. Zu den Zugeständnissen Athens bei der Abfassung der »Erklärung der Eurogruppe zu Griechenland« vom 20. Februar 2015 gehörte auch die »eindeutige Zusage« der griechischen Regierung, »ihre finanziellen Verpflichtungen gegenüber all ihren Gläubigern vollständig und fristgerecht zu erfüllen.«[170] Damit war die Forderung der Regierungserklärung, eine »technische Lösung für eine Umstrukturierung der Schulden« und für »die Rückzahlung auf dem Wege von Verhandlungen und gegenseitigen Einverständnissen (zu) finden«[171], vom Tisch.

Wollte Syriza nach dem Wahlsieg die verhasste Troika nicht mehr in Athen sehen und statt mit ihr künftig nur noch mit den politischen Spitzen der Gläubiger verhandeln, musste sie die Rückkehr der Troika, bestehend aus EU-Kommission, Europäischer Zentralbank (EZB) und Internationalem Währungsfonds (IWF), unter ihrem neuen Na-

---

169   Ebd.

170   Ebd.

171   Entscheidende Momente, a. a. O., S. 26

men »Die Institutionen« akzeptieren. Besonders bitter war, dass sich die Regierung Tsipras verpflichten musste, »auf eine Zurücknahme von bisherigen Maßnahmen sowie einseitige Änderungen an den Wirtschafts- und Strukturreformen, die sich nach Einschätzung der Institutionen negativ auf die Haushaltsziele, wirtschaftliche Erholung und Finanzstabilität auswirken würden, zu verzichten.«[172]

Die griechische Regierung unter Ministerpräsident Tsipras bewertete die »Erklärung der Eurogruppe zu Griechenland« dennoch als Erfolg. Was sollte sie auch anderes tun? Finanzminister Gianis Varoufakis erklärte, sein Land lasse mit dieser Vereinbarung »das Memorandum hinter sich«, von heute an seien die Griechen »die Co-Autoren unseres Schicksals«[173]. Ähnlich optimistisch zeigte sich auch Alexis Tsipras: Es sei gelungen, »die Sparpolitik hinter sich zu lassen.«[174] Anders hingegen bewerteten die Mitglieder des Zentralkomitees von Syriza, Dimitris Belantis und Stathis Kouvelaki das Ergebnis vom 20. Februar 2015. In einem Schreiben an die Bundestagsabgeordneten der Linkspartei hieß es: »Für uns steht fest, dass die Ratifizierung dieses Vertrages durch europäische Parlamente unter Zustimmung der Parteien der Linken den griechischen Lohnabhängigen und dem griechischen Volk nicht nützlich sein kann. (…) Unserer Meinung nach ermöglicht man der griechischen Linken und im besonderen Syriza die Chance, sein Programm zu verwirklichen, wenn man gegen diesen Vertrag stimmt. Ein ›Ja‹ hingegen öffnet den Weg in eine Welt der falschen Illusionen.«[175]

Die Bundestagsfraktion der Linkspartei stimmte dennoch mit großer Mehrheit dem von Finanzminister Wolfgang Schäuble für die Bundesregierung eingebrachten Antrag auf »Finanzhilfen für Grie-

---

172 Erklärung der Eurogruppe zu Griechenland, a. a. O., S. 32

173 Zitiert nach »Die ersten sechs Wochen«, in: nd-Dossier, 2015, S. 11

174 Ebd.

175 Wahlprogramm außer Geltung gesetzt. Ein offener Brief von zwei Syriza-Mitgliedern an die Abgeordneten der Linkspartei in Deutschland. Von Dimitris Belantis und Stathis Kouvelakis, in: nd-Dossier, 2015, S. 44 und unter der Überschrift »Falsche Illusionen« in: junge Welt vom 28.2.2015. In ihrem Schreiben bezeichnen die beiden die Erklärung fälschlich als Vertrag.

chenland« zu. Mit ihrem Ja gab die Fraktion damit ihre seit 2010 ein-
genommene Haltung auf, die Politik der Regierung gegenüber den
Defizitländern stets abzulehnen. Als Motiv dafür wurde genannt, man
handle aus »Solidarität« mit der unter dem Druck der Gläubiger stehenden griechischen Regierung.[176]

Trotz der in Athen ausgegebenen Siegesmeldungen, fiel es der
Regierung schwer, die Parlamentsfraktion von Syriza zu überzeugen.
Mehr als elf Stunden beriet sie über das Ergebnis.[177] Vor dem Parlament kam es zu Demonstrationen, an denen enttäuschte Anhänger
der Linksregierung teilnahmen. Der Europaabgeordnete Manolis
Glezos erklärte seine Ablehnung. Jannis Milios, seit 2010 wichtiger
Wirtschaftsexperte von Syriza und Berater von Alexis Tsipras, kritisierte die Abmachung scharf. Mitte März verlor er sein Amt als Chef-
berater, als sein Name von der Kandidatenliste für das Politsekretariat
von Syriza gestrichen wurde.

Zu Recht wurde in einer Einschätzung von Anfang März festgestellt: »Für die griechische Seite kam die Zustimmung zu diesem
Diktat fast einer Kapitulation gleich.«[178] Die vollständige Niederlage
folgte dann am 12. Juli 2015. Unter dem massiven Druck der Gläubiger waren im Februar entscheidende Bastionen aufgegeben worden,
die in den kommenden Monaten nicht mehr zurückerobert werden
konnten.

---

176   Vgl. hierzu: Andreas Wehr, Falsche Solidarität, in: junge Welt vom 2.3.2015.
      Vor einer Zustimmung der Bundestagsfraktion hatte zuvor Oskar Lafon-
      taine gewarnt: »›Eine Zustimmung zu dem mit der Kreditverlängerung
      verbundenen Knebelvertrag ist nicht vertretbar‹, sagte der saarländische
      Fraktionschef kurz vor der Abstimmung im Bundestag der Deutschen
      Presse-Agentur.« Vgl. Lafontaine zur Abstimmung im Bundestag, in:
      Börsen-Zeitung vom 27.2.2015

177   Berichtet wurde: »Streit gibt es auch über die Frage, ob die Regierung die
      bis April geltende Zwischenlösung dem Parlament zur Billigung vorlegen
      müsse oder nicht. Eine interne Probeabstimmung ergab, dass die Regie-
      rungskoalition schon jetzt keine Mehrheit zur Durchsetzung des Reform-
      programms mehr hätte.« Vgl. Risse in Athen, in: FAZ vom 27.2.2015

178   Roth, 2015, S. 62

VIII.
Im Würgegriff

Im Winterhalbjahr 2014/15 glitt die griechische Wirtschaft erneut in die Rezession: »Im ersten Quartal 2015 ist die Wirtschaftsleistung um 0,4 bis 0,6 Prozent geschrumpft«[179]. Bereits im Vorquartal hatte der Rückgang 0,4 Prozent betragen. Folgen zwei negative Quartale aufeinander, so spricht man von einer Rezession. Rückläufig waren auch die Steuereinnahmen: Im Dezember 2014 und im Januar 2015 wurden insgesamt rund 2,2 Milliarden Euro weniger eingenommen als geplant.

Dem enger gewordenen finanziellen Handlungsspielraum standen hohe Zahlungsverpflichtungen gegenüber. Bis Juni 2015 waren an die Gläubiger 5,3 Milliarden Euro und bis Dezember 2015 17,2 Milliarden Euro zu überweisen, was etwa 9,4 Prozent des griechischen Bruttoinlandsprodukts entsprach. Die Regierung war daher dringend auf die Auszahlung der noch ausstehenden Tranche von 7,2 Milliarden Euro aus dem zweiten Hilfsprogramm und von etwa 1,9 Milliarden Euro aus der Rückerstattung von Kursgewinnen auf griechische Anleihen durch die EZB angewiesen. Hinzu kam, dass für eine Einigung mit den Gläubigern nicht mehr viel Zeit blieb, denn das Hilfsprogramm sollte Ende Juni 2015 auslaufen.

Die Gläubiger aber machten weitreichende Reformen zur Bedingung für die Zahlungen: »Diese Reformen müssten in Gesetze gegossen und ins Athener Parlament gebracht werden. Die Implementierung müssten dann EU und IWF überprüfen.«[180] Verlangt wurden höhere Mehrwertsteuersätze, hier vor allem auf den griechischen

---

179   Griechenland fällt zurück in die Rezension, in: FAZ vom 9.4.2015
180   Noch kein Geld für Athen, in: Handelsblatt vom 4.5.2015

Inseln, die Veränderung des Rentenrechts, verbunden mit weiteren Leistungskürzungen, sowie eine Reform des Arbeitsmarktes, mit der die Rechte der Lohnabhängigen weiter beschnitten werden sollten. Die Gläubiger beriefen sich dabei auf die »Erklärung der Eurogruppe zu Griechenland« vom 20. Februar 2015, worin sich Athen verpflichtet hatte, eine »Liste mit Reformmaßnahmen auf Grundlage der aktuellen Vereinbarung vorzulegen«[181]. Über die Details dieser »Reformmaßnahmen« sollte es in den kommenden Monaten einen erbitterten Streit geben, der erst am 12. Juli 2015 mit der endgültigen Kapitulation vor den Forderungen der Gläubiger durch Ministerpräsident Tsipras beendet wurde.

Kapitalflucht und eine nicht endende Bankenkrise

Als im Dezember 2014 absehbar war, dass es in Griechenland zu Neuwahlen und dabei zu einem Machtwechsel kommen würde, setzte eine starke Kapitalflucht ein. Bereits 2010, beim Ausbruch der Krise um Griechenland, und dann erneut auf ihrem bisherigen Höhepunkt im Frühjahr 2012 war es zu erheblichen Kapitalabflüssen ins Ausland gekommen.

Es wird geschätzt, dass von November 2014 bis Juli 2015 mehr als 40 Milliarden Euro außer Landes gebracht wurden. Vor allem im Dezember 2014 gab es eine starke Verminderung der Einlagen der Banken. Die Hinweise aus den Reihen der deutschen Bundesregierung, sie sehe einem Ausscheiden Griechenlands aus der Eurozone mit Gelassenheit entgegen, haben mit Sicherheit das ihrige zur anwachsenden Kapitalflucht beigetragen. Bankkonten wurden aus Angst vor einer Wiedereinführung der Drachme und einer dann unvermeidlichen sofortigen Abwertung der neuen Währung geräumt. Für Januar 2015 wurde eine Verminderung der Einlagen von 12 und im Februar nochmals von 8 Milliarden Euro gemeldet. Noch höher lagen die Zahlen, die das Münchener Ifo-Institut für Januar und Februar 2015 bekannt gab: »Die griechische Notenbank bat die anderen Noten-

---

181 Erklärung der Eurogruppe zu Griechenland, vom 20. Februar 2015, in: nd-Dossier, 2015, S. 32

banken der Eurozone sowie die EZB-Zentrale, zu ihren Lasten knapp
27 Milliarden Euro auf ausländischen Konten gutzuschreiben‹ (…).«[182]
Doch all dies waren nur Schätzungen. Viel Geld dürfte darüber hinaus
unbemerkt über die Grenzen geschafft worden sein. Und viele Griechen hoben ihr Geld ab, um es zu Hause zu deponieren.

Die Kapitalflucht traf die griechischen Banken hart. Besonders
litten die National Bank of Greece, die Eurobank, die Alpha Bank
und die Piräus Bank. Allein diese vier kontrollieren gut 90 Prozent
des griechischen Marktes. Ihre Lage ist seit Beginn der Finanzkrise
kritisch geblieben. Sie alle leiden unter einem Berg fauler Kredite und
ihr Eigenkapital besteht zu einem erheblichen Teil aus fragwürdigen
Steuergutschriften des griechischen Staates. Hinzu kamen hohe Verluste aus dem Schuldenschnitt vom März 2012. Dabei verloren sie so
viel Kapital, dass sie refinanziert werden mussten. Drei der Banken
wurden sogar verstaatlicht. Seitdem ist der staatliche Rettungsfonds
Hellenic Financial Stability Fund (HFSF) der größte Anteilseigner an
der Piräus Bank mit 67 Prozent, an der Alphabank mit 66 Prozent und
an der National Bank of Greece mit 57 Prozent. An der Eurobank hält
der Fonds eine Beteiligung von 35 Prozent.

»Das mangelnde Vertrauen in die griechischen Banken spiegelt
sich in ihren Bilanzen wider: Das Eigenkapital der Banken belief sich
auf 69,2 Milliarden Euro, davon sind 39,3 Milliarden als Rückstellungen
für faule Kredite verbucht. Weil die Kunden der Geschäftsbanken in
den vergangenen sechs Jahren insgesamt 100 Milliarden Euro abgezo-
gen haben, gibt es eine riesige Lücke bei der Finanzierung des Bankensystems. Ende Februar standen Einlagen in Höhe über 133,1 Milliarden
Euro aus Griechenland Ausleihungen an Private in Griechenland in
Höhe von 213,1 Milliarden Euro gegenüber.«[183] Die Banken und damit auch die griechische Regierung standen unter einem wachsenden
Druck der Einleger und Sparer. Es waren vor allem die Vermögenden,
die durch den Abzug ihrer Finanzmittel die Syriza-Regierung in die
Knie zwingen wollten. Es war eine Form von Klassenkampf.

182 Erhebliche Kapitalflucht aus Griechenland, in: FAZ vom 28.2.2015
183 Griechenland-Lösung rückt in weite Ferne, in: FAZ vom 16.4.2015

Die EZB setzt die Schrauben an

Die EZB trat der Regierung Tsipras von Beginn an feindlich gegenüber. Im Unterschied zu Ländern wie Italien und Spanien kam Griechenland nicht in den Genuss des Anleiheaufkaufprogramms der
EZB, das die Refinanzierungskosten der Peripherieländer niedrig
halten soll. Bereits ab dem 11. Februar 2015 konnten sich griechische
Banken bei ihr kein frisches Geld mehr beschaffen, weil die Zentralbank sowohl griechische Staatsanleihen wie staatlich garantierte
Bankanleihen nicht mehr als Sicherheiten akzeptierte. Sie wurden
als ausfallgefährdet eingestuft. Doch als unsicher waren diese Papiere
auch schon in den Jahren zuvor bewertet worden, bis Anfang Februar
2015 galt jedoch eine Ausnahmeregel, nach der griechische Staatsanleihen dennoch als Pfand eingereicht werden konnten. Damit wollte die EZB die Vorgängerregierung unter Samaras unterstützen. Der
neu gewählten Syriza-Regierung gewährte man aber diese Hilfe nicht
mehr. Offiziell begründete man das mit der Sorge, diese würde sich
nicht an die Auflagen der Troika halten.

Die griechischen Banken konnten deshalb ihre Liquidität nur mit
Hilfe von Notkrediten (Emergency Liquidity Assistance, ELA) aufrechterhalten, Kredite, die den Banken von der jeweiligen nationalen
Notenbank gewährt werden. Im Unterschied zu den von der EZB gewährten Krediten können die dafür zu hinterlegenden Sicherheiten
von geringerem Wert sein, die Notenbanken handeln hier auf eigenes
Risikos. Als Gianis Varoufakis noch nicht griechischer Finanzminister
war, schrieb er zwar abschätzig, aber in der Sache durchaus treffend
auf seinem Blog über diese Notkredite: »Das ELA-System gestattet
einfach nur den bankrotten Banken, die ein bankrotter Fiskus nicht
zu retten vermag, sich von der Bank of Greece Geld gegen Pfänder
zu leihen, die nicht viel wert sind.«[184] Während seiner Amtszeit sollten
aber die griechischen Banken und damit auch die Syriza-Regierung
genau von diesen Notkrediten abhängig sein.

Die EZB vergibt zwar diese Kredite nicht, übt aber über ihre Höhe
eine Kontrolle aus, da sie über deren Aufstockung jedes Mal einen

---

184   5 Milliarden Euro mehr Notkredite für Griechenland, in: FAZ vom 12.2.2015

Beschluss zu fassen hat. Im Laufe der Eurokrise wurden solche Notkredite immer wieder in verschiedenen Euroländern gewährt, etwa in Irland und in Zypern, und auch schon während der Regierungszeit von Papandreou und Papadimos in Griechenland, bevor dann den griechischen Banken unter der Regierung Samaras ab Juni 2012 wieder der direkte Zugang zu Krediten der EZB gewährt wurde.

Seit Februar 2015 wurde der griechischen Nationalbank der Rahmen für die Notkredite immer wieder erweitert. Mit jedem Beschluss des EZB-Rats darüber wurde aber auch die Kritik an ihnen immer lauter. Dabei tat sich vor allem Bundesbank-Chef Jens Weidmann hervor. Er »warnte vor einem Missbrauch der EZB« und »kritisierte die wöchentliche Aufstockung der ELA-Kredite für griechische Geldhäuser: Das finde er ›mit Blick auf das Verbot der monetären Staatsfinanzierung nicht in Ordnung‹«[185] Immer wieder erhob er den Vorwurf der »Konkursverschleppung«, da ELA-Kredite nach dem Statut der EZB nur an vorübergehend illiquide, aber grundsätzlich solvente Banken vergeben werden dürfen.[186] Und Hans-Werner Sinn verlangte: »Die Europäische Zentralbank sollte die griechische Regierung durch den Stopp neuer Notkredite zwingen, Kapitalverkehrskontrollen einzuführen.«[187]

Als der EZB-Rat schließlich am 28. Juni 2015 entschied, der griechischen Nationalbank keine weitere Aufstockung der Notkredite mehr zu gestatten, belief sich der Kreditrahmen auf rund 89 Milliarden Euro. Hans-Werner Sinn hat in diesem Zusammenhang auf ein interessantes Detail hingewiesen: Nach der Satzung der EZB können ELA-Kredite nur dann von der Zentralbank verweigert werden, wenn sich eine Zweidrittelmehrheit des EZB-Rats gegen sie ausspricht. Nach seiner Darstellung geschah dies bis Ende 2013 nicht, da »acht

---

185 Varoufakis: EZB-Kredite später zurückbezahlen, in: FAZ vom 15.5.2015

186 In der deutschen Öffentlichkeit gilt Wolfgang Schäuble als entschiedenster Gegner der ersten linken griechischen Regierung. Unterschätzt wird dabei aber die verheerende Rolle von Jens Weidmann, der als Bundesbank-Chef und damit als Mitglied im EZB-Rat entscheidenden Einfluss auf die Unterbrechung der Finanzierung der griechischen Banken nehmen konnte.

187 Erhebliche Kapitalflucht aus Griechenland, in: FAZ vom 28.2.2015

von 23 Mitgliedern des EZB-Rats, also etwas mehr als ein Drittel der Ratsmitglieder, aus den (...) Staaten (kamen), die billigen Ersatzkredit benötigten, weil der Kapitalmarkt ihnen misstraute.«[188] Das änderte sich erst Anfang Januar 2014 mit dem Beitritt Lettlands in die Eurozone. Damit verloren die immer wieder auf Notkredite angewiesenen Länder ihre Sperrminorität. Einmal mehr spielte also Lettland eine wichtige Rolle in der europäischen Finanzkrise.

Zu Recht sprach Alexis Tsipras davon, dass die EZB mit den immer nur sukzessiv gewährten Notkrediten den Griechen »die Schlinge um den Hals«[189] gelegt habe. Mit der Verweigerung weiterer Kredite durch den EZB-Rat wurde sie am 28. Juni 2015 zugezogen. Der Verwüstung des Geldwesens Griechenlands kam man dadurch einen großen Schritt näher.

Kurzfristige Finanzierung über Treasury Bills

Mit Hilfe der ELA-Notkredite konnten die Banken nicht nur ihre Liquidität sichern, sie kauften damit dem griechischen Staat auch kurzlaufende Anleihen, sogenannte Treasury Bills (T-Bills), ab. So ermöglichte die EZB durch die der Notenbank erteilte Erlaubnis, den Banken Kredit geben zu dürfen, die damit T-Bills der Regierung kauften, am Ende der Kette faktisch die Finanzierung des griechischen Staates. Dies war jene Form von »Brückenfinanzierung« von der Tsipras in seiner Regierungserklärung vom 8. Februar 2015 gesprochen hatte. Um den Kauf dieser T-Bills attraktiv zu machen, zahlte der griechische Fiskus 2,97 Prozent Rendite, was angesichts der seinerzeit niedrigen Zinsen in der EU ein gutes Angebot war. Der Rahmen für die Ausgabe der Treasury Bills war aber von der EZB und dem IWF auf 15 Milliarden Euro festgesetzt worden, und sie weigerten sich strikt, ihn zu erweitern.

---

188 Sinn, 2015, S. 219. Nach Artikel 20 des Statuts der EZB ist für Entscheidungen darüber eine Mehrheit von Zweidrittel des EZB-Rats notwendig; www.ecb.europa.eu/ecb/legal/1341/1343/html/index.en.html

189 Griechenland-Hilfe: »Briefe mit unverbindlichem Inhalt reichen nicht«, Gespräch mit Steffen Kampeter am 9.3.2015 im Deutschlandfunk; www.deutschlandfunk.de/griechenland-hilfen-briefe-mit-unverbindlichkeiten-reichen.694.de.html?dram:article_id=313667

Da die EZB ab dem 11. Februar 2015 griechische Staatsanleihen sowie staatlich garantierte Bankanleihen nicht mehr als Sicherheiten akzeptierte, verloren auch die Treasury Bills an Attraktivität für die griechischen Banken, da sie diese nun nicht mehr bei der EZB hinterlegen konnten: »Zunehmend Schwierigkeiten bekommt die Regierung nun dabei, ihre Geldmarkttitel (T-Bills) abzulösen und umzuwälzen. Im vergangenen Jahr, in besserer Haushaltslage, war es Griechenland erlaubt worden, kurzlaufende Titel mit drei oder sechs Monaten Laufzeit und einem Gesamtvolumen von 15 Milliarden auszugeben, um vorübergehende Lücken zu schließen. Diese Titel wurden immer wieder durch neue ersetzt. Zunächst kauften vor allem griechische Banken diese Titel, um sie bei der EZB als Garantie für Bargeld zu hinterlegen. Doch bei der Notenbank wurden griechische Titel nicht mehr als Garantie akzeptiert.«[190] Dennoch gelang es Athen, auch nach der Entscheidung der EZB vom Februar T-Bills zu verkaufen und sich mit ihrer Hilfe einigermaßen liquide zu halten. Zugleich wurde dabei das in der Eurozone geltende Verbot einer direkten Finanzierung des Haushalts eines Staates durch die jeweilige Nationalbank beachtet.

Erschließung neuer Einnahmequellen

Da der Rahmen für die Ausgabe von Treasury Bills von EZB und IWF nicht mehr erweitert wurde, musste sich die Regierung bald nach weiteren Finanzierungsmöglichkeiten umsehen, um die laufenden Staatsausgaben, etwa für Renten und Löhne der öffentlich Beschäftigten, begleichen zu können. Sie begann deshalb, Geld aus staatlichen Unternehmen und Kommunen abzuziehen: »Die Regierung behilft sich damit, dass sie sich aus den Kassen von staatlichen Unternehmen oder Fonds Geld zusammenkratzt. So kann sich der Staat noch einige Zeit über Wasser halten.«[191] Auch die Regionen wurden dafür herangezogen: »Zugleich hat Griechenland bei verschiedenen staatlichen Institutionen 600 Millionen Euro zur Finanzierung der laufenden Ausgaben eingetrieben. Bis Montag hätten Regionalregierungen

---

190 Von Montag an muss Athen seine Konten überziehen, in: FAZ vom 27.3.2015
191 Griechenland geht schon bald das Geld aus, in: FAZ vom 15.4.2015

64,5 Millionen Euro überwiesen und andere staatliche Einrichtungen 535,8 Millionen Euro, teilte ein Regierungssprecher mit.«[192]

Am 24. April 2015 nahm das Parlament in Athen sogar einen Erlass an, wonach alle staatlichen Institutionen und öffentlich-rechtlichen Betriebe gezwungen wurden, ihre Geldeinlagen an die griechische Nationalbank zu überweisen. Es wurden darüber Rückkaufvereinbarungen mit einem günstigen Zinssatz vereinbart. Von der Regierung erwogen wurde auch die Einführung zusätzlicher Steuern, etwa auf den Konsum von Alkohol und sogar von Lebensmitteln mit viel Fett, Salz oder Zucker. Dies zeigt eindrucksvoll, wie groß die Finanznot des Staates inzwischen war.

Keine Unterstützung vom IWF

Mit anfangs mehr Hoffnung blickte Athen auf den IWF, hatte der doch 2013 eingestanden, mit seiner Politik gegenüber Griechenland gescheitert zu sein.[193] Doch von dieser Selbstkritik war unter seiner neuen Chefin Christine Lagarde nichts übrig geblieben. Einen Zahlungsaufschub für das von der Pleite bedrohte Griechenland lehnte sie ab: »Eine Fristverlängerung für die Rückzahlung der nächsten Kreditrate an den IWF sei ein ›unpassender‹ Weg (…). Seit 30 Jahren habe der Währungsfonds keinem Land einen Zahlungsaufschub gewährt. Bei derartigen Fällen in der Zeit davor sei das Ergebnis ›nicht sehr produktiv‹ gewesen.«[194]

Athen blieb daher nichts anderes übrig, als dem IWF am 9. April 2015 fristgerecht eine Kreditrate von 459 Millionen Euro zu überweisen. Weitere Zahlungen in Höhe von nicht weniger als 8,2 Milliarden Euro waren bis Ende 2015 fällig. Doch damit nicht genug: Wie die anderen Gläubiger auch verlangte der Fonds von Athen Rentenkürzungen und die Erhöhung der Mehrwertsteuer, bevor er seine Zustimmung zur Auszahlung der letzten Tranche des laufenden Hilfspakets

192   Griechen kratzen Geld für IWF von IWF-Notfallkonto, in: FAZ vom 13.5.2015

193   IMF admits: We failed to realise the damage austerity would do to Greece, in: The Guardian, 5.6.2013

194   Schäuble warnt vor Schulden und mahnt Griechenland, in: FAZ vom 17.4.2015

geben wollte. Und er zeigte sich dabei besonders unnachgiebig: »Nach einem Besuch von Finanzminister Gianis Varoufakis bei IWF-Chefin Christine Lagarde in Washington berichten griechische Medien übereinstimmend, die anderen Geldgeber in Europa seien ›flexibler‹.«[195]

Die Verhandlungen scheitern

Der Ende April in Riga tagende Eurogruppengipfel endete ohne Ergebnis. Damit schwanden auch die Aussichten auf eine noch rechtzeitige Einigung zwischen der griechischen Regierung und den Gläubigern. Es hieß: »Ein regulärer Abschluss des bis Ende Juni laufenden Hilfsprogramms der Eurostaaten mit Griechenland wird immer unwahrscheinlicher.«[196]

Nach der Ernennung des stellvertretenden Außenministers Euklid Tsakalotos zum »Koordinator der Verhandlungen mit den Geldgebern« Ende April 2015 kam noch einmal kurzzeitig Bewegung in die Verhandlungen, denn die neue Aufgabe von Tsakalotos bedeutete zugleich eine Teilentmachtung von Finanzministers Gianis Varoufakis. Nach dessen Rücktritt im Anschluss an das Referendum am 5. Juli 2015 folgte ihm Tsakalotos als Finanzminister nach. Für die deutschen Medien stellte diese Veränderung einen Hoffnungsschimmer dar: »Nach der Entmachtung des griechischen Finanzministers Gianis Varoufakis bewegen sich Griechenland und die Eurostaaten wieder aufeinander zu.«[197] Zugleich hieß es aber auch: »Griechenland habe sich zwar etwa bei der Reform der Mehrwertsteuer bewegt, bei der es auf den vielen Ägäis-Inseln unterschiedliche Sätze gibt. Aber es gebe noch große Lücken bei wichtigen Fragen wie der geforderten Arbeitsmarktreform und der Rentenreform.«[198] Insgesamt überwog daher die Skepsis: »Auch wenn die griechische Seite mittlerweile nicht nur zu einer Mehrwertsteuerreform bereit sei, sondern auch ein paar ›Minireformen‹ in der Renten- und Arbeitsmarktpolitik anbiete, sei das

---

195 Frankfurter Allgemeine Sonntagszeitung vom 6.4.2015

196 Spekulationen über Plan B für Griechenland, in: FAZ vom 27.4.2015

197 Fortschritte im Konflikt mit Griechenland, in: FAZ vom 12.5.2015

198 Griechen kratzen Geld für IWF von IWF-Notfallkonto, in: FAZ vom 13.5.2015

längst nicht genug, hieß es in der Eurogruppe.«[199] Und Mitte Juni 2015 konnte man lesen: »Mehrere EU-Diplomaten ließen (...) erkennen, dass die Eurogruppe nur noch zu einer Vereinbarung mit Athen bereit ist, wenn die Regierung die auf dem Tisch liegenden Reform- und Sparvorschläge der Gläubiger akzeptiert.«[200]

Doch am 22. Juni 2015 schien noch eine Einigung möglich zu werden. An diesem Tag fand in Brüssel ein Eurogipfeltreffen statt, bei dem erneut über die festgefahrene Situation beraten werden sollte. Vorbereitet wurde das Treffen von der Eurogruppensitzung der Finanzminister. Hierzu hatte die griechische Regierung kurzfristig ein Positionspapier übermittelt, in dem sie ihre Bereitschaft erklärte, auf die Gläubiger einen großen Schritt zuzugehen, indem sie deren Forderungen weitgehend erfüllt: »Hinter den Kulissen hieß es, die griechische Regierung habe sich erstmals substantiell bewegt. So habe sie eine sukzessive Erhöhung des gesetzlichen Renteneintrittsalters auf 67 Jahre und die Einführung eines halbwegs generellen Mehrwertsteuersatzes von 23 Prozent angeboten. Davon ausgenommen sollen sogenannte Basisgüter sein, also vor allem Grundnahrungsmittel (13 Prozent) sowie Bücher und Medikamente (6 Prozent). Die haushaltspolitischen Vorgaben, die die Gläubiger angesichts der verschlechterten Wirtschaftslage in Griechenland ohnehin schon recht milde ausgestaltet hatten, hat die Regierung von Ministerpräsident Alexis Tsipras offenbar akzeptiert. Das griechische Papier sei übers Wochenende in enger Zusammenarbeit mit den Institutionen entstanden, hieß es in Brüssel. Offenbar wollten die Minister der griechischen Seite nicht sofort einen Freifahrtschein ausstellen (...).«[201] Bevor das Papier Brüssel übersandt wurde, hatte die Regierung Kontakt mit der Opposition aufgenommen, um sich mit ihr abzustimmen: »Tsipras hatte sich am Wochenende mit mehreren Oppositionspolitikern getroffen, um für deren Zustimmung zu einem entsprechenden Gesetz zu werben.«[202]

---

199   Im Poker mit Griechenland rückt der Grexit näher, in: FAZ vom 22.5.2015
200   Starre Fronten im griechischen Schuldendrama, in: FAZ vom 18.6.2015
201   Auf einen neuen Tag der Entscheidung, in: FAZ vom 23.6.2015
202   Ebd.

In der Athener Presse hieß es sogleich, die Regierung habe den Gläubigern harte Steuererhöhungen und Einsparungen angeboten, um die Schuldenkrise zu lösen. An den Börsen wurde das Paket bejubelt. Der deutsche Aktienindex Dax legte 2,8 Prozent zu. Die Börsenkurse in Athen stiegen sogar um sieben Prozent. Die griechische 10-Jahres-Rendite für Kredite fiel auf 11,7 Prozent. Martin Selmayr, der deutsche Kabinettschef von EU-Kommissionspräsident Jean-Claude Juncker, gab am Morgen des 22. Juni über Twitter bekannt, dass das griechische Papier eine »gute Grundlage für die Beratungen des Eurogipfels«[203] sei. Doch die Freude über die mögliche Einigung in letzter Minute erwies sich als verfrüht: »Der solcherart verbreitete Optimismus verflog, als gegen Mittag die Finanzminister des Euroraums in Brüssel eintrafen. Einer nach dem anderen gab zu Protokoll, ›sehr geringe Erwartungen‹ an das Treffen der Eurogruppe zu haben. Am deutlichsten äußerte sich der missgelaunte Bundesfinanzminister. Man sei keinen Schritt weiter als nach dem ergebnislos verlaufenen Eurogruppen-Treffen am vergangenen Donnerstag, sagte Wolfgang Schäuble. Die Minister hätten aus Athen ›keine substantiellen Vorschläge bekommen‹. Sie könnten dem für den Abend geplanten Eurogipfel ›keine angemessene Vorbereitung liefern‹.«[204] Und tatsächlich nahmen sowohl die Finanzminister als auch anschließend die Regierungschefs der Euroländer das weitreichende Angebot Athens lediglich zur Kenntnis. Damit war klar, dass sie nicht mehr verhandeln wollten. Sie verlangten stattdessen nichts anderes als die vollständige Kapitulation der griechischen Regierung vor ihren Forderungen.

Am 22. Juni 2015 erhöhte der EZB-Rat abermals die Obergrenze für die ELA-Kredite. Der Beschluss fiel allerdings nicht einstimmig aus: »Bundesbankpräsident Jens Weidmann sowie einige andere nationale Notenbankgouverneure opponierten in der Telefonkonferenz gegen die Vorlage des EZB-Direktoriums. Auch aus der EZB wurde bestätigt, dass die Skepsis gegenüber weiteren Nothilfen zunehme. (…) Auch einige Politiker der Regierungskoalition kritisieren die fort-

---

203 Ebd.

204 Ebd.

währende Gewährung von ELA. ›Die EZB erhöht jede Woche das
Volumen der Notfallkredite für die griechischen Banken und erhält
damit die Fiktion ihrer Solvenz‹, sagte der SPD-Fraktionsvize Carsten
Schneider *Spiegel Online.*«[205]

Griechenland schien einem ungeregelten Ausscheiden aus der
Eurozone, einem »Grexit«, entgegen zu taumeln. Am 24. Juni 2015
wurde gemeldet: »Die angeschlagenen griechischen Banken erhalten nun täglich neue Notkredite. Am Dienstag, kurz vor Öffnung der
Bankschalter in Griechenland, erhöhte die Europäische Zentralbank
die ›Emergency Liquidity Assistance‹ (ELA) um knapp eine Milliar-
de Euro. Es war die vierte Anhebung innerhalb einer Woche. Am
Montag hatte der EZB-Rat 1,8 Milliarden Euro mehr ELA genehmigt.
Somit betragen die Notkredite fast 89 Milliarden Euro. Es wird nun
tägliche Überprüfungen geben. Die EZB hat angedeutet, dass sie zu
weiteren Notkrediten bereit ist. Griechenlands Banken sind auf die
Liquiditätshilfen angewiesen, weil verunsicherte Kunden hohe Summen von ihren Konten abziehen. (…) Vergangene Woche, seit sich die
Schuldenkrise zuspitzte, hoben die Bankkunden mehr als 5 Milliarden
Euro ab, am Montag waren es 1,5 Milliarden Euro.«[206]

Bei einem erneuten Treffen am 25. Juni 2015 ging die Eurogruppe
abermals nicht auf die Vorschläge aus Athen ein. Man wiederholte
lediglich die altbekannten Forderungen an die griechische Regierung
und bot ihr an, das am 30. Juni 2015 auslaufende zweite Hilfsprogramm noch einmal, diesmal bis Ende November, zu verlängern.

Das griechische Volk soll abstimmen

Am 27. Juni 2015, es war ein Samstag, trat um ein Uhr morgens Alexis
Tsipras die Flucht nach vorn an. Er gab bekannt, dass seine Regierung
ein Referendum über die Vorschläge der Gläubiger abhalten werde.
Die Regierung werde dabei eine Ablehnung empfehlen, da das ver-
längerte Hilfsprogramm völlig unzureichend sei. Tsipras kritisierte vor
allem, dass sich mit den bis November angebotenen Mitteln nicht ein-

---

205 EZB gibt Griechen immer mehr Notkredite, in: FAZ vom 23.6.2015
206 EZB erhöht laufend die Notkredite für Griechenland, in: FAZ vom 24.6.2015

mal die bis dahin fälligen neuen Kreditraten begleichen ließen. Dies
verschaffe dem Land aber keine Atempause. »›Erniedrigend‹ und ›un-
erträglich‹ nannte Tsipras die Bedingungen, die die Geldgeber (...)
aufgestellt haben. Daher wolle er das griechische Volk gleich nächste
Woche, am 5. Juli, über folgende Formulierung abstimmen lassen:
›Das griechische Volk ist aufgerufen, mit seiner Stimme darüber zu
entscheiden, ob der Entwurf für ein Abkommen akzeptiert werden
soll, den die Europäische Kommission, die Europäische Zentralbank
und der Internationale Währungsfonds auf dem Treffen der Eurogruppe am 25.6.2015 vorgelegt haben (...).«[207]

Die Antwort der Gläubiger auf diesen, als unerhörte Provokation
empfundenen Schritt kam postwendend nur einen Tag darauf: »Am
Sonntag hat der EZB-Rat die Nothilfen bei rund 89 Milliarden Euro
eingefroren – entgegen dem Antrag aus Athen auf weitere 6 Milliarden
Euro Aufstockung. (...) Kritiker wie Bundesbankchef Jens Weidmann
fordern höhere Risikoabschläge auf Wertpapiere, die Banken als Sicherheit für ELA hinterlegen. Bislang konnte er sich nicht durchsetzen.
Inzwischen aber bezweifeln immer mehr EZB-Räte die Solvenz griechischer Banken. Aus Frankreich gibt es jedoch starken politischen Druck,
ELA als ›Lebensader‹ für Griechenland nicht abzuschneiden.«[208]

Die deutsche Position hatte sich aber durchgesetzt: Die »Lebensader« wurde durchtrennt. Der Regierung in Athen blieb nichts anderes
übrig, als die Schließung der Banken und Kapitalverkehrskontrollen
anzuordnen: »Angekündigt wurde, dass von Dienstag an die Bank-
automaten je Karte und Tag maximal 60 Euro ausgeben würden. Die
Geldautomaten, die zuvor im ganzen Land vom Volk geleert worden
waren, sollen dafür wieder gefüllt werden. Die Bankschalter und Banken bleiben dagegen die gesamte Woche über geschlossen, auch die
Börse. Ausnahmen gibt es für Rentner, für die ausgewählte Bankfilia-
len geöffnet werden.«[209]

---

207 Vom Grexit zum Alexit?, in: FAZ vom 29.6.2015

208 Planspiele für die griechische Staatsinsolvenz, in: FAZ vom 30.6.2015

209 Banken und Börse bleiben in Griechenland bis zum kommenden Montag
     geschlossen, in: FAZ vom 30.6.2015

Die Auswirkungen dieser Maßnahmen auf das ohnehin ange-
schlagene Wirtschaftsleben Griechenlands waren gravierend und sofort spürbar: »Wegen der Kapitalausfuhrkontrollen und des Risikos
eines finanziellen Zusammenbruchs des Landes hat es in Griechenland seit dem vergangenen Wochenende eine Entlassungswelle gegeben. Allein auf den Baustellen seien rund 40.000 Arbeiter entlassen
oder vorübergehend nach Hause geschickt worden (...). Die Kapitalausfuhrkontrollen und die Schließung der Banken sorgen in vielen
kleinen Betrieben und Geschäften für einen vollständigen Zusammenbruch des Geschäfts. Weil die Griechen nun ihr Bargeld nur noch für
das Nötigste ausgeben, lassen sich etwa Bücher nicht mehr verkaufen.
Kinos und Konzertsäle bleiben leer, ebenso die Restaurants. Zugleich
sorgen die negativen Berichte aus Griechenland dafür, dass die Be-
sucherzahlen aus dem Ausland drastisch abgenommen haben und damit Hotels und Restaurants leer bleiben. Die Unternehmer, die nicht
mehr an ihre Konten herankommen und ausländische Lieferanten
nicht bezahlen können, reagieren zum Teil mit der Verringerung ihres
Personalbestandes.«[210] Die Gläubiger waren sich sicher, dass es der
griechischen Regierung unter diesen Umständen nicht gelingen werde, beim Referendum eine Mehrheit der Griechen für ein Nein, ein
Oxi, zu mobilisieren.

---

210   Entlassungswelle rollt über Griechenland, in: FAZ vom 9.7.2015

IX.
Oxi und Kapitulation

Beim Referendum am 5. Juli 2015 waren die Wähler aufgerufen, folgende Frage zu beantworten: »Soll der von der Europäischen Kommission, der Europäischen Zentralbank und dem Internationalen Währungsfonds der Eurogruppe am 25. Juni vorgelegte Entwurf einer Vereinbarung, der aus zwei Teilen besteht, welche einen einheitlichen Vorschlag darstellen, angenommen werden? Das erste Dokument ist überschrieben ›Reforms for the completion of the Current Program and Beyond‹ (Reformen für die Beendigung des laufenden Programms und darüber hinaus) und das zweite ›Preliminary Debt sustainability analysis‹ (Vorläufige Schuldentragfähigkeitsanalyse). Mögliche Antworten waren: Nicht angenommen / Nein und angenommen / Ja«[211]. Kaum jemand der zur Abstimmung Aufgerufenen dürfte genau verstanden haben, um was es da im Einzelnen ging, was sich etwa hinter einer Begrifflichkeit wie »Schuldentragfähigkeitsanalyse« verbarg. Doch das spielte ebenso wenig eine Rolle, wie die Tatsache, dass man über etwas abstimmen sollte, das gar nicht mehr vorhanden war, denn der von der »Eurogruppe am 25. Juni vorgelegte Entwurf einer Vereinbarung« war seit dem Auslaufen des zweiten Hilfsprogramms am 30. Juni 2015 nicht mehr existent.

Im Referendum konnte man seiner Meinung darüber Ausdruck geben, ob man die Position der Gläubiger unterstützt, oder ob man zur Regierung hält. Deren Gegenvorschlag bestand aus jenem Posi-

---

211   Vgl. https://de.wikipedia.org/wiki/Griechisches_Referendum_2015, Übersetzung des Dekrets des Präsidenten der Republik vom 28. Juni 2015, wiedergegeben bei antenna.gr

tionspapier, das Athen der Eurogruppe am 22. Juni übermittelt hatte. Es enthielt bereits weitreichende Konzessionen gegenüber den Forderungen der Gläubiger, und so waren die inhaltlichen Unterschiede zwischen den beiden Vorschlägen nicht mehr groß.

Der Kampf um die Stimmen

Die Abstimmung wurde von beiden Seiten zu einer grundlegenden Richtungsentscheidung erklärt: »Das griechische Volk stimme am Sonntag über die Frage ab, ob das Land in der Währungsunion bleibt oder nicht, sagte der Chef der Eurogruppe, der niederländische Finanzminister Jeroen Dijsselbloem, am Donnerstag im Parlament in Den Haag. Bei einem Nein sehe er nicht nur keine Basis für ein neues Hilfsprogramm. ›Dann ist es auch sehr fraglich, ob es überhaupt eine Basis für Griechenland im Euroraum gibt.‹ Dies sei ›die fundamentale Frage, um die es tatsächlich geht‹.«[212] Doch um die Mitgliedschaft in der Eurozone ging es beim Referendum gar nicht. Das wusste natürlich Jeroen Dijsselbloem wie es auch EU-Parlamentspräsident Martin Schulz oder Kommissionspräsident Jean-Claude Juncker wussten, die gleichfalls einen Grexit bei einem Nein als sicher prophezeiten.

Es ging ihnen darum, Angst zu verbreiten. Damit wollten sie und mit ihnen viele andere Politiker ein Nein, ein Oxi, beim Referendum verhindern. Kaum ein Argument war dabei abstrus genug, um nicht in Stellung gebracht zu werden. Der Vorsitzende der griechischen liberalen Partei To Potami, Stavros Theodorakis, verdächtigte etwa Alexis Tsipras, aus Griechenland ein zweites Nordkorea machen zu wollen. Und nach dem Referendum verkündete er, »die Banken würden wohl erst wieder im September öffnen«[213]. Da half es nichts, dass der derart unter Verdacht Gestellte immer wieder beteuerte, dass das Ziel seiner Regierung unverändert sei, das Land im Euro und in der EU zu halten.

Von der anderen Seite wurde der Abstimmungsakt mit Pathos aufgeladen: »Am Sonntag werden wir nicht nur einfach über unseren Ver-

---

212   IWF sieht höheren Finanzbedarf für Athen, in: FAZ 3.7.2015
213   Eine wertlose Frage und düstere Perspektiven, in: FAZ 6.7.2015

bleib in Europa entscheiden, sondern über die Frage, ob wir mit Würde in Europa bleiben«[214], erklärte Alexis Tsipras vor Zehntausenden auf dem Athener Syntagma-Platz zum Abschluss der Referendumskampagne. Diese Rede sollte zugleich zu seinem Schwanengesang[215] werden, denn zum letzten Mal trat Tsipras dabei als der entschlossene Politiker auf, der den Mächtigen, die sein Land drangsalierten, die Stirn bot. Nach der Abstimmung sollte er anders reden.

Das Referendum bewegte die gesamte europäische Linke. Am Freitag vor der Abstimmung fanden in vielen europäischen Städten Solidaritätsdemonstrationen statt. Zehntausende Menschen skandierten »Oxi« (Nein) in Glasgow, London, Madrid, Wien, Berlin und Paris. In der französischen Hauptstadt wurde der Protest vom Gewerkschaftsbund CGT getragen. In Griechenland waren es aber nicht nur Linke, die auf die Straße gingen. Dorthin zog es auch die Jeunesse dorée, in den Händen die blaue Flagge der EU mit ihren goldenen Sternen. Im standesgemäßen Dress, in teuren Jeans, der ins Haar geschobenen Sonnenbrille, dem lässig über die Schulter gelegten Kaschmirpullover und mit Goldschmuck behängt demonstrierten die »Juncker-Jünger«[216] *für* den Erhalt des Euros, der ihnen den Import all dieser schönen Dinge erst möglich macht. Für ein Ja trommelten auch die griechischen Massenmedien: »Fünf der sechs landesweiten Fernsehsender und die Mehrzahl der Tageszeitungen sind im Eigentum privater Großunternehmen. So ist es nicht verwunderlich, dass bei den medial verbreiteten Horrormeldungen nicht einmal auch nur der Anschein einer ausgewogenen Berichterstattung aufrechterhalten wird.«[217]

Für ein Nein warb neben Syriza und ihrem Koalitionspartner Anel auch die faschistische Goldene Morgenröte. Die ND, die Pasok und

---

214 nd-dossier, 2015a, S. 7

215 Als Schwanengesang wird in der griechischen Mythologie der Gesang der Schwäne kurz vor ihrem Tod bezeichnet. Er soll besonders ausdrucksvoll und schön sein.

216 Griechen vor Entscheidung, in: junge Welt vom 4./5.7.2015

217 Ebd.

die Partei Der Fluss (To Potami) hingegen riefen unter der Losung »Ja zu Europa, ja zum Euro« dazu auf, für die Position der Gläubiger zu votieren. Die KKE forderte auf, ungültig zu stimmen. Zuvor war ihr Antrag, im Referendum über zwei Fragen abstimmen zu lassen, im Parlament gescheitert. In der ersten sollte über den Vorschlag der Gläubiger als auch über den der Syriza-Regierung entschieden werden. In einer zweiten sollte es um die Abschaffung des EU-Memorandums und aller damit im Zusammenhang stehenden Gesetze gehen. Die KKE ließ diese beiden Fragen auf Zetteln drucken, die an Stelle der offiziellen Stimmzettel in die Wahlurne geworfen werden sollten.[218]

Die Verteidigung der Souveränität Griechenlands

Das Ergebnis des Referendums war eindeutig. Hatten die Prognosen noch einen knappen Ausgang vorausgesagt, so lag am Ende das Oxi klar vorn. Bei einer Wahlbeteiligung von 62,5 % wurde der Entwurf der Gläubiger mit 61,3 % der gültigen Stimmen abgelehnt. 5,8 % der abgegebenen Stimmen waren ungültig und wurden nicht mitgezählt. Hinter dieser Zahl dürften vor allem die ungültigen Stimmen der Anhänger der KKE stehen.

Das Nein war vor allem ein Nein der Linken, und hier der Arbeiter. Die Regierung »hat in den klassischen Arbeitervierteln mehr als 70 Prozent der Stimmen erhalten.«[219] »Entscheidend sei indes«, analysierte die *Frankfurter Allgemeine Zeitung*, »dass es dem Ja-Lager nicht gelungen sei, auch nur in einem Wahlbezirk eine Mehrheit zu bekommen (…). Daher sei das Referendum nicht allein eine klassenbezogene Abstimmung gewesen, sondern auch eine ›nationale Wahl‹«[220]. Mit ihrem Nein verteidigte demnach die klare Mehrheit der Griechen vor allem die Souveränität des Landes. Für sie war das »Oxi« vor allem

---

218 Vgl.: The referendum on the 5th of July and the stance of the Communist Party of Greece (KKE); http://inter.kke.gr/en/articles/The-referendum-on-the-5th-of-July-and-the-stance-of-the-KKE/

219 Mit »Oxi« gegen die Besatzer, in: FAZ vom 7.7.2015

220 Ebd.

ein Bekenntnis zur gefährdeten Unabhängigkeit des Landes, ein Nein zur weiteren Demütigung. Es war der Regierung gelungen, an die nationale Rhetorik des Landes anzuknüpfen, denn das Oxi steht für den 28. Oktober, der jedes Jahr in Griechenland als Feiertag begangen wird, in Erinnerung an das stolze, ablehnende Wort der griechischen Machthaber von 1940 gegenüber den Wünschen des italienischen Diktators Benito Mussolini nach Abtretung griechischen Territoriums. Bei diesem linken Nein fehlten die Kommunisten. Mit ihrem Aufruf, beim Referendum ungültig zu stimmen, hatte sich die KKE gegenüber jenen isoliert, die einfach nur zum Ausdruck bringen wollten, dass sie sich dem Brüsseler Diktat nicht beugen und die Souveränität ihres Landes verteidigen.

Ein »Sieg der Würde« – die Euphorie bei den Linken

Eine geradezu euphorische Stimmung erzeugte das Nein in der internationalen und vor allem der deutschen Linken. Per Twitter meldete sich noch am Abend der Bundesgeschäftsführer der Linkspartei, Matthias Höhn, zu Wort: »Griechenland sendet ein unüberhörbares Ja für mehr Demokratie und Gerechtigkeit in die gesamte EU. Danke Griechenland. Danke Alexis!«[221] Klaus Ernst, stellvertretender Vorsitzender der Linksfraktion im Bundestag, der zusammen mit dem Parteivorsitzenden Bernd Riexinger und Gregor Gysi zur Unterstützung von Syriza nach Athen geflogen war, erklärte: »In Griechenland siegt die Würde über die Erpressung, Mut über die Angst, Selbstbewusstsein über Demütigung.«[222] Auch Nicolás Maduro, Präsident Venezuelas, gratulierte: »Das Volk Griechenlands hat gesprochen, und die europäischen Behörden müssen das griechische Volk respektieren. Es ist ein großer Sieg über den Finanzterrorismus des IWF. Genug der kapitalistischen Ausbeutung.«[223] Für die Politikerin der Grünen Antje Vollmer war das Referendum gar die »Wiedergeburt der Demokratie«: »In diesem Sommer wurde zum zweiten Mal die Demokratie in Athen

---

221 Tom Strohschneider, »Das ist kein Spiel«, in: nd-Dossier 2015a, S. 8

222 Wir sagen an dieser Stelle einfach mal …, in: junge Welt vom 6.7.2015

223 Ebd.

geboren. Der Rest von Europa hat es nur noch nicht gemerkt, dass das Referendum in Griechenland auch ein Votum für die Rückeroberung demokratischer Entscheidungen über die Grundausrichtung europäischer Politik auch und gerade in Krisenzeiten war.«[224] Selbst die sonst so sachlich und nüchtern über die griechischen Ereignisse berichtende Tageszeitung *junge Welt* erschien am Tag nach der Abstimmung mit der Schlagzeile: »Wir sagen an dieser Stelle einfach mal…«[225]. Damit stellte sie einen Bezug zu ihrer Titelzeile »Wir sagen an dieser Stelle einfach mal Danke« vom 13. August 2011 her. Damals kommentierte die Zeitung auf diese Weise den Mauerbau 50 Jahre zuvor.

Das Referendum als Instrument eines Richtungswechsels

In dieser Begeisterung wurde übersehen, dass das Nein zwar eine Ablehnung der Positionen der Gläubiger bedeutete, aber keineswegs eine generelle Absage an die Politik der Kürzungen und des Abbaus sozialer Rechte war, denn die griechische Regierung hatte in der Kampagne nie einen Zweifel daran gelassen, dass sie gewillt sei, die Verhandlungen auf Grundlage ihres Vorschlags vom 22. Juni 2015 wieder aufzunehmen. Und die darin enthaltenen Positionen waren bereits weit von dem entfernt, was Syriza in ihrer Wahlkampagne vom Januar 2015 und danach als Regierungspartei verkündet hatte. Das Volk konnte sich daher am 5. Juli nur zwischen zwei Übeln entscheiden, und es hatte dabei das kleinere gewählt.

Bereits nach dem gescheiterten Gipfel in Riga am 24. April 2015, wurde offen darüber gesprochen, wie sich Tsipras mit Hilfe eines Referendums das Mandat sichern könnte, sowohl Wahlprogramm als auch Regierungserklärung hinter sich lassen zu können. Am 29. April 2015 schrieb die *Frankfurter Allgemeine Zeitung*: »Drei Monate nach seinem Wahlsieg scheint sich Griechenlands Ministerpräsident, dessen phantastischer Höhenflug in den Umfragen den Zenit überschritten hat, auf eine Notlandung in der harten Realität vorzubereiten. So

---

224 Antje Vollmer, Wiedergeburt der Demokratie – mit dem griechischen Referendum, in: FaktenCheck: Hellas, Nummer 4, Juli 2015, S. 3

225 Wir sagen an dieser Stelle einfach mal…, a.a.O.

wurde zumindest seine Ankündigung aufgefasst, unter bestimmten Umständen eine Volksbefragung abhalten zu wollen. (…) Zu einem Referendum, so der Ministerpräsident, werde es nur dann kommen, wenn die zu treffende Vereinbarung (über die künftige Finanzierung Griechenlands) die ›roten Linien‹ missachte, die das griechische Volk bei der Parlamentswahl am 25. Januar gezogen habe. (…) Gestärkt durch eine erfolgreiche Volksabstimmung, könnte Tsipras sich nach dem unausweichlichen Bruch eines großen Teils seiner Wahlversprechen besser für den Kampf gegen die wachsende Unzufriedenheit in den eigenen Reihen wappnen.«[226] Und in einem Kommentar der *FAZ* hieß es dazu: »Im Innern ist Tsipras' Spielraum unverändert klein. Seine unrealistischen Wahlversprechen, die ›roten Linien‹ der Regierung, fesseln ihn weiter. Einen Ausweg soll ihm die Drohung mit einem Referendum verschaffen. Denn mit jedem Zugeständnis müsste er ein Wahlversprechen brechen. Ein Referendum würde weitere wertvolle Zeit verschlingen, aber den Kurswechsel legitimieren, ohne dass dafür Neuwahlen abgehalten werden müssten.«[227] Selbst Bundesfinanzminister Wolfgang Schäuble äußerte sich positiv über die Idee eines Referendums: »Es wäre vielleicht sogar eine richtige Maßnahme, das griechische Volk entscheiden zu lassen, ob es das, was notwendig ist, bereit ist zu akzeptieren, oder ob es das andere möchte‹, sagte Schäuble am Rande eines Treffens der Euro-Finanzminister zu Griechenland in Brüssel.«[228] Ganz ähnlich waren auch die Pläne von Giorgos Papandreou im November 2011 gewesen. Auch er wollte sich die von ihm verfolgte Austeritätspolitik, die im krassen Gegensatz zu den Positionen stand, auf deren Grundlage er im Herbst 2009 gewählt worden war, in einem Referendum bestätigen lassen. Er scheiterte aber damals am Widerstand der Gläubiger und an der eigenen Partei. Tsipras war dagegen mit dieser Strategie jetzt erfolgreich.

---

226 Tsipras in höchster Not. Eine Volksabstimmung und ihre Tücken, in: FAZ vom 29.4.2015

227 Gefesselter Tsipras, in: FAZ vom 30.4.2015

228 Finanzminister ist offen für ein Referendum über Reformpolitik – Eurogruppe spielt Negativszenarien durch, in: FAZ vom 12.5.2015

Ein Rücktritt aus Loyalität?

Noch während das Nein auf den Straßen gefeiert wurde, kam die überraschende Nachricht, dass Finanzminister Gianis Varoufakis, der nach Alexis Tsipras wichtigste Politiker der Regierung, zurückgetreten war. Für viele in Griechenland und außerhalb war das ein Schock, war er doch *das* Gesicht des griechischen Aufbruchs gewesen. In nur wenigen Monaten war er durch sein unkonventionelles Auftreten, seine intellektuelle Schärfe und durch seinen vor dem Thron der Herrschenden gezeigten Mut bekannt und fast schon zu einer Kultfigur der Linken geworden. Warum also sollte er plötzlich nicht mehr dazugehören dürfen?

Varoufakis' Rücktritt war ein Versöhnungsangebot Athens an die Gläubiger. Es heißt, er sei nicht freiwillig aus dem Amt geschieden. Auf seinem Blog schrieb er über seine Beweggründe mit Sarkasmus: »Bald nach der Bekanntgabe der Ergebnisse des Referendums bin ich auf eine gewisse Präferenz einiger Eurogruppen-Teilnehmer und verschiedener Partner für meine Abwesenheit von den Meetings hingewiesen worden. Eine Idee, die der Ministerpräsident als möglicherweise hilfreich auf dem Weg zu einer Einigung bewertete. Aus diesem Grund verlasse ich das Finanzministerium heute.«[229] Damit war klar, dass kein anderer als Ministerpräsident Tsipras ihm den Stuhl vor die Tür gesetzt hatte. Erst später wurde die erzwungene Demission zu einer freiwilligen uminterpretiert: »Varoufakis demonstrierte aber Loyalität. Er halte es für seine Pflicht, so zu handeln, dass Tsipras das politische Kapital des Neins beim Referendum optimal nutzen kann.«[230] Es war Varoufakis gewesen, der erklärt hatte, er würde sich lieber den Arm abtrennen lassen, als eine Vereinbarung zu unterschreiben, in der kein Schuldenschnitt enthalten sei. Sein Arm konnte nun dranbleiben.

---

229 Gianis Varoufakis' Rücktritt im Wortlaut: »Ich werde die Abscheu mit Stolz hinnehmen«, Spiegel Online vom 6.7.2015; www.spiegel.de/politik/ausland/yanis-varoufakis-die-ruecktrittserklaerung-im-wortlauf-a-1042246.html

230 Tom Strohschneider, a. a. O., S. 9

»Damit anfangen, eine Vereinbarung zu suchen« –
Die Reaktion der Gläubiger

In den Hauptstädten der Euroländer zeigte man sich zwar alles andere als amused über das Ergebnis, doch in Panik brach hier niemand aus. Vielmehr wurde das seit Jahren praktizierte europäische Krisenmanagement umgehend wieder aufgenommen. Bundeskanzlerin Merkel und Frankreichs Staatspräsident François Hollande vereinbarten bereits am Abend des 5. Juli einen Sondergipfel der Euroländer für den folgenden Dienstag. Auch mit Alexis Tsipras sprach man wieder. Hollande telefonierte gleich nach Bekanntgabe des Ergebnisses mit ihm und zwar noch vor seinem Gespräch mit Merkel. Später dementierte Paris zwar diese zeitliche Abfolge, doch es war ganz offensichtlich, dass der französische Präsident in dieser Situation die Initiative ergriffen hatte. An seiner Seite hatte er dabei die italienische Regierung. Nach Italiens Außenminister Paolo Gentiloni war es »jetzt richtig, wieder damit anzufangen, eine Vereinbarung zu suchen«[231]. Bereits am Montag, dem 6. Juli, trafen sich Merkel und Hollande in Paris, um ihr Vorgehen abzustimmen.

SPD-Chef Sigmar Gabriel hatte hingegen die Zeichen der Zeit nicht verstanden. Noch einmal geißelte er die griechische Regierung: »Tsipras und seine Regierung führen das griechische Volk auf einen Weg von bitterem Verzicht und Hoffnungslosigkeit«[232] Auch für die CSU war der Abstimmungskampf noch nicht zu Ende: »Wir müssen jetzt besonnen reagieren, aber klar ist: die linken Erpresser und Volksbelüger wie Tsipras können mit ihrer schmutzigen Tour nicht durchkommen«, teilte CSU-Generalsekretär Andreas Scheuer (…) mit.«[233] Doch solche Stimmen zählten nicht. Die Entscheider in Berlin, Paris und Brüssel wussten, dass jetzt, nach dem Kräftemessen, die Chance auf eine Einigung so groß wie nie zuvor war.

---

231 Tsipras verspricht und fordert, in: n-tv vom 5.7.2015; www.n-tv.de/politik/Tsipras-verspricht-und-fordert-article15448376.html

232 Sigmar Gabriel, »Tsipras hat die letzten Brücken eingerissen«, in: Der Tagesspiegel vom 5.7.2015; www.tagesspiegel.de/politik/griechenland-nach-dem-referendum-sigmar-gabriel-tsipras-hat-die-letzten-bruecken-eingerissen/12014360.html

233 Griechen stimmen mit Nein, in: FAZ vom 6.7.2015

Ein neues Angebot aus Athen

Um sofortige Gespräche suchte vor allen anderen aber der griechische Ministerpräsident nach, hatte er doch seinen Landsleuten versprochen, ein mehrheitliches Nein werde seine Verhandlungsposition stärken. Der eben ernannte neue Finanzminister Euklid Tsakalotos legte sogleich ein neues Angebot für ein »Reformpaket« vor, das ganz dem gerade eben vom Volk zurückgewiesenen glich. Die Regierung kündigte an, noch am Sonntagabend würden »die Initiativen intensiviert, um eine Einigung zu erreichen«[234]. Es müsse »eine Lösung binnen 48 Stunden geben«[235], sagte ihr Sprecher im Fernsehen. Ministerpräsident Tsipras werde sich »sehr schnell bewegen, um den Auftrag des Volkes in die Tat umzusetzen. Ab heute starten wir Verhandlungen«[236]. Gemeldet wurde, dass Tsakalotos bei der Ausarbeitung des griechischen Vorschlags französische Beamte zur Hand gegangen seien: »Die Zeitung ›Kathimerini‹ will erfahren haben, dass das Verhandlungsteam des neuen Finanzministers Euklid Tsakalotos bei der Ausarbeitung der Vorschläge von französischen Beamten und Fachleuten der EU-Kommission unterstützt wird. So solle sichergestellt werden, dass die Athener Vorschläge solide aussehen und nicht wieder ein Irrläufer werden, den die Gläubiger sofort als nicht belastbar ablehnen.«[237] Die griechische Notenbank verkündete indessen, dass sie noch am Sonntagabend einen Antrag bei der Europäischen Zentralbank stellen werde, damit diese das Volumen der Notkredite für die angeschlagenen griechischen Banken anhebe.

Der Referendumserfolg ließ Tsipras jetzt auch eine innenpolitische Initiative sinnvoll erscheinen. Er lud zur Zusammenkunft aller Parteiführer, mit Ausnahme der von KKE und Goldener Morgenröte, ein,

---

234 Athen kündigt neue Initiativen für Verhandlungen an, in: Zeit Online vom 5.7.2015; www.zeit.de/news/2015-07/05/griechenland-athen-kuendigt-neue-initiative-fuer-einigung-mit-geldgebern-an-05193007

235 Ebd.

236 Griechischer Regierungssprecher: Ab heute starten wir Verhandlungen, in: Onvista.de; www.onvista.de/news/griechischer-regierungssprecher-ab-heute-starten-wir-verhandlungen-7877203

237 Eiliges Paketschnüren, in: FAZ vom 10.7.2015

um sie auf ein geschlossenes griechisches Vorgehen bei den anstehenden Verhandlungen einzuschwören. Antonio Samaras war da aber schon nicht mehr dabei: »Der Vorgänger von Tsipras (...), der für eine Zustimmung zu den Sparvorgaben geworben hatte, trat am Sonntagabend als Vorsitzender der Partei Nea Dimokratia zurück. Er verstehe, dass seine Partei ›einen Neuanfang braucht‹, sagte Samaras im griechischen Fernsehen.«[238] Er zog damit die Konsequenz aus der Niederlage im Referendum, die vor allem eine Niederlage der stärksten Oppositionspartei, der ND, war. Auch schon nicht mehr beim Treffen dabei war Evangelos Venizelos von der zweiten Verliererpartei, der Pasok. Er war bereits Anfang Juni 2015 zurückgetreten.

Der Druck wird nochmals erhöht

Aus Paris kam neben Hilfestellung bei der Formulierung des griechischen Antrags aber auch massiver Druck: »Die EZB müsse ihre Nothilfen für Griechenlands Banken einstellen, falls es keine Aussicht mehr auf eine politische Einigung für ein Hilfsprogramm gebe, sagte Frankreichs Notenbankchef Christian Noyer im französischen Radiosender Europe 1. ›Dann sind wir aufgrund unserer Regeln zu einem kompletten Stopp gezwungen.‹ (...) Eine Einigung bis Sonntag sei ›absolut‹ notwendig. Noyers Interview am Tag nach den harten Ansagen der EU-Spitzenpolitiker vom Dienstagabend galt in Zentralbankkreisen als Indiz dafür, dass der EZB-Rat sich auf die finale Entscheidung spätestens am Sonntag vorbereitet. ›Wenn die Griechen jetzt alles richtig machen, dann gibt es noch eine Chance, aber wenn sie irgendeinen Fehler machen, dann ist Schluss‹, hieß es.«[239]

Beim Gipfeltreffen am 7. Juli 2015 hatten die »Staats- und Regierungschefs der übrigen 18 Eurostaaten Griechenland eine Frist bis zum kommenden Sonntag gestellt. EU-Ratspräsident Donald Tusk und Kommissionspräsident Jean-Claude Juncker stellten nach Abschluss der Beratungen klar, dass ohne Klarheit über weitere Verhandlungen ein Ausscheiden des Landes aus dem Euroraum drohe. ›Wir

---

238 Griechen stimmen mit Nein, in: FAZ vom 6.7.2015
239 Zentralbanker richten sich auf Grexit ein, in: FAZ vom 9.7.2015

haben ein Grexit-Szenario im Detail vorbereitet‹, sagte Juncker, der sich bisher nachdrücklich für den Verbleib Griechenlands im Euroraum ausgesprochen hatte.«[240]

Griechenlands neuer Finanzminister Tsakalotos hatte verstanden. Zusammen mit dem offiziellen Antrag auf ein neues, auf drei Jahre angelegtes Hilfsprogramm des Euro-Krisenfonds ESM kündigte er am 8. Juli in einem Brief ein detailliertes Reformpaket an. Darin versprach er, dass die Regierung bereits »bis kommende Woche eine Reihe von Reformschritten in der Steuer- und Rentenpolitik ins Werk setzen werde. Er begründet den Antrag damit, dass Griechenland ›seinen Schuldenverpflichtungen nachkommen und die Stabilität des Finanzsystems gewährleisten‹ müsse.«[241] Der Antrag wurde am Abend des 9. Juli auf den Weg nach Brüssel gebracht: »Neue Vorschläge, die den alten Bedingungen der Gläubiger weitgehend gleichen. Dazu gehören Kürzungen bei den Renten, diverse Steuererhöhungen sowie Privatisierungen.«[242] Erst *nach* Stellung des Antrags darf sich am Abend des 10. Juli 2015 das Parlament in Athen mit ihm befassen. Nach erregter Debatte findet nach Mitternacht die Abstimmung darüber statt: 251 Abgeordnete votieren mit Ja, 32 mit Nein, acht enthalten sich. Damit erhält Tsipras zwar eine übergroße Mehrheit, aber nur dank der Abgeordneten der rechten Opposition, der ND, Pasok und der Partei Der Fluss. Eine eigene Mehrheit hatte die Koalition von Syriza und Anel nicht. Neben den Abgeordneten der KKE und der Goldenen Morgenröte hatten erstmals auch Parlamentarier von Syriza mit Nein gestimmt bzw. hatten sich enthalten.

»Lesen und weinen« – die Erklärung des Eurogipfels vom 12. Juli 2015

Grundlage der neuen Verhandlungen auf dem Eurogipfel zwischen den Gläubigern und der griechischen Regierung war nicht länger das alte, zweite Hilfspaket aus 2012, denn das war Ende Juni 2015 endgül-

---

240 Griechenland beantragt drittes Hilfsprogramm, in: FAZ vom 8.7.2015

241 Letzte Frist vor dem Grexit, in: FAZ vom 9.7.2015

242 Tom Strohschneider, »Das ist kein Spiel«, a. a. O., S. 10

tig ausgelaufen. Jetzt ging es um ein neues, drittes Paket. Damit bekamen aber die Gläubiger zugleich die Chance, sehr viel weitergehende
Forderungen zu erheben: »Merkel sagte, da es jetzt um ein ganz neues
ESM-Programm gehe, müsse das griechische Reformpaket erheblich
weiter gehen als die Vorschläge der Gläubiger-Institutionen, die vor
zwei Wochen in den Verhandlungen über das jetzt abgelaufene zweite
Programm auf dem Tisch lagen. Tsipras hatte dem griechischen Volk
erfolgreich empfohlen, diese Vorschläge im Referendum abzulehnen.
Auf alle Fälle vertagt würde die griechische Forderung nach einem
Schuldennachlass. Merkel sagte, ein klassischer Schuldenschnitt kom-
me auf keinen Fall infrage, weil er gegen das No-Bail-out-Verbot der
EU-Verträge verstoße.«[243]

Der am 9. Juli 2015 den Gläubigern übersandte griechische Antrag
für ein neues Hilfspaket reichte diesen aber bei weitem nicht. Unter
Führung der deutschen Bundesregierung wurde auf dem Eurogipfel
am 12. Juli 2015 noch einmal deutlich draufgesattelt. Die am frühen
Morgen des folgenden Tages nach 16-stündigen Verhandlungen beschlossene »Erklärung des Eurogipfels vom 12. Juli« sollte schließlich
den Endpunkt setzen unter die seit fünf Monaten geführte Auseinandersetzung zwischen der griechischen Regierung und den Gläubigern.

»Lesen und weinen«, schrieb Gianis Varoufakis zu dieser Erklärung in seinem Blog, und dass sie »als die Bedingungen der Kapitulation Griechenlands in die Geschichte eingehen wird«[244]. In der
neuen Erklärung wurden alle Voraussetzungen genannt, unter denen
Griechenland weitere Finanzmittel gewährt werden sollten. Auf
dieser Grundlage sollte das neue Memorandum entstehen, das am
19. August 2015 von den Gläubigern und der griechischen Regierung
unterzeichnet wurde.

Zwar wurden in der Erklärung Griechenland weitere Finanzmittel

---

243 Letzte Frist vor dem Grexit, a. a. O.

244 Erklärung des Eurogipfels Brüssel vom 12. Juli 2015, in: nd-Dossier, 2015a,
S. 19 ff. Varoufakis hat sie in seinem Blog kommentiert. Im nd-Dossier wurden seine Kommentare in den Text der Erklärung an den entsprechenden
Stellen eingefügt. Die folgenden Zitate beziehen sich auf den Text und auf
die Kommentierung.

in Höhe von 82 bis 86 Milliarden Euro für die nächsten drei Jahre in Aussicht gestellt

Als Vorbedingung für die Aufnahme von Verhandlungen über ein neues Memorandum wurde der griechischen Regierung auferlegt, bis zum 15. Juli 2015 – also innerhalb von nur drei Tagen nach dem Euro-gipfel – umfangreiche Rechtsvorschriften zu erlassen. Verlangt wur-den die »Straffung des Mehrwertsteuersystems und die Ausweitung der Steuerbemessungsgrundlagen«. Dazu der Kommentar von Gianis Varoufakis: »(…) was bedeutet, dass Personen mit zunehmenden Ein-kommen einen geringeren prozentualen Anteil ihres Einkommens als Steuer bezahlen«. Gefordert wurden »sofortige Maßnahmen zur Ver-besserung der langfristigen Tragfähigkeit des Rentensystems als Teil eines umfassenden Programms zur Rentenreform.« Hierzu Varoufa-kis: »d. h., die niedrigsten der niedrigen Renten weiter zu senken (…)«. Schließlich wurde die »vollständige Umsetzung der Bestimmungen des Fiskalpakts«[245] verlangt, so dass »bei Abweichungen von ehrgei-zigen Primärüberschusszielen (…) quasi-automatische Ausgabenkür-zungen eingeführt werden«. Der Kommentar von Varoufakis dazu: »Die griechische Regierung, die weiß, dass die Haushaltsziele wegen der auferlegten Austerität niemals erreicht werden, muss sich schon jetzt zu neuen, automatischen Kürzungsmaßnahmen verpflichten«.

Bis zum 22. Juli 2015 hatte Athen darüber hinaus »eine grund-legende Revision der Verfahren und Regelungen für das Zivilrechts-system« vorzunehmen. Dahinter verbargen sich Erleichterungen von Zwangsvollstreckungen und Zwangsräumungen bei säumiger Kredit-rückzahlung an die Banken. Dazu Varoufakis: »d. h., (…) Zerstörung tausender Haushalte und Geschäfte, die nicht in der Lage sind, ihre Kredite abzuzahlen«.

---

245 Nach dem »Vertrag über Stabilität, Koordinierung und Steuerung in der Wirtschafts- und Währungsunion« (Europäischer Fiskalpakt) werden Euro-länder und eingeschränkt auch die übrigen EU-Länder, die gegen die Vor-gaben des Stabilitäts- und Wachstumspaktes verstoßen, mit automatisch wirkenden Sanktionen belegt. Der Fiskalpakt wurde am 2. März 2012 von allen EU-Ländern, mit Ausnahme von Großbritannien und der Tschechi-schen Republik, ratifiziert.

Ohne Zeitvorgaben für ihre Umsetzung wurde eine ganze Reihe weiterer »Reformmaßnahmen« festgeschrieben, die von der griechischen Regierung zu implementieren sind. Dazu gehören weitreichende Eingriffe in das wirtschaftliche Ordnungsrecht des Landes, umschrieben mit dem euphemistischen Begriff »ehrgeiziger Produktmarktreformen«: Die Regierung musste sich verpflichten, »verkaufsoffene Sonntage« und »Schlussverkaufsperioden« zuzulassen. »Makroökonomische geschlossene Berufe (z. B. Fährbetrieb)« sind zu öffnen. Die »Privatisierung des Stromübertragungsnetzbetreibers« wurde zugesichert. »Auf den Arbeitsmärkten« findet »eine tiefgreifende Überprüfung und Modernisierung des Verfahrens für Tarifverhandlungen (Kommentar von Varoufakis: ›Sicherstellen, dass keine Tarifverhandlungen erlaubt sind‹) und Arbeitskampfmaßnahmen« (Kommentar Varoufakis: ›d. h. sie müssen verboten werden‹) statt. Möglich gemacht wurden »Massenentlassungen nach dem mit den Institutionen vereinbarten Zeitplan und Ansatz. Kommentar von Varoufakis dazu: »d. h., die Troika entscheidet«.

Neue Wege werden mit der Erklärung bei der seit 2010 verlangten Privatisierung staatlichen Eigentums beschritten. Die Gläubiger nehmen jetzt die Sache selbst in die Hand. Beschlossen wurde der »Transfer von hohen griechischen (staatlichen; A. W.) Vermögenswerten an einen unabhängigen Fonds, der die Vermögenswerte durch Privatisierungen und andere Wege monetarisiert. (…)« Der Fonds »soll einen angestrebten Gesamtwert in Höhe von 50 Milliarden Euro erzielen, wovon 25 Milliarden Euro für die Rückzahlung der Rekapitalisierung von Banken und anderen Vermögenswerten verwendet werden und 50 Prozent jedes verbleibenden Euro (d.h. 50 Prozent von 25 Milliarden Euro) für die Verringerung der Schuldenquote und die übrigen 50 Prozent für Investitionen genutzt werden«. Kommentar von Varoufakis dazu: »d. h., öffentliches Eigentum wird ausverkauft und die jämmerlichen Einnahmen werden dafür eingesetzt, nicht ausgleichbare Schulden auszugleichen – überhaupt nichts bleibt dabei für öffentliche oder private Investitionen über.« Zum Sitz des Fonds heißt es: »Dieser Fonds würde in Griechenland eingerichtet und von den griechischen Behörden unter Aufsicht der maßgeblichen europäischen Organe und

Einrichtungen verwaltet werden.« Dazu Varoufakis: »Er wird zwar offiziell in Griechenland seinen Sitz haben, genau wie der HFSF oder die Griechische Zentralbank, aber vollständig von den Kreditgebern kontrolliert werden.«

Mit der Erklärung kehrte auch die Troika, jetzt unter der Bezeichnung »Institutionen«, zurück nach Athen. Festgelegt wurde hierzu die »vollständige Normalisierung der Verfahren zur Arbeit mit den Institutionen einschließlich der erforderlichen Arbeiten vor Ort in Athen (...)«. Aber nicht nur das: »Die Regierung muss die Institutionen zu sämtlichen Gesetzesentwürfen in relevanten Bereichen mit angemessenem Vorlauf konsultieren und sich mit ihnen abstimmen, ehe eine öffentliche Konsultation durchgeführt oder das Parlament befasst wird.« Der Kommentar von Varoufakis dazu: »Das griechische Parlament wird erneut, nachdem es für fünf Monate kurz unabhängig war, zu einem Anhängsel der Troika.«

Die Erklärung belässt es aber nicht nur bei der detaillierten Festlegung der von der Regierung durchzuführenden Maßnahmen, in ihr wird darüber hinaus verlangt, bereits beschlossene Gesetze zu überprüfen und ggf. zurückzunehmen: »Die griechische Regierung wird mit Ausnahme des Gesetzes über die humanitäre Krise die Rechtsvorschriften überprüfen, um die Rechtsvorschriften zu ändern, die im Widerspruch zu der Vereinbarung vom 20. Februar 2015 eingeführt wurden und Rückschritte gegenüber früheren Programmauflagen darstellen, oder sie wird klare Ausgleichsäquivalente für die erworbenen Rechte ermitteln, die im Nachhinein geschaffen wurden.« Dazu Varoufakis: »d. h., zusätzlich zu der Aussicht, nicht länger gesetzgeberisch unabhängig zu sein, muss die Regierung rückwirkend alle Gesetze annullieren, die sie während der vergangenen fünf Monate verabschiedet hat.«

Zur Schuldenfrage wird ausdrücklich festgehalten: »Der Eurogipfel betont, dass ein nominaler Schuldenschnitt nicht durchgeführt werden kann. Die griechische Regierung erneuert ihre unabänderliche Zusage, dass sie allen ihren finanziellen Verpflichtungen gegenüber allen ihren Gläubigern vollständig und rechtzeitig nachkommt.« Die Eurogruppe erklärte sich lediglich bereit, einen »längeren Tilgungsaufschub und mögliche längere Zurückzahlungsfirsten zu erwägen«.

Am Schluss der Erklärung wird versprochen, auch etwas für das Wirtschaftswachstum in Griechenland zu tun: »Zur Unterstützung von Wachstum und die Schaffung von Arbeitsplätzen (...) wird die Kommission eng mit der griechischen Regierung zusammenarbeiten, um bis zu 35 Milliarden Euro (im Rahmen der verschiedenen Programme der EU) zur Finanzierung von Investitionen und der Wirtschaftstätigkeit, einschließlich von KMU (Klein- und mittelständische Unternehmen, A.W.) zu mobilisieren.« Hierzu der Kommentar von Varoufakis: »d.h., es geht um dieselben Strukturfonds plus etwas Fantasiegeld, die auch schon 2010 bis 2014 zur Verfügung standen.« Auch die Frankfurter Allgemeine merkte dazu an: »Neues Geld ist das nicht.«[246]

»Das bestmögliche Ergebnis«

Während Gianis Varoufakis und andere[247] die Erklärung des Eurogipfels als Kapitulation der griechischen Regierung bezeichneten, stellte sie für Alexis Tsipras das »bestmögliche Ergebnis«[248] dar. In einem vertraulichen Papier aus dem Büro von Alexis Tsipras hieß es: »Die am Montag (13. Juli 2015, A.W.) in Brüssel erzielte Einigung ist für die Regierung und das griechische Volk sehr schwierig, aber angesichts des extremen Drucks vonseiten Deutschlands und der Mitgliedstaaten, die die Position Deutschlands unterstützten, haben wir das bestmögliche Ergebnis erreicht.«[249] Auch in der Einzelbewertung der Vereinbarung kam die Regierung zu völlig anderen Schlussfolgerungen als Gianis Varoufakis.

---

246 Ein Brüsseler Kompromiss mit deutscher Handschrift, in: FAZ vom 14.7.2015

247 Auch Giorgos Chondros spricht von einer Kapitulation, wenn er sagt: »Eine bessere Vorbereitung hätte meiner Meinung nach die Kapitulation zwar nicht verhindert, sicher aber das Ansehen der Linken gerettet.« Vgl. Chondros, 2015, S. 184

248 »Das bestmögliche Ergebnis«. Vertrauliches Papier aus dem Büro des griechischen Premierministers Alexis Tsipras zur Vereinbarung des Brüsseler Eurogipfels, in: nd-Dossier, 2015a, S. 13 ff.

249 Ebd.

So wurde zum Beispiel die vereinbarte Übertragung der griechischen Vermögensgegenstände an einen Sonderfonds unter Kontrolle der Gläubiger nicht als das dargestellt, was sie ist, nämlich die Enteignung der Vermögenswerte des Landes. Stattdessen wurde herausgestellt, dass es gelungen sei zu verhindern, dass dieser Sonderfonds nicht seinen Sitz in Luxemburg haben wird, »worauf der Bundesfinanzminister beharrt hatte«[250]. Dies war ohne Zweifel ein Erfolg. Er war aber zugleich nur eine Marginalie angesichts der umfassenden Niederlage in der Sache. Was die Verwendung der Verkaufsgewinne angeht, so stellte es die griechische Regierung so dar, dass umstandslos »12,5 Milliarden Euro (25 Prozent der Vermögensgegenstände des Fonds) (…) für die Finanzierung öffentlicher Investitionen verwendet (werden), wodurch die wirtschaftliche Aktivität erhöht und die Infrastruktur gestärkt sowie Arbeitsplätze geschaffen werden, so dass dies (…) ein wichtiges Entwicklungselement darstellt.«[251] Verschwiegen wurde aber, dass in der Erklärung des Eurogipfels eine klare Reihenfolge festgelegt wurde, was die Verwendung der Veräußerungserlöse betrifft. Danach sollen, wie Varoufakis kritisiert hatte, lediglich die letzten 25 Prozent in dem von der Regierung behaupteten Sinn verwendet werden dürfen.

Der von den Gläubigern als »zusätzliche Maßnahme« in Erwägung gezogene »mögliche längere Tilgungsaufschub und mögliche längere Zurückzahlungsmöglichkeiten«[252] wurden wie folgt uminterpretiert: »Es ist uns gelungen in diesem schwierigen Kampf eine Perspektive für eine Umschuldung bzw. die Umstrukturierung der griechischen Schulden (…) und eine bestimmte mittelfristige Finanzierung zu gewinnen.«[253] Verschwiegen wurde, dass der von Syriza bis dahin immer geforderte Schuldenschnitt vom Tisch war.

Auch die Vereinbarung über die Renten wurde verteidigt: »Es ist nicht unser Ziel, die Renten zu kürzen. Aber um den Zusammenbruch

---

250 Ebd., S. 14

251 Ebd., S. 15

252 Erklärung des Eurogipfels vom 12. Juli 2015, a.a.O., S. 23

253 »Das bestmögliche Ergebnis«, a.a.O., S. 14

des Systems abzuwenden und angesichts des demografischen Problems im Land werden die Kürzungen sozial gerecht gestaltet, und die Schulden werden nicht mehr von der älteren auf die jüngere Generation übertragen.«[254] Besonders bemerkenswert an dieser Bewertung ist die hier gewählte Sprache: Vom »demografischen Problem« und »sozial gerechten Kürzungen« sowie der Schonung der jüngeren Generation sprechen auch die Neoliberalen regelmäßig, wenn es darum geht, Rentenkürzungen zu rechtfertigen.

Noch deutlicher war die Übernahme der Sprache der Herrschenden in der folgenden Passage: »Die Öffnung geschützter Berufe, an die sich bisher keine Regierung gewagt hat, sorgt dafür, dass einzelne gesellschaftliche Gruppen die Last nicht mehr der übrigen Bevölkerung aufbürden können. Geschützte Berufe tragen zu höheren Preisen bei und stehen der Entwicklung entgegen, da sie neue Investitionen verhindern.«[255] Die Beamten der Europäischen Kommission oder des Internationalen Währungsfonds hätten es nicht besser formulieren können.

Rauswurf aus der Eurozone – eine ernste Drohung?

Mit der Vereinbarung des Brüsseler Eurogipfels habe die griechische Regierung nicht nur das »bestmögliche Ergebnis« erzielt, nach ihrem Verständnis ist es ihr sogar gelungen, den Grexit zu verhindern: »Die einzige Alternative, die es gab, war das Ausscheiden Griechenlands aus der Eurozone; dies war das Ziel der neoliberalen Hardliner in Europa. Wir haben dieses Ansinnen sowie das Ziel bestimmter Kreise, unsere Regierung zu Fall zu bringen, vereiteln können.«[256] Folgt man dieser Darstellung, so konnte die griechische Regierung nur zwischen diesen zwei Übeln wählen, und mit ihrer Unterschrift unter die Erklärung des Eurogipfels hatte sie sich für das geringere entschieden. Doch stand überhaupt der Ausschluss Griechenlands aus der Eurozone zur Debatte? Daran muss gezweifelt werden.

---

254 Ebd.

255 Ebd., S. 15

256 Ebd., S. 13

Das mögliche Ausscheiden war zwar seit Beginn der Krise um das Land im Jahr 2010 immer mal wieder ins Spiel gebracht worden. Vor allem in den Wochen vor den Wahlen am 25. Januar 2015 gab es, wie dargestellt, solche Überlegungen. Eine ganz andere Frage ist aber, ob dies für die Eurostaaten bei den Verhandlungen auf dem Eurogipfel am 12. Juli auch eine echte Option war. Dagegen spricht, dass auch die deutsche Bundesregierung, zumindest bei den Verhandlungen auf der Ebene der Staats- und Regierungschefs, ein Ausscheiden Griechenlands nicht wollte. Es wurde bereits darauf hingewiesen, dass der dadurch entstehende finanzielle und politische Schaden für die Regierung Merkel beträchtlich wäre. Die Koalition aus CDU/CSU und SPD müsste eingestehen, dass die über Jahre geleisteten umfangreichen Finanzhilfen am Ende doch verloren sind, wie es ihre Kritiker vor allem in der CDU/CSU-Bundestagsfraktion stets behaupten. Die AfD, die sich ausdrücklich aus Protest gegen die Europapolitik der großen Koalition gegründet hat, könnte einen großen Erfolg verbuchen. Für die Bundesregierung würde das Scheitern ihrer Griechenlandpolitik einen erheblichen Glaubwürdigkeitsverlust auch in der EU bedeuten. Vor allem das Ansehen von Bundeskanzlerin Merkel wäre beschädigt, hatte sie sich doch spätestens ab 2011 darauf festgelegt, Griechenland im Euro zu halten.

Nun gab es aber im unmittelbaren Vorfeld der Brüsseler Verhandlungen vom 12. Juli 2015 ein Papier aus der Gruppe der Eurofinanzminister, in dem Griechenland das Angebot eines vorübergehenden Ausscheidens aus der Eurozone gemacht wurde. Genannt wurde ein Zeitraum von fünf Jahren für einen Aufenthalt außerhalb der Zone. Treibende Kraft hinter diesem Vorschlag war Bundesfinanzminister Wolfgang Schäuble. Er griff hierzu den Vorschlag einer sogenannten »atmenden Eurozone« auf, der immer wieder von neoliberalen Ökonomen gemacht wird. Er zielt auf eine Eurozone, in die ein Staat je nach Wirtschaftslage ein- bzw. austreten kann. Vor allem Hans-Werner Sinn spricht sich für die Möglichkeit eines solch »temporären«[257] Austritts aus: »Schon um den Eindruck zu vermeiden, dass jemand aus-

---

257   Vgl. Sinn, 2014, S. 150

gestoßen wird, sollte dem betroffenen Land (...) die Rückkehroption eröffnet werden.«[258] Geht es nach ihm, so soll diese Option zugleich einen Anreiz für das ausscheidende Land darstellen, sich außerhalb der Eurozone mit Hilfe einer von Brüssel verordneten rigiden Austeritätspolitik wieder fit für einen erneuten Eintritt zu machen: »Wenn diese Option mit Reformauflagen verbunden ist, wird sie die reformunwilligen, radikalen Kräfte, die einen grundlegenden Kurswechsel in eine antidemokratische und sozialistische Richtung anstreben, im Zaum halten.«[259] Doch eine solche »atmende Eurozone« ist technisch faktisch undurchführbar, bedeutet sie doch, dass mit einem Aus- bzw. Eintritt jedes Mal das gesamte Währungssystem des betreffenden Landes komplett umgestellt werden müsste. Über die damit verbundenen Probleme schweigt denn auch Hans-Werner Sinn. Das Eurosystem ist eben nicht mehr das Europäische Währungssystem (EWS), das 1979 begründet wurde und bis zu seinem Zusammenbruch 1993 mehr oder weniger gut für eine Reduzierung der Schwankungsbreiten der europäischen Währungen sorgte. Da im EWS die nationalen Währungen aber weiter existierten, waren sowohl Ein- und Austritt eines Landes relativ einfach zu realisieren, allein Frankreich machte davon mehrfach Gebrauch.[260]

Schon aufgrund dieser unüberwindbaren technischen Probleme war der Vorschlag von Schäuble nicht allzu ernst zu nehmen. Zudem hatten sich Italien und Frankreich vehement dagegen ausgesprochen und sahen darin sogar eine Provokation. Frankreichs Präsident Hollande erklärte, ein Grexit auf Zeit sei gar nicht möglich: »Vor dem Griechenland-Sondergipfel am Sonntagabend gibt es neue Meinungsverschiedenheiten zwischen der deutschen und der französischen Regierung. Frankreichs Präsident François Hollande hat sich gegen einen Plan von Finanzminister Wolfgang Schäuble ausgesprochen, Griechenland für fünf Jahre aus dem Euro zu halten. ›Griechenland ist entweder im Euro oder draußen‹, sagte er auf dem Weg in die Sitzung.

---

258 Ebd.
259 Ebd.
260 Zur Geschichte des EWS vgl. Andreas Wehr, 2015, S. 46 ff.

Zudem gehe es nicht nur um Griechenland, sondern um die Bedeutung Europas.«[261] Der italienische Premier Matteo Renzi wurde im ›Il Messaggero‹ noch deutlicher: »Italien will keinen Austritt Griechenlands aus dem Euro, und zu Deutschland sage ich: genug ist genug.«[262]

Nach mehrstündigen Verhandlungen in der Eurogruppe stand am Ende fest: »Der umstrittene deutsche Vorschlag für das befristete Euro-Aus Athens bleibt in den Empfehlungen – allerdings nur als Option in eckigen Klammern. ›Falls keine Einigung erreicht werden konnte, sollten Griechenland rasche Verhandlungen über eine Auszeit von der Eurozone angeboten werden, mit einer möglichen Umstrukturierung der Schulden‹, heißt es ganz am Ende des Textes.«[263] Und über den Verlauf der Debatte wurde berichtet: »Die Passage sei ›am Ende als strittig hereingekommen‹, berichtet ein EU-Diplomat. Hinter Schäuble stehen Länder wie Estland, Belgien, Finnland, die Niederlande, Lettland, Slowenien und die Slowakei. Andere werten den Berliner Vorstoß als Provokation.«[264]

Im Oktober 2015 gab Bundesfinanzminister Wolfgang Schäuble in einem Interview mit der französischen Zeitung *Libération* Auskunft über die Verhandlungen der Eurogruppe am 11. Juli 2015. Danach hätten in einer Abstimmung »15 der 19 der Euro-Finanzminister hinter seinem Vorschlag eines temporären Grexit gestanden. (…) Nur seine Kollegen aus Frankreich, Italien und Zypern seien neben dem griechischen Ressortchef Euklid Tsakalotos dagegen gewesen.«[265] Doch mit der Ablehnung dieses »Angebots« durch Frankreich und Italien war es zugleich vom Tisch, denn eine so weitreichende Entscheidung wie das Hinausdrängen eines Staates aus der Eurozone, wenn auch nur vorübergehend, ist gegen Frankreich und Italien, die

---

261 Frankreich stellt sich gegen Deutschland, in: FAZ Net vom 12.7.2015; www.faz.net/aktuell/wirtschaft/eurokrise/griechenland/euro-gipfel-frankreich-stellt-sich-gegen-deutschland-13698880.html

262 Tom Strohschneider, »Das ist kein Spiel«, a. a. O., S. 11 f.

263 Ebd.

264 Ebd.

265 Schäuble: 15 Minister waren für den Grexit. Finanzminister will kein schlechter Europäer gewesen sein, in: FAZ vom 21.10.2015

beiden nach Deutschland wichtigsten Länder der Eurozone, nun einmal nicht durchsetzbar.

Es spricht daher viel dafür, dass das »Angebot« vor allem Bestandteil der Psychologie der Verhandlungsführung in der Eurogruppe war. Es sollten damit sowohl die griechische Regierung gefügiger gemacht werden als auch ost- und nordeuropäische Staaten, die tatsächlich ein Ausscheiden Griechenlands als Ergebnis der Verhandlungen lieber gesehen hätten, zufriedengestellt werden: »Schäubles lautes Nachdenken über die Möglichkeit, Griechenland für einige Jahre aus der Währungsunion zu entlassen, erhöhte den Druck auf die Griechen, den verschärften Bedingungen für das dritte Hilfspaket zuzustimmen. Paris und Rom wären mit weniger zufrieden gewesen, und auch andere hatten signalisiert, dass Athen unbedingt im Euro bleiben müsse. Berlin aber baute mit seiner härteren Haltung die Brücke zu den Gegnern weiterer Hilfen für Griechenland. Nur so war es möglich, in der Eurogruppe zu einem Kompromiss zu kommen, ohne den es in einer Gemeinschaft souveräner Staaten und gleichberechtigter Demokratien nicht geht.«[266]

Dieses somit aus taktischen Gründen ins Spiel gebrachte »Angebot« Schäubles wurde für viele Unterstützer der griechischen Regierung dennoch zum Beweis erhoben, dass sich Tsipras einer ausweglosen Erpressungssituation ausgesetzt sah, die ihm nur die bedingungslose Kapitulation ließ. Das Vorgehen der Eurogruppe wurde als »regelrechter finanzpolitischer Putsch«[267] bzw. als Staatsstreich gewertet: »#ThIsIsACoup – der Hashtag, der am 12. Juli 2015 zu einem der weltweit beliebtesten Twitter-Trends avancierte, sprach über Kontinente hinweg Millionen Menschen aus der Seele.«[268]

So hieß es: »Die Verhandlungen hatten unübersehbare erpresserische Züge (…).[269] Noch drastischer formulierte es Chondros: »Wir

---

266 Bedrohlich nahe, in: FAZ vom 14.7.2015

267 Mohssen Massarrat, In Athen wurde ein neues Kapitel für Europa aufgeschlagen, in: FaktenCheck: Hellas, Nummer 4, Juli 2015, S. 3

268 Margarita Tsomou, Staatsstreich, in: FaktenCheck: Hellas, Nummer 4, Juli 2015, S. 1

269 Bischoff/Radke, 2015, S. 16

können unmöglich ignorieren, dass die Partner und besonders die Deutschen sich wie knallharte Erpresser und ›ökonomische Mörder‹ gegenüber einem bankrotten und geschwächten Land verhielten.«[270] Nun kann man das Verhalten der Gläubiger tatsächlich so bewerten, bedienten sie sich doch aller ihnen zur Verfügung stehenden Machtmittel. Dazu zählte insbesondere der Stopp der Notkredite, so dass die griechische Regierung unter den Bedingungen von Kapitalverkehrskontrollen, der eingeschränkten Tätigkeit der Banken und somit einer teilweisen Lähmung des gesamten Wirtschaftslebens verhandeln musste. Doch die Einsetzung aller Machtmittel und damit auch die Erpressung gehören in zwischenstaatlichen Verhandlungen nun einmal zum Alltag. Auch die Europäische Union ist keineswegs frei davon, und es zählt zu den bleibenden Erfahrungen aus dem griechischen Frühling, wie rücksichtslos die Mächtigen in der EU mit einem kleinen und schwachen Mitgliedsland umgehen. Dies entspricht ganz und gar nicht dem Bild einer »immer engeren Union«, wie der offizielle Leitspruch der EU lautet.

Die These von dem gerade noch einmal abgewendeten »Staatsstreich«, dem Hinauswurf Griechenlands aus der Eurozone, war eine Legende. Die Gläubiger hatten immer genügend Mittel in der Hand, um Athen unter Druck setzen zu können. Sie reichten von der Dosierung der Notkredite bis zu verschärften Auflagen bei den Regional- und Strukturfondsmitteln. Einer realen Ausschlussdrohung bedurfte es daher gar nicht. Das Land wurde von Beginn der Krise an auf den von den Gläubigern vorgegebenen Weg gezwungen, mal mit mehr, mal mit weniger Druck. Die Klage über die Erpressung ist zudem ein bloß moralischer Vorwurf, und sie muss natürlich zur Frage führen, ob es Möglichkeiten gab, sich dieser Erpressungssituation zu entziehen. Eine Diskussion darüber wurde aber in Syriza nie ernsthaft geführt.

Die Niederlage resultierte aus der Illusion Syrizas, eine grundlegende Änderung der Krisenpolitik in Absprache mit den Gläubigern und unter den Bedingungen des Eurosystems durchsetzen zu können.

---

270 Chondros, 2015, S. 184

Und einen Austritt Griechenlands aus der Eurozone hatte die Syriza-Regierung stets ausgeschlossen. Sie hatte sich damit selbst die Hände gebunden. Die Kapitulation erfolgte auch keineswegs überraschend, und sie bestand auch nicht aus einem einzelnen Ereignis, sie wurde vielmehr in Teilrückzügen vorbereitet. Eine wichtige Station auf dem Weg zu ihr war die »Erklärung der Eurogruppe zu Griechenland« vom 20. Februar 2015, mit der bereits den Forderungen der Gläubiger in entscheidenden Fragen entsprochen wurde. Ein weiterer Teilrückzug war das Referendum vom 5. Juli 2015, denn das mehrheitliche Nein wurde von der griechischen Regierung zugleich als ein Ja zu den Positionen der Regierung vom 22. Juni 2015 verstanden, die als Verhandlungsangebot nach Brüssel geschickt wurden, und in denen den Gläubigern abermals Zugeständnisse gemacht wurden. Das Referendum diente somit auch der Legitimation, die ursprünglichen Forderungen von Syriza, mit denen sie zur Regierungspartei aufgestiegen war, hinter sich lassen zu können. Ein weiterer Schritt in Richtung Kapitulation war das griechische Verhandlungsangebot vom 9. Juli 2015. Es konnte in der Nacht zum 11. Juli 2015 nur noch mit Hilfe der rechten Opposition und gegen die Opposition des linken Flügels von Syriza auf den Weg gebracht werden. Dazu gehörten schließlich die Teilentmachtung von Finanzminister Gianis Varoufakis Ende April sowie sein »potentiell hilfreicher« Rücktritt am Abend des 5. Juli 2015.

X.
Putsch in der Syriza

Mit der Parlamentsabstimmung vom 10. Juli 2015 war die griechische Politik eine andere geworden. An diesem Tag konnte das Angebot der Syriza-Regierung an die Eurogruppe nur mit Hilfe der rechten Opposition auf den Weg gebracht werden. Damit wurden die Gegenstimmen und Enthaltungen von Abgeordneten der Regierungsparteien mehr als kompensiert. Alexis Tsipras hatte zum ersten Mal keine eigene Mehrheit mehr. Den Grund dafür hatte er selbst geschaffen: Den Abgeordneten war ein Paket vorgelegt worden, das noch härtere Maßnahmen enthielt als jenes der Gläubiger, das die Griechen erst wenige Tage zuvor, am 5. Juli, im Referendum abgelehnt hatten. Dies musste zu Ablehnungen und Enthaltungen auf dem linken Syriza-Flügel führen.

In normalen Zeiten bedeutet der Verlust der eigenen Mehrheit für eine Regierung den sicheren Rücktritt, da sich die Opposition in der Regel nicht für die Stützung einer Minderheitsregierung hergibt. Nicht so aber in Athen im Juli 2015. Von der Politik in Brüssel und Berlin unmissverständlich dazu aufgefordert, boten sowohl die konservative Nea Dimokratia wie auch die sozialdemokratische Pasok und die Partei Der Fluss (To Potami) Tsipras bereitwillig ihre Unterstützung an. Hätten sich diese Parteien in dieser Situation verweigert, wären auch sie bei den Gläubigern in Misskredit geraten.

Tsipras hatte unmittelbar nach dem Referendum die Gunst der Stunde genutzt. Es gelang ihm, das Nein des Volkes in eine klassenübergreifende Zustimmung zu seiner Person umzumünzen. Dabei half ihm, dass er mit dem Erfolg beim Referendum die rechte Opposition demütigen konnte. Trotz massiver Hilfe aus Brüssel und Berlin und trotz der fast einhelligen Unterstützung der griechischen Medien war sie im Referendumskampf mit ihren Warnungen vor einem drohenden Rauswurf aus der Eurozone nicht durchgedrungen. Da die kommunistische Partei dazu aufgerufen hatte, ungültig zu stimmen, war klar, dass ein gewisser Teil der 61 Prozent für das Nein aus dem bürgerlichen Lager stammen musste, hatten doch die Regierungsparteien Syriza und Anel bei den Wahlen am 25. Januar 2015 zusammen nur etwa 43 Prozent erhalten. Tsipras hatte jetzt die Chance, auf das Bürgertum und ihre politischen Vertreter zugehen zu können. Und er nutzte sie. Als er sich einen Tag nach dem Referendum mit den Parteiführern der rechten Opposition traf, konnte er ihnen aus einer Position der neu gewonnenen Stärke entgegentreten.

Mit der breiten Zustimmung für das Oxi des Referendums im Rücken konnte der Ministerpräsident aber auch den Machtkampf in der eigenen Partei wagen und gewinnen. Während am 12./13. Juli 2015 alle Welt auf Twitter über einen angeblich von Wolfgang Schäuble inszenierten Staatsstreich redete, fand in Athen tatsächlich ein Putsch in der Syriza statt. Ausdrücklich von einem »Putsch« spricht auch Michalis Spourdalakis, Professor für Politikwissenschaft an der Universität Athen, in einem Interview der Zeitschrift Luxemburg.[271]

Bei der Beratung des ersten Teils der auf dem Eurogipfel beschlossenen Auflagen im Abgeordnetenhaus am 15. Juli 2015 wiederholte sich die Situation vom 10. Juli: »Im Plenum des Parlaments kam die heftigste Kritik aus den Reihen von Syriza, einmal abgesehen von der Kommunistischen Partei und der faschistischen Goldenen Morgenröte. Demgegenüber verhielten sich die drei proeuropäischen Parteien Nea Dimokratia, Pasok und To Potami fast schon staatstragend. Damit sei es Tsipras gelungen, eine verantwortungsvolle Opposition zu schaffen, kommentierte der liberale frühere Wirtschaftsminister Stefanos Manos. Auch der Juniorpartner der rechtspopulistischen Partei Anel war für Tsipras kein Risiko. Deren Abgeordnete stimmten geschlossen

---

271 Michalis Spourdalakis: »Wir hatten eine Regierung mit einem Syriza-Kern, die angesichts des Putsches – das muss so gesagt werden – zu Konzessionen genötigt wurde«, in: »Lasst uns den Faden wieder aufnehmen«, Dezember 2015; www.zeitschrift-luxemburg.de/lasst-uns-den-faden-wieder-aufnehmen/

für die Vorlage. Durch Syriza aber zieht sich ein tiefer Riss. Wer sich in der Aussprache für die Vorlage aussprach, schloss sein Plädoyer meist mit dem Ceterum censeo, das tue man mit der Faust in der Tasche. Der entlassene Finanzminister Gianis Varoufakis rechnete jedoch mit der Regierung ab. Er bezeichnete das, was Tsipras und sein neuer Finanzminister Euklid Tsakalotos aus Brüssel mitgebracht hatten, als ›Neuauflage des Schandvertrags von Versailles‹. Also stimmte er mit Nein, ebenso wie der amtierende Energieminister Lafazanis, der Vorsitzende der ›Linken Plattform‹ in Syriza, der erstmals öffentlich die Katze aus dem Sack ließ, indem er davon sprach, es gebe doch eine Alternative zum Euro, und das sei die Drachme.«[272]

229 der 300 Abgeordneten des Parlaments votierten am Ende für die Eilvorlage der Regierung. Abermals hatten sich zahlreiche Abgeordnete der Syriza verweigert: 32 von 149 stimmten mit Nein, sechs enthielten sich, und einer blieb der Abstimmung fern. Sehr viel deutlicher noch war die Ablehnung des Ergebnisses des Eurogipfels unter den Mitgliedern des Syriza-Zentralkomitees (ZK) unmittelbar vor der Parlamentsdebatte. 109 der 210 Mitglieder votierten gegen die Vereinbarung, gleichzeitig verlangten sie eine Sondersitzung des Komitees. Unterstützt wurde die Ablehnung des ZK durch »eine Welle von Erklärungen, in denen gefordert wurde, die Vereinbarung von Brüssel zurückzuziehen«[273]. Doch Tsipras ignorierte sie wie auch alle übrigen Proteste.

Zufrieden zeigte man sich hingegen in Brüssel. Die Frankfurter Allgemeine zitierte einen Kommissionsbeamten: »Jens Bastian, ein früherer Mitarbeiter der Task Force der EU-Kommission in Athen, weist auf einen anderen Vorteil dieser Debatte hin: Faktisch habe Griechenland nun eine parlamentarische Mehrheit für eine große Koalition. Auf die könne eine Regierung der nationalen Einheit folgen.«[274] Die

---

272 In der Hitze der Nacht, in: FAZ vom 17.7.2015

273 Stathis Kouvelakis, The majority of Syriza's central committee members opposes the proposed agreement with Greece's creditors; www.jacobin-mag.com/2015/07/syriza-debt-tsipras-left-platform-kouvelakis/

274 In der Hitze der Nacht, in: FAZ vom 17.7.2015

bürgerlichen Medien hatten die Tragweite der Athener Kehrtwende
sofort begriffen. Quasi über Nacht wurde in ihren Artikeln und Kom-
mentaren aus dem eben noch als linksradikal geschmähten Tsipras ein
honoriger Staatsmann: »Die Auflagen, denen Tsipras zugestimmt hat,
sind härter, als sie es im Februar waren. Der Popularität des Ministerpräsidenten tut das keinen Abbruch. Tsipras ist das einzige politische
Kapital, das dem Land geblieben ist.«[275] Forderungen nach seinem
Sturz gab es nicht mehr. Mit seinem Ja in der Brüsseler Nachtsitzung
vom 12. auf den 13. Juli war er vielmehr zum Stabilitätsanker geworden: »Die beste Lösung für das Land wäre, gelänge es Tsipras,
die seit wenigen Tagen faktisch bestehende große Koalition in eine
›Regierung der nationalen Rettung‹ zu überführen, die bis zum Ende
der Legislaturperiode, also Anfang 2019, regiert und die zugesagten
Reformen umsetzt.«[276]

Die »Regierung an die neue Wirklichkeit anpassen« –
die Kabinettsumbildung

Der Bildung einer informellen Koalition mit den Rechtskräften folgte
umgehend eine umfassende Kabinettsumbildung. Am Freitag, dem
17. Juli, entließ Tsipras nicht weniger als zehn Mitglieder seiner Regierung, darunter waren alle vier der »Linken Plattform«, die sich gegen
das neue Hilfspaket ausgesprochen hatten. Zwei stellvertretende Minister, die stellvertretende Finanzministerin Nadia Valavani und der
stellvertretende Arbeitsminister Dimitris Stratoulis, waren schon zuvor
von sich aus gegangen. Als Gewerkschafter bei der griechischen Tele-
fongesellschaft gehörte Stratoulis zu den entschiedensten Gegnern der
Privatisierung. Ausgetauscht wurden beide gegen Verbündete des
Ministerpräsidenten. Zu den Geschassten gehörte auch der Umwelt-
und Energieminister Panagiotis Lafazanis. Er stand Tsipras im Weg,

---

275   Nur er kann Griechenland noch retten, in: FAZ Net vom 20.7.2015; www.
        faz.net/aktuell/politik/europaeische-union/kommentar-athens-langer-hu-
        erdenlauf-13710772.html

276   Griechische Stürme, in: FAZ Net vom 14.7.2015; www.faz.net/aktuell/poli-
        tik/ausland/europa/alexis-tsipras-weiterhin-griechenlands-ministerpraesi-
        dent-13700973.html

da er Privatisierungen von Staatsbetrieben grundsätzlich ablehnte. An seine Stelle trat Panos Skourletis, der bisherige Arbeitsminister. Der Richtungswechsel wurde als »Anpassung« verharmlost: »Ein enger Vertrauter Tsipras' sagte, die Kabinettsumbildung zeige, dass sich die Regierung an die neue Wirklichkeit anpasse.«[277]

Die *Frankfurter Allgemeine Zeitung* zeigte sich hoch zufrieden über die Säuberungen. Die Triumphmeldung des Blattes ist es wert, hier ausführlich zitiert zu werden: »Mit der Entlassung von Ministern des linken Parteiflügels hat Griechenlands Ministerpräsident Alexis Tsipras zumindest innerhalb der Regierung den Weg freigemacht für eine Weiterführung der bisher blockierten Privatisierungsprojekte. (...) Unbestritten ist die Rolle der nun entlassenen Minister bei der Blockade der schon laufenden Privatisierungsprojekte. Der bisherige Energie- und Umweltminister Panagiotis Lafazanis ist nicht nur bekennender Kommunist, sondern auch Chef der zweitgrößten Gruppierung innerhalb der regierenden Linkspartei. Daher nutzte Lafazanis seine Kompetenzen, um jegliche Privatisierungsvorhaben zu blockieren. Gegen den Verkauf von Immobilien und Grundstücken wie dem ehemaligen Athener Flughafen Hellinikon oder den Betrieb einer von Kanadiern erworbenen Goldmine führte Lafazanis seine Kompetenz als Umweltminister an. Am wichtigsten war es ihm aber, den geplanten Verkauf des Strommonopols zu blockieren. (...) Zu den Gegnern der Privatisierungsprojekte gehört auch der bisherige stellvertretende Arbeitsminister Dimitris Stratoulis. Der war Gewerkschafter beim griechischen Telefonmonopol und gehörte nach griechischen Medienberichten zu denen, die zur Abwendung der Privatisierung den für Kaufinteressenten vorbereiteten Datenraum mit Bilanzinformationen besetzten. Später beteiligte sich die Deutsche Telekom am ehemaligen Monopolunternehmen namens OTE.

Unbestritten ist jedoch die Rolle der nun entlassenen Minister bei der Blockade der schon laufenden Privatisierungsprojekte. (...) Nun wird in Athen berichtet, dass nach einer Einigung mit Griechenlands

---

277   Unterstützung für Syriza wächst weiter, in: FAZ vom 20.7.2015

Gläubigern der tatsächliche Abschluss des Privatisierungsprojektes beschleunigt werden könne, weil alle verkäuflichen Werte in einem Treuhandfonds unter Aufsicht der Gläubiger gebündelt werden. Zum Verkauf stehen neben Unternehmen auch viele Hotels oder Grundstücke in bester Lage für Hotelprojekte. Als Vorreiter für eine neue Welle von Interessenten wird nun der amerikanische Milliardär und Investor Warren Buffett präsentiert, der im Golf zwischen Athen und der Halbinsel Peloponnes für 15 Millionen Euro die Insel Agios Thomas gekauft hat.«[278]

Da die Abgeordneten der mit Syriza verbundenen rechtskonservativen Partei Anel geschlossen für die Annahme der »Vereinbarung« gestimmt hatten, belohnte Tsipras ihre Treue mit einem weiteren Kabinettsposten. Im Sozialministerium ersetzte der Schauspieler Pavlos Chaikalis von der Anel als für Renten zuständiger stellvertretender Minister den Syriza-Linken Dimitris Stratoulis.

Am 22. Juli 2015 wurde der zweite Teil der in Brüssel vereinbarten »Reformauflagen« von der neuen parlamentarischen Mehrheit gebilligt. Die Abgeordneten hatten über eine Gesetzesvorlage auf nicht weniger als 977 Seiten zu entscheiden. Gerade einmal 48 Stunden vorher war sie eingebracht worden. Dabei handelte es sich in erster Linie um tiefgreifende Veränderungen im griechischen Justizsystem. Banken können danach künftig leichter Eigentumswohnungen pfänden, bleibt die Zahlung der fälligen Zinsen und Tilgungsraten aus. Mit »der Übernahme der europäischen Bankenrichtlinie (…) können Sparguthaben über 100.000 Euro an der anstehenden neuen Bankenrettung beteiligt werden«[279]. Kaum ein Abgeordneter dürfte auch nur einen Überblick über die zur Abstimmung stehenden Fragen gehabt haben. So wurde das Votum zur Farce. Auf einige Beschlüsse, etwa über die Abschaffung der Frühverrentung und die Verteuerung des Agrardiesels, musste die umgebildete Syriza-Regierung allerdings verzichten, da sie sich dafür nicht einmal der Zustimmung der rechten Opposition sicher sein konnte.

---

278 Hoffnung auf Privatisierungen in Griechenland, in: FAZ vom 20.7.2015

279 Durchmarsch mit Opposition, in: junge Welt vom 24.7.2015

Verfall und Spaltung von Syriza

Die Kapitulation von Brüssel, die offene Zusammenarbeit mit der Opposition im Parlament und der Hinauswurf der innerparteilichen Kritiker aus der Regierung führten zu einer tiefen Demoralisierung in der Partei: »Mehr als 100 Mitglieder des Zentralkomitees (oder die Hälfte dieses Gremiums) darunter der Sekretär Tassos Koronakis, sind in den letzten Wochen zurückgetreten. Tausende Mitglieder haben die Partei verlassen, ganze Parteiuntergliederungen haben sich aufgelöst. Die verhängnisvollste und am meisten verbreitete Form des Austritts ist dabei der sogenannte ›Anachoritismos‹ – der Weg ins innere Exil und damit der Rückzug von jedem öffentlichen Engagement.«[280] Besonders schmerzlich war die Selbstauflösung des Jugendverbandes. Syriza ist nach dem 12. Juli 2015 eine andere Partei geworden. Sie hat ihren Charakter einer systemkritischen Kraft verloren und ist auf dem Weg, eine sozialdemokratische Partei zu werden.

Giorgos Chondros dokumentierte einen langen »Abschiedsbrief« einer Genossin, die von Anfang an dabei war. Und er fügte hinzu: »Man könnte einen ganzen Sammelband mit solchen Briefen zusammenstellen, in dem die Situation schmerzhaft zum Ausdruck käme.«[281] Er selbst schloss sich der Gruppe 53+ an, die ihren Namen von der Anzahl ihrer Mitglieder im ZK ableitet. Sie lehnte die Brüsseler Einigung ab und verlangte die sofortige Einberufung eines Parteitags. Ihre Mitglieder, zu denen auch Finanzminister Eukleidis Tsakalotos gehört, wollen aber bei Syriza bleiben und beharren auf der Möglichkeit der Rückkehr der Partei zu ihren ursprünglichen Zielen. Die Regierung unter Ministerpräsident Tsipras wird von der Gruppe 53+ weiterhin unterstützt. Der Journalist der griechischen Tageszeitung To Vina, Nikos Chilas, bezeichnete dies polemisch »als seltenen Fall hochgradiger Schizophrenie«[282].

Die wiederholten Ankündigungen und Absagen eines Partei-

280   Nikas Chilas, Die Linke auf Treibsand, in: FaktenCheck: Hellas, Nummer 5, September 2015, S. 3

281   Chondros, 2015, S. 198

282   Nikos Chilas, a. a. O., S. 3

tags wurden zu einer Farce. Bereits unmittelbar nach dem Brüsseler Eurogipfel am 12. Juli war er gefordert worden. Doch die Parteispitze stellte sich zunächst taub. Wichtiger war ihr, zunächst die Vereinbarung des Eurogipfels im Parlament billigen zu lassen. Ende Juli hieß es dann endlich: »Griechenlands Ministerpräsident Alexis Tsipras hat dem Führungsgremium seiner Linkspartei wie erwartet einen Parteitag Anfang September vorgeschlagen.«[283] Kurz darauf hatte er es sich aber wieder anders überlegt: »Tsipras hatte in den vergangenen Tagen wiederholt bekräftigt, seine erste Priorität sei es, das dritte Kreditprogramm unter Dach und Fach zu bringen. Danach wolle er die offenen Richtungsfragen in seiner Partei angehen.«[284] Aber auch daraus sollte nichts werden.

Anfang August 2015 zeichnete sich ab, dass Alexis Tsipras vorhatte, sich in Neuwahlen als Ministerpräsident bestätigen zu lassen. Begründet wurde dies mit der Gefahr, dass ihm abtrünnige linke Abgeordnete in einer Vertrauensabstimmung die Unterstützung versagen könnten. In der Parteispitze hatte man sogleich die Schuldigen dafür ausgemacht. Es hieß, der vom Sprecher der Linken Plattform gemeinsam mit Vertretern der außerparlamentarischen Linken unterzeichnete Aufruf zur Bildung einer breiten Bewegung gegen Memorandum und Austeritätspolitik sei nichts anderes als die Vorstufe zur Gründung einer neuen politischen Formation. Dies zeige die Entschlossenheit der Linken Plattform, getrennte Wege von der Regierung und Syriza einzuschlagen und das sogar noch vor dem beschlossenen außerordentlichen Parteitag im September. Mit anderen Worten: Nicht diejenigen wurden für die drohende Parteispaltung verantwortlich gemacht, die nach der Kehrtwende der Führung zentrale Inhalte der Partei aufgegeben hatten, sondern jene, die an diesen Positionen festhielten.

---

283 Vorschlag bei Sitzung des Führungszirkels der griechischen Linken: Parteitag im Herbst oder Mitgliederbefragung über Kurs gegenüber den Gläubigern, in: neues deutschland vom 31.7.2015

284 SYRIZA entscheidet auf Sonderparteitag über den Kurs, in: nd-Online vom 31.7.2015; www.neues-deutschland.de/artikel/979680.syriza-entscheidet-auf-sonderparteitag-ueber-den-kurs.html

Mit der Ankündigung von Neuwahlen zeigte Tsipras einmal mehr sein Talent als geschickter Taktiker. Sein Ziel war vor allem die Säuberung der Syriza-Parlamentsfraktion von linken Kritikern. Dafür konnte er eine Besonderheit des griechischen Wahlrechts nutzen, das den Parteivorsitzenden außerordentliche Machtmittel in die Hand gibt, wenn eine Neuwahl innerhalb eines Jahres nach dem letzten Urnengang stattfindet: »Bei den bevorstehenden Wahlen im September wird – anders als beim letzten Mal – mit dem Verhältniswahlrecht über Listen abgestimmt. Und als Parteichef darf Tsipras seine Gefolgsleute auf die aussichtsreichen Plätze setzen und die innerparteilichen Gegner übergehen.«[285]

Für die so ausgebooteten linken Kritiker wurde die Lage in der Partei aussichtslos. Ende August 2015 gaben Syriza-Abgeordnete die Gründung einer neuen Fraktion mit dem Namen Volkseinheit (Laiki Enotita) unter Führung von Panagiotis Lafazanis, dem Chef der bisherigen Linken Plattform, bekannt. Lafazanis benannte als Ziele der Gruppierung, den letzten Kreditvertrag zu annullieren, einen Schuldenschnitt durchzusetzen sowie ein geordnetes Ausscheiden aus dem Euro vorzubereiten. Der neuen Fraktion schlossen sich 25 Abgeordnete des linken Parteiflügels an. Sie war damit die drittstärkste Kraft im Parlament – nach Syriza mit jetzt nur noch 124 und der konservativen Nea Dimokratia (ND) mit 76 Abgeordneten. Varoufakis bekundete zwar seine inhaltliche Sympathie gegenüber den Zielen der Volkseinheit, lehnte es jedoch ab, Mitglied zu werden. Nach der Abspaltung und der bekundeten Absicht der Abtrünnigen, auch die Gründung einer neuen Partei vorzubereiten, hatte es Tsipras mit der Ansetzung von Neuwahlen besonders eilig, wollte er doch seinen ehemaligen Genossen möglichst wenig Zeit geben, sich zu organisieren.

Die Wahl am 20. September 2015

Mit nur knapp vier Wochen war der Wahlkampf so kurz wie der vom Januar 2015. Und auch die Ergebnisse ähnelten sich. Allerdings unterschied sich die Wahlbeteiligung deutlich von der der Vorwahl: Sie

---

285 Tsipras tritt die Flucht nach vorn an, in: FAZ vom 22.8.2015

ging um 7,05 auf den historischen Tiefstand von 56,57 Prozent zurück. Dies war mit Sicherheit Ausdruck von Enttäuschung über die
gebrochenen Wahlversprechen der Regierung. Zwar verlor Syriza in
Prozenten nur leicht, hatte sie am 25. Januar 36,34 Prozent erreicht,
so waren es jetzt 35,46 Prozent, doch deutlich war der Rückgang der
abgegebenen Stimmen. Es waren 320.000 weniger, was bedeutet,
dass Syriza jeden siebten Wähler vom 25. Januar 2015 verloren hatte. Leichte Zuwächse verbuchten hingegen die ND und die Goldene
Morgenröte. Besser schnitt auch die sozialdemokratische Pasok ab.
Doch da sie diesmal zusammen mit der Demokratischen Linken (Dimar) kandidiert hatte, ist nur schwer zu sagen, ob sie sich tatsächlich ein wenig erholen konnte. Mit einem Plus von 0,08 Prozent trat
die KKE auf der Stelle. Auch sie verlor Stimmen, sie bekam knapp
37.000 Stimmen weniger. Die Kommunistische Partei konnte daher
von der Kapitulation Syrizas und der Aufgabe von deren Wahlversprechen nicht profitieren. Ganz offensichtlich sahen die von Tsipras
enttäuschten Wähler in der KKE keine Alternative. Verluste verbuchten auch die Partei To Potami und die rechtskonservative Partei Anel,
die Koalitionspartnerin von Syriza. Ihr blieben von 13 Abgeordneten
nur noch 10.

Nicht ins Parlament kam die neue Partei Volkseinheit. Dies war
eine Überraschung, war doch in Wahlumfragen ihr Einzug als sicher
vorausgesagt worden. Ursache für das Scheitern dürfte vor allem gewesen sein, dass die Partei sich erst wenige Wochen vor den Wahlen
gegründet hatte und daher in der Öffentlichkeit kaum präsent sein
konnte. Kritik gab es aber auch an ihrer Wahlkampfführung: »Keine
zündenden Parolen gegen die neuerlichen Kürzungen von Pensionen
und Gehältern und die übrigen sozialen Grausamkeiten des Memorandums, geschweige denn die Organisierung des Widerstands gegen
sie.«[286] Dennoch hätte es wahrscheinlich für einen Einzug ins Parlament gereicht, wäre zuvor ein Wahlbündnis zwischen der Volkseinheit und der linksradikalen Antarsya zustande gekommen, die allein
kandidierend nur 0,85 Prozent erreichte. Über einen gemeinsamen

---

286 Chilas, 2015, S. 15

Wahlantritt war zuvor ergebnislos verhandelt worden. Zusammen hätten beide Parteien vermutlich die Drei-Prozent-Hürde überwinden und damit im neuen Parlament mindestens zehn Abgeordnete stellen können. Über das weitere Schicksal der Volkseinheit ist nach ihrem Fehlstart jedoch noch nicht entschieden, erreichte doch auch Syriza noch vor wenigen Jahren vergleichbar magere Ergebnisse, wie etwa 2009 mit lediglich 4,6 Prozent. Und Syrizas Vorgängerpartei Synaspismos war 1993 ebenfalls an der Drei-Prozent-Hürde gescheitert.

Syriza und Anel konnten nach der Wahl mit 155 der insgesamt 300 Parlamentssitze ihre Koalition erneuern. Auch diesmal konnte Tsipras von der undemokratischen Sonderregelung des griechischen Wahlrechts profitieren, nach dem die stärkste Partei 50 Bonusmandate erhält. Diese Regelung überdeckt die tatsächlich nur schwache Verankerung der Partei, hatten doch lediglich 20 Prozent der Wahlberechtigten am 20. September überhaupt noch für sie gestimmt. Begünstigt wurde der alte und neue Ministerpräsident zudem von der Schwäche der Oppositionsparteien. Alle drei präsentierten sich sowohl bei der Referendumskampagne als auch im Wahlkampf in einer mitleidswürdigen Verfassung: »Offenbart habe sich der Mangel an Strategie und Mut der demokratischen Opposition bereits bei der Volksabstimmung zum Euro, urteilt Nick Malkoutzis von der konservativen Zeitung ›Kathimerini‹ und Betreiber des Blogs ›Macropolis‹: ›Der Umstand, dass die drei Oppositionsparteien die Kampagne für ein ‚Ja‘ zu Europa unterstützten und zugleich aus Angst vor den Wählern nicht damit direkt identifiziert werden wollten, sagt alles, warum sie am Ende gescheitert sind.‹ Derzeit seien die griechischen Wähler bereit, Tsipras viel zu verzeihen, weil er nicht Teil des alten Establishments sei und damit nicht Sohn, Enkel oder Neffe eines bekannten Parteigranden. Die Griechen hätten diese Leute satt. Auch der Vorgänger von Tsipras als Ministerpräsident, der Konservative Antonis Samaras, habe reformwilligen Griechen keine Hoffnung gegeben, weil er seine Verbindungen mit alter Klientel nicht unterbrechen wollte.«[287]

---

287 Tsipras pokert wieder – mit guten Chancen, in: FAZ vom 28.8.2015

Waren nach der Wahl im Januar 2015 die offiziellen Glückwün-
sche aus Brüssel an Alexis Tsipras ganz und gar förmlich und kühl, so
zeigte man diesmal offen seine Zufriedenheit, es weiterhin mit einem
nun gefügigen Partner in Athen zu tun zu haben: »Juncker (...) sah
am Montag jedoch in dem Wahlergebnis Anlass zur Zuversicht. 15
Zeilen lang, in kursiver Maschinenschrift und auf Englisch gehalten,
war das Gratulationsschreiben an den »lieben Alexis« – ergänzt um
den handschriftlichen Zusatz »lieber Freund«. Darin schreibt Juncker,
er sei zuversichtlich, dass die Verwirklichung der mit den Partnern
Mitte August vereinbarten Vereinbarungen zum Hilfsprogramm vo-
rankommen werde.«[288]

Das dritte Memorandum –
Austeritätspolitik und Privatisierungen

Das nach den vorangegangenen Billigungen der »Reformauflagen«
am 19. August 2015 unterzeichnete dritte Memorandum stellte nach
dem Brüsseler Eurogipfeltreffen vom 12. Juli 2015 nur noch eine
Formsache dar, waren doch dort bereits alle entscheidenden Fragen
zuvor geklärt worden. Im Austausch zu den weitreichenden Zugeständnissen der griechischen Regierung sagten die Gläubiger bis zu
86 Milliarden Euro für die kommenden drei Jahre zu. Das Memorandum war gewissermaßen die Kapitulationsurkunde der Schuldner,
verpflichtete sich Athen doch darin ausdrücklich, »alle zur Verwirklichung der Ziele des Memorandums erforderlichen Maßnahmen mit
der Europäischen Kommission, der Europäischen Zentralbank und
dem Internationalen Währungsfonds zu beraten und zu vereinbaren,
bevor sie ausgearbeitet und rechtsgültig verabschiedet werden.«[289]
Die im Memorandum verlangten sozialen Einschnitte waren ein entscheidender Grund für die Eile, mit der die Neuwahlen angesetzt worden waren.

---

288   Lieber Freund Alexis, in: FAZ vom 22.9.2015

289   Memorandum of Understanding between the European Commission
      acting on behalf of the European Stability Mechanism and the Hellenic
      Republic and the Bank of Greece; http://ec.europa.eu/economy_finance/
      assistance_eu_ms/greek_loan_facility/index_en.htm

Am 12. November 2015 kam es aus Protest gegen den Sparkurs der Regierung zum ersten Generalstreik, seit die Koalition aus Syriza und Anel im Januar 2015 an die Regierungsmacht gekommen war. Lahmgelegt wurden der gesamte öffentliche Verkehr und viele staatliche Einrichtungen. Bestreikt wurden die Fähren, die Bahnen und die U-Bahnen. Staatliche Schulen und alle Behörden blieben geschlossen. Ärzte in staatlichen Krankenhäusern behandelten nur Notfälle. Selbst die archäologischen Stätten und Museen waren geschlossen. Im Flugverkehr wurden fast alle Inlandsflüge abgesagt. Im Radio und im Fernsehen gab es für 24 Stunden keine Nachrichtensendungen, weil auch die Journalisten streikten. Zu den Streiks aufgerufen hatten die drei wichtigsten Gewerkschaftsverbände des Landes: die Gewerkschaft der Staatsbediensteten und deren Pendant aus der Privatwirtschaft sowie die kommunistische Gewerkschaft Pame. Sogar Teile der Syriza-Partei waren dem Streikaufruf gefolgt.

Im November 2015 konnte die Regierung Tsipras nur mit Mühe die von den Gläubigern verlangte Änderung der Insolvenzordnung durchsetzen, mit der Banken künftig leichter die Immobilien von Schuldnern pfänden können. »Wie verpeilt der politische Kompass der Parteien in Griechenland inzwischen ist, zeigten die Reaktionen vor und während der Abstimmung: Während die einst linksextreme Syriza drastische Sparmaßnahmen durchs Parlament boxt, poltern Liberale und Rechte gegen deren ›soziale Kälte‹. Stavros Theodorakis, der Parteichef der liberalen To Potami, sagte, die Regierung solle sich schämen, dass sie ihre Wahlversprechen nicht einhalten könne. Vangelis Meimarakis, der Führer der konservativen Nea Dimokratia, die vor ihrer Abwahl im Januar während Jahren die Austeritätspolitik der internationalen Geldgeber durchgesetzt hatte, redete sich während der Debatte regelrecht ins Feuer: ›Ein sehr schwerer Winter kommt auf uns zu, der Winter der neoliberalen Linken‹, erklärte er. (…) Trotzdem konnte Tsipras die Abstimmung (…) mit drastischen Disziplinierungsmaßnahmen gewinnen. Gabriel Sakellaridis, der ehemalige Regierungssprecher, musste zurücktreten, da er erklärt hatte, gegen die Vorlagen zu stimmen. Ein weiterer Abgeordneter, der nicht an der Abstimmung teilnahm, wurde mit sofortiger Wirkung aus der

Partei ausgeschlossen. Das gleiche Schicksal ereilte Nikos Nikolopoulos vom Koalitionspartner Unabhängige Griechen.«[290]

Vor allem die Rentner sind von der Kürzungspolitik der Regierung betroffen. Bereits im Oktober 2015 wurden erste Maßnahmen beschlossen: »Das griechische Parlament hat weiterer Sparmaßnahmen zugestimmt. Mit dem neuen Gesetz der Regierung von Alexis Tsipras werden Renten gekürzt und das Rentenalter auf 67 Jahre erhöht (...).«[291] Entsprechend den Vereinbarungen mit den Gläubigern sollen im Jahr 2016 die Rentenversicherungen 1,8 Milliarden Euro einsparen. 300 Millionen weniger sollen für die staatlich bezuschussten Zusatzrenten zur Verfügung gestellt werden. Weitere 400 Millionen Euro sollen durch eine Beitragserhöhung bei den Zusatzrenten aufgebracht werden. Dagegen protestieren nicht nur die KKE und die Volkseinheit. Auch die Gewerkschaftsverbände der privaten Wirtschaft und des öffentlichen Dienstes riefen zu Demonstrationen auf.

Die Fronten haben sich grundlegend verändert: Beteiligte sich Syriza früher in vorderster Reihe an Protesten gegen die Kürzungspolitik, so ist sie jetzt die Partei, die diese durchsetzt. Die rechte Opposition wittert ihre Chance, verlorenen Boden gutmachen zu können: »Man sei ›gegen jede Verringerung der Renten und Erhöhung der Beiträge‹, ließen sowohl der Interimsvorsitzende der konservativen Nea Dimokratia, Giannis Plakiotakis, als auch die Vorsitzende der sozialdemokratischen Pasok, Fofi Gennimata, Arbeitsminister Katrougalos im persönlichen Gespräch wissen.«[292] Da nutzte es der Regierung wenig, dass ihre Sprecherin die Haltung der ehemaligen Regierungsparteien Pasok und Nea Dimokratia als »nie dagewesene Heuchelei«[293] bezeichnete. Beide Parteien wollten sich weder an ihre Verantwortung für die Kürzungspolitik in ihrer eigenen Regierungszeit noch an ihre

---

290 Zerreißprobe in Griechenland: »Die neoliberale Linke«, in: Neue Zürcher Zeitung vom 20.11.2015

291 Griechenland billigt Sparpaket. Privatisierungen bringen weniger Geld ein, in: FAZ vom 19.10.2015

292 Ebd.

293 Ebd.

Zustimmung zu den Ergebnissen des Eurogipfels vom 12. Juli 2015, in denen die Kürzung der staatlichen Zuschüsse vereinbart worden war, erinnern lassen.

Auch bei den Privatisierungen von Staatseigentum erfüllt die Regierung Schritt um Schritt die Forderungen der Gläubiger. In der nach den Septemberwahlen neugebildeten Regierung sitzen nun nicht mehr die in Brüssel und Berlin verhassten Privatisierungsgegner. Am 14. Dezember 2015 unterzeichnete die griechische Privatisierungsagentur mit der deutschen Fraport AG einen Vertrag über die 40-jährige Verpachtung von 14 lukrativen Flughäfen. Der Betreiber des Frankfurter Flughafens hatte für die Konzessionen bis 2055 ca. 1,2 Milliarden Euro geboten. Zu dem Paket gehören unter anderem der Flughafen der zweitgrößten griechischen Stadt Thessaloniki und Flughäfen auf den Ferieninseln Mykonos, Santorini und Skiathos sowie Rhodos, Korfu und Kos. Der Verkauf an Fraport war eine der Bedingungen für das dritte griechische Hilfspaket gewesen. Auch der Hafen von Piräus wurde verkauft. Die weltweit größte Reederei, die chinesische COSCO, erwarb 67 Prozent des Grundkapitals des Hafens.

Die Regierung kann aber auch mit echten Reformen im fortschrittlichen Sinne aufwarten. Ende Dezember 2015 wurde etwa die eingetragene Lebenspartnerschaft für homosexuelle Paare gesetzlich geregelt. Dafür stimmte eine breite Mehrheit von 193 der 248 anwesenden Abgeordneten. Das ist gewiss zu begrüßen, doch gemessen an ihrem eigenen ursprünglichen Anspruch gilt für die Syriza damit, was der französische Journalist Pierre Lévy über die Sozialisten seines Landes nach ihrer Niederlage bei den Regionalwahlen am 6. und 13. Dezember 2015 gesagt hatte: »Innerhalb des ›sozialistischen Horizonts‹ trat die Homosexuellenehe an die Stelle der Verstaatlichungen.«[294] Man sieht: Die einstmals linkssozialistische Syriza ist ganz und gar in der sozialdemokratischen Welt angekommen.

---

294 Pierre Lévy, Union sacrée, sacrée union (européenne), in: Rupture vom 28.12.2015, S. 1

XI.
Das Scheitern von Syriza –
ein Lehrstück

Der Vorwurf der Erpressung der griechischen Regierung führt zur Frage, warum die griechische Seite nicht in der Lage war, ihr etwas entgegenzusetzen? Konnte Athen nicht zumindest mit dem Austritt aus der Eurozone drohen? Heiner Flassbeck sieht darin das wichtigste Mittel der Selbstverteidigung: »Die Waffe ist der Ausstieg. Griechenland ist zwar klein, aber die einzige Waffe, die man bei den Verhandlungen auf den Tisch legt, ist: Wenn ihr das nicht macht, dann steige ich aus, habe einen Plan B und bin damit ein Vorbild für viele andere Länder, die es uns dann nachtun können. Das ist die einzige Drohung, die Griechenland hat.«[295] Auch der US-Ökonom Paul Krugman bemängelte die fehlende Alternative in den Verhandlungen: »Dies beließ ihn (Alexis Tsipras, A.W.) in einer hoffnungslosen Verhandlungsposition.«[296] Und für Thomas Sablowski steht mit Blick auf Kontakte der Syriza-Regierung mit Russland und China fest: »Die geopolitische Karte hätte im Übrigen nur stechen können, wenn Athen ›einen Grexit‹ als Plan B glaubhaft angedroht, d. h. ernsthaft in Erwägung gezogen hätte.«[297]

295 Heiner Flassbeck, »Der Euro-Ausstieg ist eine Waffe«, in: junge Welt vom 7./8.11.2015

296 Paul Krugman, Disaster in Europe, 12.7.2015; http://krugman.blogs.nytimes.com/2015/07/12/disaster-in-europe/?_r=0

297 Thomas Sablowski, Die Etappenschlappe, in: junge Welt vom 18./19.7.2015, S. 12. Tomas Sablowski ist Mitarbeiter des Instituts für Gesellschaftsanalyse der Rosa-Luxemburg-Stiftung mit dem Schwerpunkt Politische Ökonomie der Globalisierung und Mitglied der Redaktion der Zeitschrift Prokla.

Syriza hatte nie einen Plan B

Doch all diese Appelle gehen ins Leere, hatte doch Syriza – in Übereinstimmung mit einer großen Mehrheit der Griechen – einen Austritt des Landes aus der Eurozone stets kategorisch ausgeschlossen.
Politiker in ihren Reihen, die ihn dennoch forderten, wie etwa der
Abgeordnete Costas Lapavitsas, befanden sich stets in der Minder-
heit. Diese Absage an einen Grexit war auch glaubwürdig, da sie der
von Beginn an eingenommenen Haltung entsprach: »Die griechische
Regierung hatte niemals die Absicht, aus dem Euro auszutreten«[298],
hieß es denn auch in der Bewertung des Brüsseler Eurogipfels vom
12. Juli 2015. Syriza verfügte somit über keinen »Plan B«.

Sie hatte noch nicht einmal einen Plan A. Es wurde bereits darauf
hingewiesen, dass sie als führende Partei der Europäischen Linken
(EL) all deren Illusionen über eine Veränderbarkeit der EU teilt. Nach
Tsipras gelte es zur »alten europäischen Idee« zurückzukehren. Und
seine ganze Strategie lässt sich in dem bereits zitierten einen Satz zu-
sammenfassen, dass es darum gehe, »unsere Partner davon zu überzeugen, dass der heute verfolgte Kurs uns alle, das heißt alle Europäer,
in eine schreckliche Sackgasse führt.«[299] Da die »Partner« bekanntlich
anderer Meinung sind, kam diese Strategie schnell an ihr Ende.

Was folgt aus dem Scheitern?

Der »griechische Frühling« ist gescheitert – und er musste scheitern,
da er von einer illusionären Grundlage ausging, Chondros spricht
ganz richtig von einer »voluntaristischen Einstellung«[300], die in Syriza
vorherrschte.

Was folgt nun daraus? Da Syriza eine wichtige Mitgliedspartei der
EL ist, müssen die anderen dort organisierten Parteien und damit
auch die deutsche Linkspartei solidarisch zu ihr stehen, komme was

---

298 »Das bestmögliche Ergebnis«, vertrauliches Papier aus dem Büro des grie-
     chischen Premierministers Alexis Tsipras zur Vereinbarung des Brüsseler
     Eurogipfels, in: nd-Dossier, 2015a, S. 13

299 Alexis Tsipras, Wir Europäer, in: Le Monde diplomatique vom 13.12.2013

300 Chondros, 2015, S. 184

da wolle. Dementsprechend unterstützte die EL sie im September-Wahlkampf und feierte auch ihren Sieg. Gleichzeitig hält man sich gegenüber der neugegründeten Partei Volkseinheit bedeckt. Über die noch gestern in der EL vertretene Illusion, mittels der neuen Athener Regierung die ganze EU auf einen fortschrittlichen Kurs bringen zu können[301], legt man den Mantel des Schweigens. Die Diskussionen über die aus der Niederlage zu ziehenden Schlüsse haben aber dennoch längst begonnen, und sie gehen in die unterschiedlichsten Richtungen.

Da gibt es zunächst die Haltung, dem dritten Memorandum positive Seiten abzugewinnen. So heißt es bei Joachim Bischoff und Björn Radke: »Die europäische Idee ist in den harten, erpresserisch geführten Verhandlungen stark beschädigt, aber nicht zu Grabe getragen worden. Im Ergebnis hat Griechenland mit seiner Linksregierung erneut ein Hilfsprogramm der EU-Institutionen für drei Jahre erhalten, das neben Elementen von Austeritätspolitik auch ein Programm für eine Investitionspolitik enthält.« Ihre Hoffnungen richten sich auf das zugesagte Investitionsprogramm von 35 Milliarden Euro[302]: »Dies ist keineswegs nur ein Phantom, wie es die linken Kritiker unterstellen. Mit Mitteln aus dem EU-Haushalt könnte ein Neubeginn für Wachstum und Arbeitsplätze gestartet werden«[303]. Dieser optimistischen Sicht ist jedoch zu Recht widersprochen worden, etwa in der Stellungnahme der Redaktion der *Z. Zeitschrift Marxistische Erneuerung*: »Vor diesem Hintergrund erscheint es kaum verständlich, wenn Linke in dem Programm eine Wachstumskomponente entdecken, die Griechenland die Möglichkeit bieten würde, ›wieder auf die Beine zu kommen‹. Die in der EU-Erklärung in Aussicht gestellte Mobilisierung von ›bis zu 35 Mrd. EUR‹ für die kommenden ›3 bis 5 Jahre‹ (…) ist angesichts der beschlossenen Kürzungen nicht nur unzureichend, sondern bezieht sich auch auf Gelder, die Griechenland ohnehin zuste-

---

301 Die Bundestagsfraktion der Partei Die Linke ließ etwa großformatige Anzeigen mit dem Slogan »Mit Syriza für ein soziales und demokratisches Europa!« veröffentlichen.

302 Zur Bewertung des Investitionsprogramms vgl. das Kapitel »Oxi und Kapitulation« in diesem Buch

303 Bischoff/Radke, 2015, S. 16 ff.

hen.«[304] Auch in der *Frankfurter Allgemeinen* heißt es dazu, wie bereits zitiert: »Neues Geld ist das nicht.«[305]

Das Resümee der Z-Redaktion fällt eindeutig aus und ist grundsätzlicher Natur: »Eine wichtige Erkenntnis ist aus unserer Sicht: Eine eigenständige nationale Wirtschaftspolitik, eine demokratische Alternative zum neoliberalen Austeritätsdiktat ist mit der EZB, mit den Institutionen (und damit den Finanzmärkten) in der Eurozone unmöglich geworden.«[306] Ganz ähnlich sieht es Thomas Sablowski: »Die EZB ist eine furchtbare Waffe in den Händen der Herrschenden gegen eine linke Regierung, wie die gegenwärtige Auseinandersetzung zeigt.«[307] Für Klaus Wagener, Mitglied der Redaktion der *Marxistischen Blätter*, steht fest: »In einer Währungsunion mit einer konsequent merkantilistisch agierenden Exportmaschine, aller monetären wie finanzpolitischen Schutzmaßnahmen beraubt, gibt es für einen großen Teil der Eurostaaten keine akzeptable Perspektive. Das ist mit dem 12. Juli unübersehbar geworden.«[308]

Selbst in der Führung der Partei Die Linke sieht man nach dem Scheitern von Syriza die auf Ebene der EU verbliebenen Handlungsmöglichkeiten kritisch. In einem Interview mit dem Schweizer *Tagesanzeiger* sagte Sahra Wagenknecht: »Wir haben in Griechenland gesehen, wie mit Hilfe der Europäischen Zentralbank einer demokratisch gewählten Regierung alle Handlungsspielräume abgeschnitten wurden.«[309] Und gegenüber der Zeitung *Die Welt* führte sie aus: »Es zeigt sich einfach, dass der Euro nicht funktioniert, sondern immer größere wirtschaftliche Ungleichgewichte erzeugt, und am dramatischsten zeigt sich das eben in Griechenland. (...) Darum beginnt in

---

304   Z-Redaktion, 2015, S. 9

305   Ein Brüsseler Kompromiss mit deutscher Handschrift, in: FAZ vom 14.7.2015

306   Z-Redaktion, 2015, S. 9

307   Thomas Sablowski, Die Etappenschlappe, a. a. O., S. 13

308   Klaus Wagener, 2015, S. 8

309   Die Eurozone ist das Ende der Demokratie, in: Tagesanzeiger vom 10.9.2015; www.tagesanzeiger.ch/wirtschaft/die-eurozone-ist-das-ende-der-demokratie/story/30508818

der Linken zu Recht eine Debatte darüber, welchen Spielraum eine
Politik jenseits des neoliberalen Mainstreams im Rahmen des Euro
überhaupt hat, oder ob wir dieses Währungssystem nicht generell infrage stellen müssen.«[310]

Andere Politiker der Linkspartei aber gingen sogleich auf Distanz
zu diesen eurokritischen Äußerungen von Wagenknecht. »Ein Zurück
zu den alten Nationalstaaten in Europa, auch zum alten deutschen
Nationalstaat, darf es mit der Linken nicht geben«[311], erklärte Gregor Gysi. Und der Parteivorsitzende, Bernd Riexinger, meinte: Man
habe eine gemeinsame Einschätzung, dass der Euro die schwachen
Länder schwächer und die starken Länder stärker mache. »Deshalb
ziehen wir in der Linken aber nicht die Schlussfolgerung: Raus aus
dem Euro!«[312] Doch mit den Äußerungen Wagenknechts war ein Tabu
durchbrochen worden. Erstmals wurde der Euro als solcher von einer
Spitzenpolitikerin der Linkspartei infrage gestellt.

Im September 2015 veröffentlichten linke Politiker verschiedener
Euroländer einen »Plan B für Europa«, in dem sie nicht allein die
Behandlung Griechenlands scharf verurteilen, sondern auch grundsätzliche Kritik am Eurosystem üben: »Der Euro ist das Werkzeug
politischer und ökonomischer Dominanz einer kleinen europäischen
Elite geworden. (...) Die Europäische Union ist so zur Vertreterin
eines extrem rechten Pathos geworden sowie zu einem Werkzeug, um
demokratische Kontrolle über Produktion und Verteilung in Europa
auszuhebeln.« Und sie ziehen daraus den Schluss: »Es ist eine gefähr-
liche Lüge zu behaupten, dass der Euro und die EU den Europäerin
nen und Europäern dienen und sie von Krisen abschirmen würden.
Es ist eine Illusion zu glauben, dass Europas Interessen im eisernen
Käfig aus den Regeln der Eurozone und den europäischen Verträgen

---

310 Linken-Politikerin Wagenknecht stellt Euro in Frage, in: Die Welt vom
     21.8.2015; www.welt.de/politik/deutschland/article145454656/Sahra-Wagen-
     knecht-stellt-den-Euro-infrage.html

311 Gysi und Riexinger gehen auf Distanz zu Wagenknecht – Kritik auch von
     den Grünen, in: Saarbrücker Zeitung vom 21.8.2015

312 Ebd.

geschützt werden könnten.«[313] Der Aufruf ist Ausdruck einer sich in
der europäischen Linken entwickelnden Debatte, in der sogar offen
über die Abschaffung des Eurosystems gesprochen wird. Am 23. Januar 2016 fand in Paris der »Erste Internationalistische Kongress für
einen Plan B in Europa« statt. Ein zweites Treffen wurde für den 19.
bis 21. Februar in Madrid vereinbart. Und Oskar Lafontaine, einer
der Initiatoren des Aufrufs, kündigte ein drittes Treffen im Juni 2016
in Deutschland an.

Streit über die einzuschlagende Strategie

Doch was sind die Vorschläge für eine Strategie der Linken in Griechenland und in Europa nach dem Ende des griechischen Frühlings?
Hier gehen die Meinungen auseinander.

Bischoff und Radke bleiben an der Seite Syrizas. Sie begründen
dies mit ihrer positiven Sicht auf die eurokommunistische Tradition
von Synaspismos, der Vorgängerpartei Syrizas: »Auch im Links-
bündnis Syriza hat die eurokommunistische Methode der politischen
Arbeit einen starken Rückhalt. (…) Wir verfolgen seit Langem diese
Option und Methode der politischen Arbeit mit großer Sympathie
und Unterstützung. Und wir sehen uns in unserer Haltung bestätigt, seit nach der Zustimmung der Mehrheit von Syriza zum dritten
Memorandum der demokratische Firnis bei etlichen europäischen
Linksformationen abplatzte und die Rhetorik des Klassenverrats, der
imperialistischen Verschwörung und des Putsches in der politischen
Debatte wieder einen großen Stellenwert einnahm. (…) Wir teilen
die in einer solchen Haltung zum Ausdruck kommende linke Besser-
wisserei und revolutionäre Romantik nicht.«[314] Es dürfte allerdings

---

313   »Ein Plan B für Europa«, unterzeichnet von: Oskar Lafontaine (ehem. Bun-
      desfinanzminister und ehem. Vorsitzender der SPD sowie von Die Linke),
      Jean-Luc Mélenchon (ehem. Minister für Berufsbildung im Kabinett Jospin
      und Präsidentschaftskandidat der Linksfront), Stefano Fassina (ehem. Stellv.
      Finanzminister Italiens), Prof. Gianis Varoufakis (ehem. Finanzminister Grie-
      chenlands), Zoe Konstantopoulou (ehem. Präsidentin des Parlaments der
      Hellenischen Republik Griechenland, in: neues deutschland vom 12.9.2015

314   Bischoff/Radke, 2015, S. 11 ff.

zweifelhaft sein, ob die eurokommunistischen Strategievorstellungen der 1970er Jahre in Syriza heute überhaupt noch jemandem bekannt sind. Zumindest Alexis Tsipras, Jahrgang 1974, war damals noch nicht dabei. Zudem gilt: Die Identifikation der Politik von Syriza mit der eurokommunistischen Tradition würde letzterer ein denkbar schlechtes Zeugnis ausstellen.

Auch die Redaktion von Z. warnt im Septemberheft der Zeitschrift vor einer Verurteilung von Syriza: »Eine vorzeitige Beerdigung des griechischen ›Experiments‹ – wann gab es zuletzt in Europa eine linke Regierung? – durch Teile der europäischen Linken wäre ein großer Fehler. Daher ist die Linke aufgefordert, Griechenland und seine Regierung bei den weiteren Verhandlungen im Widerstand gegen das Austeritätsdiktat zu unterstützen, indem sie vor allem in Deutschland spürbaren Druck entwickelt.«[315] Als dies geschrieben wurde, war aber mit der Erklärung des Eurogipfels vom 12. Juli 2015 die Kapitulationsurkunde längst unterzeichnet. Von einem »Widerstand gegen das Austeritätsdiktat« durch die griechische Regierung konnte danach keine Rede mehr sein.

Klaus Wagener hingegen setzt seine Hoffnung ganz allgemein auf das Handeln der Arbeiterklasse, leider ohne eine Strategie auch nur anzudeuten: »Das Elend der Mezzogiorni dürfte zum Standard der Europaperipherie werden. Eine düstere Perspektive. Solange die Arbeiterklasse und die Linke darauf nicht angemessen reagiert. Mit gutem Zureden, das hat der 12. Juli endgültig gezeigt, ist da nichts zu machen.«[316]

Giorgios Chondros fordert eine europaweite Vereinigung aller Unterdrückten: »Wenn sich alle Kräfte vereinen, die der Hegemonie der kapitalistischen Ordnung entgegentreten, dann gibt es eine realistische Handlungsoption und die Möglichkeit zur Erarbeitung eines Plans mit breiteren sozialen Zielsetzungen, der die Rechte der Bevölkerung garantiert. Die Grundvoraussetzung und Absicherung zur Umsetzung eines solchen Plans ist die aktive Einbindung der Bevölke-

---

315   Z-Redaktion, 2015, S. 14

316   Wagener, 2015, S. 9

rung.«[317] Zur Realisierung einer solchen »Handlungsoption« heißt es: »Auch wenn wir das alles bereits wissen, dann steht noch die Antwort nach dem ›Wie‹ aus. Sie lautet meiner Meinung nach: mit einer gesamteuropäischen Organisation von denen ›da unten‹.«[318] Dabei setzt Chondros sogar auf eine gewandelte SPD: »Es kann nicht sein, das die SPD noch lange so weitermacht und Politik im Schatten von Merkel und Schäuble betreibt und sich dabei, so wie in der Griechenlandfrage, ›päpstlicher als der Papst‹ aufführt.«[319] Eine gesamteuropäische Organisation von denen ›da unten‹ gegen die europaweite Austeritätspolitik unter Einschluss der SPD ist jedoch eine Quadratur des Kreises.

Eine gesamteuropäische Ausrichtung haben auch die Vorschläge von Thomas Sablowski: »Die deutsche und europäische Linke wird nach den jüngsten Erfahrungen ihr Verhältnis zur europäischen Integration überdenken müssen. (…) Es bleibt zwar richtig, gegen die autoritär-neoliberale Politik der EU die Neubegründung eines sozialen und demokratischen Europas von unten zu fordern, doch die Linke muss sich auch der Frage stellen, wie dies durchgesetzt werden soll. Die neoliberale Politik ist in der Verfassung der EU dermaßen verankert, dass sie auf europäischer Ebene nur im Zuge EU-weiter Aufstände zu ändern sein dürfte.«[320] Die Hoffnung auf »EU-weite Aufstände« aber bleibt abstrakt und zeugt letztlich von Hilflosigkeit.

Einen Vorstoß in Richtung der »Neubegründung eines sozialen und demokratischen Europas« unternimmt auch Gianis Varoufakis mit seinem »Manifest zur Demokratisierung Europas« von der Bewegung »Democracy in Europe Movement (DiEM 25)«, das am 9. Februar 2016 in einer Veranstaltung in der Berliner Volksbühne der Öffentlichkeit vorgestellt wurde. Als Ziel wird darin die »Demokratisierung Europas« benannt. Diese soll mit Hilfe eines »verfassungsgebenden Konvents für Europa« erreicht werden, dessen Delegierte »transnational aufgestellt werden und der eine Verfassung erarbeiten

---

317 Chondros, 2015, S. 205

318 Ebd., S. 208

319 Ebd., S. 209

320 Thomas Sablowski, Die Etappenschlappe, a. a. O., S. 13

soll, die alle gegenwärtigen europäischen Verträge ersetzt«[321]. Das Konzept von Varoufakis erinnert an die Forderung von Ulrich Beck nach einem »Gesellschaftsvertrag für Europa« bzw. an die Ideen einer »Transnationalisierung der Volkssouveränität« von Jürgen Habermas. Dabei handelt es sich um ideologische Vorstellungen, die vor allem für die Akzeptanz der EU unter Linken sorgen sollen.[322] Eine Verfassung wollte sich die EU schon einmal geben. Sie scheiterte in Volksabstimmungen in Frankreich und den Niederlanden.

Auch im Aufruf für einen »Plan B für Europa« wird die Veränderung der europäischen Verträge verlangt: »Wir werden alle in unseren Ländern, und alle zusammen überall in Europa, auf eine vollständige Neuverhandlung der europäischen Verträge hinarbeiten. Bis diese Neuverhandlung erreicht ist, beteiligen wir uns in einer Kampagne des europäischen zivilen Ungehorsams gegenüber willkürlichen, europäischen Praktiken und irrationalen ›Regeln‹ an den Kämpfen der Europäerinnen und Europäer überall in Europa.« Der Aufruf vermeidet aber, sich auf einen konkreten Vorschlag festzulegen: Der Plan ist »offen und zielt darauf, die Mehrheit der Europäerinnen und Europäer anzusprechen. (…) Viele Ideen gibt es bereits: Die Einführung eines parallelen Zahlungssystems, Parallelwährungen, digitalisierte Eurotransaktionen, ein Austritt aus der Eurozone sowie die Umwandlung des Euro in eine (demokratische) Gemeinschaftswährung.«[323]

Es wird keine Reform des Eurosystems geben

Das entscheidende Manko all dieser Pläne und Aufrufe für eine Veränderung der EU bzw. der Eurozone ist die Machtlosigkeit derer, die sich dafür einsetzen. Dies aber ist kein Zufall, bietet doch die europäische Ebene fortschrittlichen Bewegungen keinen Raum. Der Kampf um Demokratie und soziale Rechte kann auf EU-Ebene

---

321 Vgl. hierzu: Manifest der Bewegung des früheren griechischen Finanzministers Varoufakis: Erste Schritte zur »radikalen Demokratisierung« skizziert, in: neues deutschland vom 19.1.2016

322 Vgl. zur Kritik an diesen und anderen Positionen: Wehr, 2013, S. 41 ff. und 72 ff.

323 »Ein Plan B für Europa«, a. a. O.

nicht erfolgreich geführt werden, da eine Öffentlichkeit hier so gut
wie nicht existiert. Es fehlt dafür schon an einer gemeinsamen Sprache. Es gibt keine europaweiten Medien, in denen die gesellschaftlichen Debatten grenzüberschreitend geführt werden könnten. Es
fehlt an parteipolitischer und gewerkschaftlicher Zusammenarbeit:
»Bei den ›europäischen Parteien‹ handelt es sich nicht um Parteien
im klassischen Sinne. Es sind lediglich ›Parteienparteien‹, bloße Zu-
sammenfassungen der jeweils nationalen konservativen, sozialdemokratischen, liberalen, grünen und linken Parteien auf europäischer
Ebene. (…) Auch die Gewerkschaftsbewegungen der Mitgliedsländer arbeiten weitgehend isoliert voneinander. Unterschiedliche Traditionen, Organisationsformen und Rechtsordnungen, aber auch der
Konkurrenzkampf der Industriestandorte behindern ein einheitli-
ches Auftreten.«[324] Klaus Dräger ist zuzustimmen, wenn er sagt: »Die
reale Ungleichzeitigkeit der Protestbewegungen ist nach wie vor
im Wesentlichen an den Kontext einer nationalstaatlich verfassten
politischen Öffentlichkeit gebunden.«[325] Diese Begrenztheit gilt auch
für die vielfältigen europaweiten Netzwerke und Organisationen
von links, für das »Democracy in Europe Movement« sowie für den
»Internationalistischen Kongress für einen Plan B in Europa«. Kein
im Internet verbreiteter Aufruf und kein noch so gut besuchter Kongress mit hoher medialer Aufmerksamkeit können eine kontinuier-
lich arbeitende politische Bewegung auf nationaler Ebene ersetzen,
die die in ihr Organisierten politisch anleitet, ihnen Kampferfahrun-
gen vermittelt und sie schult.

Die Demokratisierung der EU bzw. ihre soziale Ausrichtung durch
eine Reform der europäischen Verträge erreichen zu wollen, ist daher
eine Illusion, zumal jede noch so kleine Vertragsänderung von allen
28 Mitgliedstaaten gebilligt werden muss. Nicht eine einzige Regierung der Mitgliedsländer verfolgt gegenwärtig Pläne, der EU auch
nur eine weniger austeritätsorientierte Richtung zu geben. Die linken
Parteien verfügen im Europäischen Parlament gerade einmal über

---

324 Wehr, 2015, S. 122 f.
325 Dräger, 2015, S. 48

52 der 751 Mandate. Oskar Lafontaine hat in einem Aufruf an die italienische Linke auf diese aussichtslose Situation, bezogen auf die Eurozone, hingewiesen: »Das Warten auf eine linke Mehrheit in allen 19 Mitgliedstaaten ist ein Warten auf Godot, ein politischer Selbstbetrug, insbesondere deshalb, weil auch die sozialdemokratischen und sozialistischen Parteien Europas das neoliberale Politikmodell übernommen haben.«[326] Jean-Luc Mélenchon, der Vorsitzende der französischen Linkspartei und Präsidentschaftskandidat der französischen Linksfront bei den Wahlen 2012 zog daraus die zwingende Schlussfolgerung: »Mit der Griechenland-Vereinbarung sei klargeworden, dass es unmöglich sei, die EU ›von innen‹ zu reformieren (…). Die Frage eines Ausstiegs aus der Eurozone stellt sich künftig mehr denn je.«[327]

Die allein auf nationalstaatlicher Ebene existierende Demokratie und die in deren Rahmen von den Arbeiterbewegungen in harten Kämpfen errungene soziale Rechtsstaatlichkeit werden durch die Übertragung weitreichender Kompetenzen auf die Ebene der EU geschwächt und ausgehöhlt. Diesem verhängnisvollen Kurs der Europäisierung folgen aber Horst Kahrs und Tom Strohschneider, wenn sie aus dem Scheitern des griechischen Frühlings folgern: »Veränderungen scheitern, weil eine europäische Innenpolitik nicht existiert. (…) Ein weiterer Grund, an dem europäische Veränderungen scheitern: Die Nationalisierung des Sozialen. (…) Eine Währungsunion ohne Solidarunion kann nicht existieren.«[328]

Verbunden werden solche Forderungen nach schnelleren und umfassenderen Übertragungen von Kompetenzen auf die EU-Ebene mit der Warnung vor angeblich drohenden Renationalisierungen. Oskar Lafontaine hat dies aber ganz richtig bewertet: »In diesem Zusammenhang ist insbesondere in der deutschen Linken ein struktureller

---

326 Oskar Lafontaine, Zersplitterung überwinden, in: junge Welt vom 14.10.2015

327 Französische Linke empört sich über die Bundesregierung, in: FAZ vom 20.7.2015

328 Horst Kahrs / Tom Strohschneider, Was sollten wir fragen?, in: nd-Dossier, 2015a, S. 65 f. Strohschneider ist Chefredakteur der Tageszeitung neues deutschland, Kahrs Referent des Instituts für Gesellschaftswissenschaften der Rosa-Luxemburg-Stiftung.

Denkfehler offenbar geworden, der die Debatte über die Zukunft Europas in die falsche Richtung lenkt. Jede Forderung nach Rückübertragung einer Zuständigkeit von Europa auf die nationale Ebene wird als Nationalismus oder Europafeindlichkeit diffamiert.«[329]

Grundlegende politische Veränderungen können aber nur auf nationalstaatlicher Ebene erkämpft werden. Die aus der weltweiten Finanzkrise hervorgegangene Eurokrise wird nicht durch eine Reform des Eurosystems oder gar durch seine Auflösung gelöst werden, so wünschenswert dies auch sein mag. Die kerneuropäischen Länder, und hier vor allem Deutschland, profitieren von den bestehenden Mechanismen und wollen sie lediglich krisenfester machen. Sie haben deshalb in der Krise um Griechenland alles daran gesetzt, die Eurozone nicht nur als solche, sondern auch in ihrer jetzigen Zusammensetzung unbedingt zu erhalten.

Zugleich wird aber die Position der abhängigen Peripheriestaaten immer unhaltbarer. Ihre Industrien werden gnadenlos von den aus Kerneuropa operierenden Monopolen niederkonkurriert. Der Euro sichert deren Exporte und erleichtert zugleich den Kapitalexport vom Kern in die Peripherie. Aufgrund des Verlusts der eigenen Währung sind diese Länder vollkommen der EZB ausgeliefert. Die ihnen von den Gläubigern diktierte Politik führt zu wachsender Arbeitslosigkeit, Verelendung und Auswanderung. Die Eurozone ist eine imperialistische Ordnung, bestehend aus einem Zentrum und abhängigen Gebieten. Für Griechenland, aber auch für die anderen Memorandumsländer Irland, Portugal und Zypern sowie perspektivisch auch für Länder wie Spanien und Italien stellt sich daher die Frage, ob ihre Gesellschaften innerhalb dieser »Ordnung« auf Dauer eine Entwicklungsmöglichkeit haben. Nach dem Scheitern einer alternativen Politik in Griechenland hat sich die Aufmerksamkeit jetzt auf die Entwicklung in Portugal verlagert. Die Bildung einer Regierung dort unter Führung der Sozialisten bei Unterstützung des Linksblocks und der Kommunistischen Partei gibt Anlass zu neuer Hoffnung. Es wird abzuwarten sein, ob sie sich erfüllen wird.

---

329   Oskar Lafontaine, Die Linke und Europa, in: junge Welt vom 22./23.8.2015

Ein anderer Weg für Griechenland

Da es zu keiner Änderung oder Auflösung des Eurosystems in absehbarer Zeit kommen wird, bleibt den Peripheriestaaten keine andere Wahl, als sich selbst zu helfen. Der Ökonom und Abgeordnete im griechischen Parlament Costas Lapavitsas[330] hatte bereits lange vor der Regierungsübernahme von Syriza einen Plan vorgelegt, wie die Krise um Griechenland durch einen Austritt aus der Eurozone gelöst werden könnte. Angesichts des Scheiterns von Syriza hat er sich als alternativlos erwiesen.[331]

Lapavitsas betont die Notwendigkeit, sich den Realitäten zu stellen: »Die griechische Linke weigert sich, wie viele andere (...) das Wesen der Eurozonenkrise anzuerkennen und glaubt, dass sie ohne große soziale Verwerfungen und sogar ohne Infragestellung der Integration Griechenlands in EU und Währungsunion zu lösen wäre.«[332] Die Unterbrechung der Liquiditätsversorgung Griechenlands durch die EZB im Juli 2015 hat die Notwendigkeit aufgezeigt, sich vom Eurosystem unabhängig zu machen: »Die einzige echte Lösung (...) wäre die Schaffung der Fähigkeit, Liquidität autonom zu generieren, was die Einführung einer nationalen Währung bedeuten würde.«[333] Ebenso müssen Kapitalflüsse überwacht und Wechselkurse gesteuert werden.

Die Wiedereinführung der Drachme würde eine erhebliche Abwertung der eigenen Währung zur Folge haben. Damit wäre aber zugleich Raum für das Wiederaufleben der darniederliegenden einheimischen Produktion geschaffen. Wie in allen Eurokrisenländern

---

330 Costas Lapavitsas ist Professor der Volkswirtschaft an der Universität London. Bei der Wahl am 25. Januar 2015 wurde er für Syriza im Wahlkreis Imathia in das griechische Parlament gewählt.

331 Vgl. hierzu Costas Lapavitsas, Soll Griechenland den Euro verlassen?, in: Z. Zeitschrift Marxistische Erneuerung, Nr. 91, September 2012, S. 43 ff.; Costas Lapavitsas, Beste Strategie: geordneter Austritt aus dem Euro, in: Der Tagesspiegel vom 16.3.2015 und Flassbeck/Lapavitsas, 2015, S. 109-173

332 Flassbeck/Lapavitsas, 2015, S. 110

333 Ebd., S. 116 f.

gibt es auch in Griechenland riesige unausgelastete Kapazitäten in
der verbliebenen Industrie[334], im Dienstleistungsgewerbe und in der
Landwirtschaft, die kurzfristig mobilisierbar sind und zur Versorgung
mit Grundnahrungsmitteln aktiviert werden könnten. Zugleich würde damit Beschäftigung gesichert bzw. neu geschaffen werden. Mit
Argentinien und Island haben in jüngster Zeit zwei Volkswirtschaften
gezeigt, wie durch Abwertungen der Währungen solche Potentiale
freigesetzt werden können.

Ein Austritt aus der Eurozone sollte nach Lapavitsas wenn irgend
möglich im Einvernehmen mit den übrigen Euroländern erfolgen.
Doch mit einem solchen Entgegenkommen kann kaum gerechnet
werden. So beinhaltete das von Schäuble unterbreitete Angebot eines
befristeten Austritts Griechenlands zugleich die Aufrechterhaltung der
Kontrolle der Gläubiger über das Land auch außerhalb der Eurozone. Daher muss eine griechische Regierung auf einen konfrontativen
Austritt vorbereitet sein. Lapavitsas verschweigt nicht, dass dabei erhebliche Probleme zu lösen sind: »Die Fähigkeit, den Wechselkurs zu
verteidigen, wäre auf beträchtliche Zeit hin beschränkt, bis die Han-
delsbilanz positiv wird.«[335] Schwierigkeiten ergeben sich vor allem
durch die drastische Verteuerung der Importe: »Die Versorgung von
Schlüsselmärkten – Medizin, Nahrung, Kraftstoff – dürfte kurzfristig
zu einem beträchtlichen Problem werden. Administrative Maßnahmen werden sicherlich notwendig sein, um für die Industrie und die
verwundbarsten gesellschaftlichen Gruppen den Zugang zu Schlüssel-
gütern zu sichern.«[336] Doch bereits jetzt ist es so, dass die Bedürftigs-
ten aufgrund der hohen Arbeitslosigkeit und des weitgehenden Zusammenbruchs der sozialen Sicherungssysteme keinen Zugang mehr

---

334 Trotz Deindustrialisierung verfügt Griechenland etwa über eine konkur-
      renzfähige Pharmaindustrie, ist es wichtiger Verarbeiter von Rohölpro-
      dukten und hat auch eine gut entwickelte Bauindustrie. Bei manchen Bau-
      vorprodukten sind griechische Firmen sogar Weltmarktführer. Außerdem
      verfügen griechische Reeder über die größte und modernste Handelsflotte
      der Welt (vor allem Schüttgutfrachter und Tanker).

335 Flassbeck/Lapavitsas, 2015, S. 123

336 Ebd., S. 124

zu diesen Gütern haben. Eine gesellschaftliche Bewirtschaftung nach dem Austritt würde sogar eine gewisse Verteilungsgerechtigkeit überhaupt erst herstellen.

Nach Lapavitsas wäre »kein Alternativprogramm für Griechenland plausibel, ohne zuerst die Schuldenfrage zu lösen. Das liegt nicht nur an den riesigen Kosten, welche die Verschuldung verursacht, sondern auch daran, dass der von der Troika aufgezwungene politische Rahmen grundsätzlich von dem Erfordernis bestimmt ist, den Schuldendienst zu leisten.«[337] Die Syriza-Regierung hat erfahren müssen, dass die Gläubiger nicht bereit sind, über den von ihr geforderten Schuldenerlass auch nur zu verhandeln. Es sind daher einseitige Schritte Griechenlands bis hin zur Erklärung der zeitweiligen Zahlungsaussetzung und Durchführung einer umfassenden öffentlichen Schuldenrevision zu gehen.

Ein besonderes Problem stellt die anhaltende Bankenkrise dar. Es kann nicht oft genug wiederholt werden: Die Krise um Griechenland war und ist vor allem eine Bankenkrise. Die Rettung der Banken war denn auch einer der Hauptgründe für die katastrophale Kürzungspolitik, die dem Land aufgezwungen wurde. Ein erheblicher Teil der im Zuge der drei Hilfsprogramme ausgezahlten Gelder diente allein der Aufrechterhaltung der Zahlungsfähigkeit der vier großen griechischen Banken. Und eine Änderung der Situation ist weiterhin nicht in Sicht. Von den rund 86 Milliarden Euro, die im dritten Hilfspaket für die nächsten drei Jahre vorgesehen sind, sind erneut allein 25 Milliarden für die Ausstattung der angeschlagenen griechischen Banken mit neuem Kapital vorgesehen.[338] Lapavitsas fordert deshalb hier einen

---

337 Ebd., S. 141

338 Inzwischen konnte durch Emissionen neuer Aktien der vier Banken vor allem an Hedgefonds die Summe der benötigten Hilfsgelder deutlich reduziert werden. Dies geschah aber um den Preis einer starken Verwässerung des Aktienwertes mit der Folge, dass der Wert der vom griechischen Staat gehaltenen Anteile an den Banken ins Bodenlose fiel. Der Fiskus erlitt damit einen großen Verlust. Vgl. zu dem Manöver: Milliardenminus für Steuerzahler: »Der größte Bankraub in Griechenlands Geschichte« in: Spiegel Online; www.spiegel.de/wirtschaft/soziales/griechenland-banken-rettung-kostet-steuerzahler-milliarden-a-1064768.html

grundlegenden Richtungswechsel: »Die Banken sollten vollständig verstaatlicht werden und unter staatliche Verwaltung und demokratische Kontrolle gestellt werden. Nach einer vollständigen Revision müssen die faulen Kredite ausgelagert werden, um ein gesundes Bankensystem auf Grundlage öffentlichen Kapitals zu schaffen. Außerdem sollte eine nationale Entwicklungsbank ins Leben gerufen werden, um langfristige Wachstumsprojekte zu finanzieren.«[339] Die in Angriff zu nehmende »Industriepolitik muss zuerst die langwährende Deindustrialisierung des Landes berücksichtigen, die Anfang der 1980er Jahre einsetzte und im Zuge der massiven Zerstörung industrieller Kapazitäten seit 2007 dramatische Ausmaße angenommen hat.«[340]

Die Realisierung all dieser Maßnahmen heißt nicht, dass Griechenland damit einen sozialistischen Kurs einschlägt. Um nicht zu scheitern, müsste sogar ein Bündnis mit der griechischen nationalen Bourgeoisie oder jedenfalls Teilen von ihr gesucht werden. Die Vorschläge unterscheiden sich daher grundlegend von denen der KKE, die als einzigen Ausweg aus der Krise den unmittelbaren und ohne Zwischenstufen – wie etwa ein antimonopolistisches Bündnis – zu erreichenden Übergang zum Sozialismus propagiert. Mit der Realisierung der Vorschläge Lapavitsas' ließe sich aber zumindest die wirtschaftliche und damit auch die politische Unabhängigkeit des Landes wiederherstellen. Als Vorbilder verweist er auf Entwicklungsländer: »Es wäre allerdings ein Fehler zu glauben, dass es unter den Bedingungen des globalen Finanzkapitalismus unmöglich ist, in einer mittelgroßen Volkswirtschaft wie Griechenland eine Entwicklungsstrategie umzusetzen. Die Erfahrung der letzten drei Jahrzehnte in den Entwicklungsländern zeigt, dass es durchaus gelingen kann, eine effektive Strategie für Entwicklung und Wachstum zu verfolgen, vorausgesetzt, dass Staat und Privatsektor einen angemessenen Mittelweg finden.«[341]

---

339 Flassbeck/Lapavitsas, 2015, S. 158 f.

340 Ebd., S. 164. Die Anfang der 1980er Jahre einsetzende Deindustrialisierung hatte ihre Ursache im Beitritt Griechenlands zur damaligen Europäischen Gemeinschaft, mit dem sie einem Konkurrenzschock ausgesetzt wurde, den viele griechische Betriebe nicht überlebten.

341 Ebd., S. 165

Syriza als Beispiel für
das Scheitern einer populistischen Linkspartei

Auch wenn es bei dem hier vorgestellten Weg aus der Krise nicht um einen sozialistischen geht, so erfordert er dennoch eine starke, einige und fest im Volk verankerte linke Partei, deren Mitglieder und Anhänger sich klar über die einzuschlagende Richtung sind. Nur dann kann dem zu erwartenden massiven Widerstand sowohl der Gläubiger als auch der griechischen Monopolbourgeoisie widerstanden werden.

Syriza ist aber nicht die hierfür benötigte Partei, denn ihr Scheitern liegt nicht allein in strategischen und taktischen Fehleinschätzungen ihrer Führung begründet, sondern ist Ergebnis ihres spezifischen Parteicharakters. Wie beschrieben, versteht sie sich als eine Partei, die die EU wohl verändern will, sie aber letztlich bejaht, und sie sieht sich als eine multifraktionelle, das grüne Element einbeziehende Bewegungspartei. Sie ist damit der klassische Prototyp einer populistischen Linkspartei, wie sie sich in Spanien mit Podemos (Wir können), in Portugal mit dem Bloco Esquerda (Linksblock), in Frankreich mit der Parti de Gauche (Linkspartei) und in den Niederlanden mit der Sozialistischen Partei (SP) herausgebildet hat. In Irland nimmt die linksnationalistische Sinn Féin diesen Platz ein. Auch die übrig gebliebenen Reste einstmals großer und einflussreicher kommunistischer Parteien wie der italienische Partito della Rifondazione Comunista (Partei der Kommunistischen Wiedergründung), die Französische Kommunistische Partei (PCF), die spanische Izquierda Unida (Vereinte Linke) und die deutsche Partei Die Linke nehmen immer stärker den Charakter populistischer Linksparteien an.

Fast alle diese Parteien haben sich in der Europäischen Linken zusammengeschlossen. Sie füllen die Lücke aus, die sich durch das nahezu vollständige Verschwinden traditioneller kommunistischer Parteien[342] und durch die Schwäche der sozialdemokratischen Parteien nach ihrer Rechtswende und ihrer Anpassung an die herrschende

---

342 In der EU gibt es nur noch in Griechenland, Portugal, Tschechien und in Zypern klassische, traditionelle kommunistische Parteien von Gewicht. Hinzu gerechnet werden kann die erst vor kurzem aufgestiegene belgische »Partei der Arbeit«.

neoliberale Politik aufgetan hat. Solche linkspopulistischen Bewegungen entsprechen daher ganz offensichtlich den aktuellen Bedürfnissen in der gegenwärtigen historischen Situation. Bei aller Unterschiedlichkeit im Einzelnen haben diese Parteien grundlegende gemeinsame Merkmale.

Sie alle setzen sich für eine Reform der Europäischen Union ein. Die EU soll zu einer sozialen, demokratischen und auch ökologischen Union weiterentwickelt werden, heißt es in ihren Programmen. Ignoriert wird dabei aber, dass diese beklagten Defizite der EU alles andere als zufällig sind. Sie sind Ausdruck der Tatsache, dass der Grenzen übergreifende Charakter der Produktivkraftentwicklung, der den nationalen Rahmen sprengt, sowie die fortschreitende Arbeitsteilung und Kooperation unter kapitalistischen bzw. imperialistischen Verhältnissen notwendigerweise die Form einer »deformierten Vergesellschaftung«[343] bzw. einer deformierten Internationalisierung annehmen muss. Sie erst haben die imperialistische Hierarchie innerhalb der EU hervorgebracht, in der ein Kern, mit Deutschland an der Spitze, die Peripheriestaaten in eine wachsende Abhängigkeit bringt und dadurch ihre Entwicklung blockiert. Erst wenn diese kapitalistischen bzw. imperialistischen Machtstrukturen in den Staaten selbst überwunden werden, kann sich auch eine fruchtbare europäische Zusammenarbeit ergeben, die die positiven Elemente der internationalen Arbeitsteilung und Kooperation aufnimmt und im Interesse der Völker weiterentwickelt.

Die Erfolge der linkspopulistischen europäischen Parteien beruhen im Unterschied zu den traditionellen kommunistischen und sozialdemokratischen Parteien nicht mehr auf einer starken Verankerung in der Arbeiterschaft, und hier vor allem in den Gewerkschaften. Die Adressaten ihrer Politik sind nicht mehr Angehörige von Klassen, vielmehr wird oft abstrakt nur von »den Menschen« gesprochen, für die man Politik machen will. Die in ihr Aktiven kommen zu einem guten Teil aus den gut ausgebildeten Mittelschichten, nur wenige gehören der Arbeiterklasse an. Die Zahl der Mitglieder liegt weit unter

---

343   Wehr, 2015, S. 120

der traditioneller sozialdemokratischer oder kommunistischer Parteien. Ihrer Schwäche als Mitgliedspartei entspricht die weitgehende Fixierung auf die parlamentarische Arbeit. Bei allen wichtigen Grundsatzentscheidungen kommt es nur noch auf die Abgeordneten an, die zuständigen Parteigremien zählen kaum. Die staatliche Alimentierung der Mandatsträger, der Fraktionen und Stiftungen sowie die öffentliche Subventionierung der Wahlkämpfe übersteigen oft die Einnahmen aus Mitgliedsbeiträgen.

Die Bedeutung dieser Parteien beruht vor allem auf ihrer Präsenz in den Medien, deren Bedürfnis nach Personalisierung und Glamour sie entgegen kommen. Relevante eigene Medien, wie sie noch die alten Arbeiterparteien besaßen, gibt es kaum noch. Dort wo noch eigene Tageszeitungen vorhanden sind, sind sie auflagenschwach, haben einen pluralistischen Charakter und leiten die Parteimitgliedschaft nicht mehr an. Der Erfolg von Syriza war denn auch vor allem einer ihres charismatischen jugendlichen Parteiführers Alexis Tsipras vermittelt über die bürgerlichen Medien. Auch der Aufstieg von Podemos wäre ohne den Medienstar, des in Talkshows allgegenwärtigen »Professors mit dem Pferdeschwanz«, Pablo Iglesias, nicht vorstellbar gewesen. Die französische Parti de Gauche lebt ganz von der Medienpräsenz ihres Gründers und Parteiführers, Jean-Luc Mélenchon, der seine Partei nach eigenem Gutdünken mal in ein Bündnis mit den Kommunisten, mal in eins mit den Grünen führt. Und wo stünde die deutsche Linkspartei ohne die häufige Medienpräsenz von Sahra Wagenknecht, Oskar Lafontaine oder Gregor Gysi?

Nur auf diese Weise war es möglich, dass Syriza von einer Randpartei mit nicht einmal fünf Prozent im Jahr 2009 in kaum fünf Jahren zu einer Regierungspartei mit 36 Prozent werden konnte. Noch kometenhafter verlief der Aufstieg der spanischen Partei Podemos. In den nicht einmal zwei Jahren nach ihrer Konstituierung im März 2014 wurde sie bei den Parlamentswahlen am 20. Dezember 2015 mit mehr als 20 Prozent drittstärkste Partei. Podemos konnte sich dabei noch nicht einmal wie Syriza mit Synaspismos auf eine Vorläuferpartei stützen, sondern wurde allein von einer Handvoll Aktiver aufgebaut. Auch der portugiesische Bloco Esquerda kann auf jüngste Erfolge verweisen: Bei den Wahlen am 4. Oktober 2015 konnte er seinen Stimmanteil mehr als verdoppeln.

All diese Parteien sind mehr und weniger multifraktionell, wie es sich vor allem Syriza rühmt zu sein. Strömungen, ja ganze Parteien existieren unter ihren Dächern. In der Partei Die Linke gibt es allein 26 bundesweite Arbeitsgemeinschaften, die oft über eigene Strukturen wie Vorstände, Delegierte, Bundestreffen sowie Informationsdienste verfügen. Hinzu kommen zwei wie eigenständige Parteien in ihr agierende trotzkistische Gruppierungen: Das »Netzwerk Marx 21« und die »Sozialistische Alternative Voran (SAV)«.

Eine häufige Forderung ist die nach einer breiten gesellschaftlichen »Mosaiklinken«. Sie besteht aber längst innerhalb der populistischen Linksparteien. Syriza und andere verstehen sich darüber hinaus als »Bewegungsparteien«. Eine weitgehend kritiklose Orientierung auf diese Bewegungen wurde in der europäischen Linken vor allem von der italienischen Partei Rifondazione Comunista propagiert. Ihr einstiger Vorsitzender Fausto Bertinotti sah bereits 2002 die eigene Partei nur noch als »Bewegung der Bewegungen« an und begann in diesem Sinne, die eine Partei charakterisierenden Elemente Stück um Stück aus ihr zu entfernen.

Ein theoretisches Zentrum, eine für alle Mitglieder programmatisch festgelegte und verbindliche Weltanschauung existiert nirgendwo. Sie wird nur noch in allgemeinsten Umrissen erkennbar, und ihre Verfestigung wird auch nicht angestrebt. Dort, wo einstmals der Marxismus-Leninismus diese Weltanschauung darstellte, ist heute eine Leerstelle. Als politische Zielvorstellung wird zwar weiterhin der Sozialismus propagiert, aber er ist nur noch ein abstrakter Wert, vergleichbar mit dem »ethischen« oder »demokratischen Sozialismus« der Sozialdemokratie. Die Vorstellungen von einer demokratischen und sozialen Neuausrichtung der EU unterscheiden sich denn auch nur in Nuancen von denen der linken Sozialdemokratie bzw. der Grünen. Die Forderung der deutschen Linkspartei nach einem »sozialen und demokratischen Europa« findet sich denn auch bei SPD und Grünen. Der bürgerliche Staat wird als weitgehend klassenneutral bewertet und seine Funktion allein von veränderten parlamentarischen

Machtverhältnissen abhängig gemacht. Slogans wie »Für einen Politikwechsel« bzw. »Für einen Richtungswechsel«[344] sind unter dieser Voraussetzung Ausdruck einer illusorischen Sichtweise.

Mit den pluralistischen Strukturen dieser Parteien scheint nicht in Übereinstimmung zu stehen, dass sie oft unter autokratischen Führungen stehen, es in ihnen immer wieder zur Missachtung demokratischer Verfahrensweisen kommt. So weigerte sich die Syriza-Führung unter Tsipras monatelang, den längst fälligen und vielfach geforderten Parteitag einzuberufen, da befürchtet wurde, dass er der Kapitulation eine Absage erteilen werde. Auch in Podemos wird bereits über Starallüren des Vorsitzenden Iglesias geklagt und die grobe Missachtung der innerparteilichen Demokratie gerügt. Es ist aber nicht zuletzt der multifraktionelle Charakter dieser Parteien, der den charismatischen Führern jene Selbstherrlichkeit überhaupt erst gestattet, denn zerfällt die Partei in kleine und kleinste Strömungen und Gruppierungen, die eine Konsensherstellung erschweren, so lässt sich über den Gegensätzen umso leichter eine autokratische Führung errichten. Und nur die »Führer« sind in den Medien so präsent, dass sie mit deren Hilfe und nicht über die Gremien die Partei führen können.

Den populistischen Linksparteien gelingen zwar immer wieder beeindruckende Wahlerfolge, beteiligen sie sich aber anschließend an Regierungen bzw. führen sie sie sogar an, wie im Fall von Syriza, so zeigen sich schonungslos ihre Schwächen: Die unzureichende Verankerung in der Bevölkerung als Mitgliederpartei, die Angewiesenheit auf bürgerliche Medien, die fehlende Verwurzelung in der Arbeiterklasse und Illusionen über eine Veränderung der Gesellschaft ohne tiefgreifende Konflikte sowie eine nicht belastbare Parteistruktur führen dann schnell zur Aufgabe der eigenen Inhalte mit der Folge einer Anpassung an die Sozialdemokratie oder zum raschen Verschwinden dieser Parteien von den Regierungshebeln. So war es bei den Beteiligungen der Kommunisten in Frankreich und in Italien an Regierungen auf nationaler Ebene, und so war oder ist es bei den Beteiligungen der PDS bzw. der Linkspartei an Landesregierungen.

---

344 Programm der Partei Die Linke, 2012, S. 72

Das Scheitern von Syriza verweist auf die gravierenden Defizite des Typus der populistischen Linkspartei. Es wird Zeit, dass die gesamte europäische Linke aus dem Ende des griechischen Frühlings Konsequenzen zieht. Es bedarf wieder starker, geschlossener und eigenständiger Parteien, die sich über ihren Weg klar und in der Arbeiterklasse verankert sind. Ohne sie gibt es keinen Fortschritt. Ihr Aufbau ist mühselig und nimmt Zeit in Anspruch. Einen überzeugenden anderen Weg aber hat bisher noch niemand gefunden.

Zeittafel

1968	Synaspismos bildet sich als Abspaltung von der Kommunistischen Partei Griechenlands (KKE).
1981	Griechenland wird Mitglied der Europäischen Gemeinschaft, der heutigen Europäischen Union.
1992	Synaspismos wird als Partei gegründet.
2001	Griechenland tritt der Eurozone bei.
2004	Syriza entsteht als Wahlbündnis aus Synaspismos und weiteren Organisationen.
8./9.5.2004	Gründungskongress der Europäischen Linken (EL) mit Syriza als Mitgliedspartei
2007	Zusammenbruch des US-amerikanischen Hypothekenmarktes, Ausbruch der Krise in Europa
15.9.2008	Pleite der US-Investmentbank Lehman Brothers
4.10.2009	Bei den Parlamentswahlen in Griechenland siegt die sozialdemokratische Pasok mit 43,92 Prozent, Syriza wird mit 4,6 Prozent lediglich fünftstärkste Kraft.
6.10.2009	Bildung einer Alleinregierung der Pasok unter Ministerpräsident Giorgos Papandreou von der Pasok.
Oktober 2009	Unmittelbar nach dem Regierungswechsel wird ein plötzlich viel höherer Schuldenstand in Athen bekannt gegeben.
Ende 2009	Griechenland wird von der Finanzkrise erfasst.
April 2010	Griechenland ist faktisch bankrott.
Ende April 2010	Die Renditen für griechische Staatsanleihen liegen bei 10,6 für dreijährige und bei 8,9 Prozent für 10-jährige Anleihen.
Anfang Mai 2010	Faktische Zahlungsunfähigkeit Griechenlands; Beschluss der Euroländer über Kredithilfen für Griechenland
2.5.2010	Das erste Memorandum wird unterzeichnet.
August 2010	Schaffung der Europäischen Finanzstabilisierungsfazilität (EFSF)

22.6.2011	Bei einer Vertrauensabstimmung im Parlament erhält Ministerpräsident Giorgos Papandreou von der Pasok noch einmal die Mehrheit.
9.11.2011	Nach dem Scheitern seines Plans, ein Referendum über sein Austeritätsprogramm abzuhalten, tritt Papandreou als Ministerpräsident zurück.
11.11.2011	Bildung einer Übergangsregierung unter Loukas Papadimos unter Beteiligung von Pasok, konservativer Nea Dimokratia (ND) und extrem rechter Laos.
März 2012	Schuldenschnitt
14.3.2012	Eurofinanzminister erklären ihre Zustimmung zum zweitem Kreditprogramm, verbunden mit einem weiteren Memorandum.
17.6.2012	Das Parteienbündnis Syriza nimmt den Status einer Partei an.
6.5.2012	Vorgezogene Parlamentswahl mit starken Verlusten für ND und Pasok, Syriza wird mit 16,79 Prozent zweitstärkste Partei
17.6.2012	Erneute Wahlen: Syriza liegt mit 26,89 Prozent nur knapp hinter der ND, Bildung der Regierung unter Ministerpräsident Antonis Samaras von der ND unter Beteiligung von Pasok und halblinker Dimar.
10.-14.7.2013	Auf ihrem ersten Parteitag gibt sich Syriza ihre gegenwärtige Form und Funktionsweise. Synaspismos löste sich aus diesem Anlass in die Nachfolgepartei auf.
September 2012	Die EFSF wird vom Europäischen Stabilitätsmechanismus (ESM) abgelöst.
13.-15.12.2013	Auf dem IV. Kongresses der Europäischen Linken in Madrid wird Alexis Tsipras zum Spitzenkandidaten der EL für die Europawahlen 2014 und als ihr Kandidat für das Amt des EU-Kommissionspräsidenten nominiert.

25.5.2014	Bei den Wahlen zum Europäischen Parlament wird Syriza mit 26,57 Prozent erstmals stärkste Partei Griechenlands und erringt sechs der 22 dem Land zustehenden Mandate.
15.9.2014	Tsipras stellt auf der Internationalen Messe in Thessaloniki das Regierungsprogramm von Syriza mit dem Titel »Was die Syriza-Regierung tun wird« vor.
3.1.2015	Tsipras bezeichnet das Regierungsprogramm bei seiner Rede zum Auftakt des Wahlkampfes als »nicht verhandelbar«.
25.1.2015	Parlamentswahlen: Syriza wird mit 36,34 Prozent stärkste Kraft im Parlament, sie erhält deshalb die der stärksten Partei zustehenden 50 Zusatzmandate, verfehlt aber mit 149 Mandaten knapp die absolute Mehrheit von 151 Sitzen.
26.1.2015	Syriza bildet zusammen mit den 13 Abgeordneten der rechtskonservativen Anel eine Koalition.
8.2.2015	Der neu gewählte Ministerpräsident Alexis Tsipras gibt vor dem griechischen Parlament seine Regierungserklärung ab.
11.2.2015	Die EZB akzeptiert griechische Staatsanleihen sowie staatlich garantierte Bankanleihen nicht mehr als Sicherheiten. Es wird nur noch der Griechischen Notenbank gestattet, Notkredite (ELA) zu gewähren.
20.2.2015	Die Syriza-geführte Regierung stimmt einer »Erklärung der Eurogruppe zu Griechenland« zu und erkennt dabei an, dass das zweite Memorandum aus März 2012 weiterhin Grundlage für die Verhandlungen mit den Gläubigern ist.
24.4.2015	Das Parlament in Athen nimmt einen Erlass an, wonach alle staatlichen Institutionen und öffentlich-rechtlichen Betriebe gezwungen wurden, ihre Geldeinlagen an die griechische Nationalbank überweisen.
22.6.2015	Athen legt der Eurogruppe ein Positionspapier vor, das von ihr nicht akzeptiert wird.

27.6.2015	Alexis Tsipras gibt bekannt, ein Referendum darüber abzuhalten, ob das auf dem Treffen der Eurogruppe am 25.6.2015 vereinbarte Reformprogramm der Gläubiger akzeptiert werden soll.
28.6.2015	Der EZB-Rat entscheidet, der griechischen Nationalbank keine weitere Aufstockung der Notkredite mehr zu gestatten.
30.6.2015	Beendigung des zweiten Kreditprogramms
5.7.2015	Referendum unter der ersten Syriza-Regierung: Mehr als 60 Prozent der Bürger sagen Nein zu den Forderungen der Gläubiger. Finanzminister Gianis Varoufakis tritt zurück.
7.7.2015	Auf dem Sondergipfel der Euroländer stellen die Staats- und Regierungschefs Griechenland eine Frist für die Annahme der Forderung der Gläubiger bis zum kommenden Sonntag.
8.7.2015	Griechenlands neuer Finanzminister Tsakalotos reicht einen offiziellen Antrag auf ein neues, auf drei Jahre angelegtes Hilfsprogramm des Euro-Krisenfonds ESM ein und kündigt in einem Brief zugleich ein detailliertes Reformpaket an.
10.7.2015	Das griechische Parlament stimmt mit Unterstützung von ND, Pasok und liberaler To Potami dem am 8.7.2015 der Eurogruppe übermittelten Angebot der Syriza-Regierung zu. Eine Reihe von linken Syriza-Abgeordneten stimmt mit Nein.
11.7.2015	Der Vorschlag der Eurogruppe auf Initiative von Wolfgang Schäuble, Griechenland einen vorübergehenden Austritt aus der Eurozone anzubieten, wird von anderen Staats- und Regierungschefs der Euroländer abgelehnt.
12./13.7.2015	Der griechische Ministerpräsident Alexis Tsipras unterzeichnet in der Nachtsitzung des Brüsseler Eurogipfels eine Erklärung, die Grundlage für das dritte Memorandum über Griechenland wird.

15.7.2015	Beratung des 1. Teils der auf dem Eurogipfel beschlossenen Auflagen im griechischen Parlament
Sommer 2015	Austritte und Auflösungsprozesse bei Syriza
17.7.2015	Tsipras entlässt zehn Mitglieder seiner Regierung, darunter den Umwelt- und Energieminister Panagiotis Lafazanis.
22.7.2015	Billigung des 2. Teils der in Brüssel vereinbarten »Reformauflagen« durch eine breite parlamentarischen Mehrheit unter Einschluss der rechten Opposition.
Ende Aug. 2015	Syriza-Abgeordnete geben die Gründung einer neuen Fraktion mit dem Namen Volkseinheit (Laiki Enotita) unter Führung von Panagiotis Lafazanis bekannt. Alexis Tsipras kündigt Neuwahlen des Parlaments an.
19.8.2015	Unterzeichnung des dritten Memorandums mit den zuvor vom Parlament gebilligten »Reformauflagen«.
19.8.2015	Der Deutsche Bundestag stimmt dem dritten Memorandum für Griechenland zu.
20.9.2015	Bei den Neuwahlen zum Parlament verliert Syriza mit 35,46 Prozent nur leicht, jedoch bei deutlichem Rückgang der abgegebenen Stimmen. Die neue Partei Volkseinheit kommt nicht ins Parlament.
12.11.2015	Erster Generalstreik aus Protest gegen den Sparkurs der Regierung seit der Koalitionsbildung aus Syriza und Anel im Januar 2015.
November 2015	Die Regierung beschließt die von den Gläubigern verlangte Änderung der Insolvenzordnung, mit der Banken künftig leichter die Immobilien von Schuldnern pfänden können.
Dezember 2015	Das griechische Parlament beschließt ein neues Gesetz zur Rentenkürzung und Erhöhung des Rentenalters auf 67 Jahre.
14.12.2015	Die griechische Privatisierungsagentur unterzeichnet mit der deutschen Fraport AG einen Vertrag über die 40-jährige Verpachtung von 14 griechischen Flughäfen, eine der Bedingungen des dritten Hilfspaketes.

Literaturverzeichnis

Bickes, Hans u. a. (2012): *Die Dynamik der Konstruktion von Differenz und Feindseligkeit am Beispiel der Finanzkrise Griechenlands: Hört beim Geld die Freundschaft auf?*, München

Binus, Gretchen / Landefeld, Beate / Wehr, Andreas (2015): *Staatsmonopolistischer Kapitalismus*, 2. durchgesehene Auflage, Köln

Bischoff, Joachim / Radke, Björn (2015): *»isch over«? griechenland und die eurozone*, Hamburg

Biver, Nico (2015): *Wieviel Rückhalt hat Syriza?*, in: Z. Zeitschrift Marxistische Erneuerung, Nr. 104, Dezember, Frankfurt/M., S. 50-62

Chilas, Nikos (2015): *Die offene Wunde: Das dritte Memorandum für Griechenland*, in: Lunapark21, Heft 31, Berlin, S. 12-15

Chondros, Giorgos (2015): *Die Wahrheit über Griechenland, die Eurokrise und die Zukunft Europas*, Frankfurt/M.

Dräger, Klaus (2015): *Die Europäische Linke nach dem Kampf um Griechenland: Plan A, Plan B, Plan C?*, in: Z. Zeitschrift Marxistische Erneuerung, Nr. 104, Dezember, Frankfurt/M., S. 38-49

Europäische Zentralbank (2007): *Jahresbericht*, Frankfurt/M.

Flassbeck, Heiner / Lapavitsas, Costas (2015): *Nur Deutschland kann den Euro retten*, 2. Auflage, Frankfurt/M.

Hickel, Rudolf (2012): *Zerschlagt die Banken. Entmachtet die Finanzmärkte. Eine Streitschrift*, Berlin

Harich, Wolfgang (1998): *Zur Kritik der revolutionären Ungeduld. Eine Abrechnung mit dem alten und dem neuen Anarchismus*, Berlin

Hilferding, Rudolf (1955): *Das Finanzkapital*, Berlin

Japanese Communist Party 26th Congress (2014): *Advent of ›JCP–LDP Confrontation‹ in Full Scale*, Tokyo

Kleiser, Paul B. (2014): *Griechenland im Würgegriff. Ein Land der EU-Peripherie wird zugerichtet*, 2., aktual. u. durchgesehene Auflage, Köln

Kritidis, Gregor, (2014): *Griechenland – auf dem Weg in den Maßnahmestaat?*, Hannover

Lenin, W. I. (1960): *Der Imperialismus als höchstes Stadium des Kapitalismus*, in: Lenin Werke, Band 22, Berlin

Lenin, W. I. (1960a): *Über die Losung der Vereinigten Staaten von Europa*, in: Lenin Werke, Band 21, Berlin

Lenin, W. I. (1960b): *Was tun?*, in: Lenin Werke, Band 5, Berlin

nd-Dossier, (2015): *Griechischer Frühling*, Berlin

nd-Dossier, (2015a): *Deutsch-Europa gegen SYRIZA #ThisIsaCoup*, Berlin

Pfeiffer, Hermannus (Hg.) (2009): *Land in Sicht? Die Krise, die Aussichten und die Linke*, Köln

Programm der Partei Die Linke (2012): *Beschluss des Parteitages der Partei DIE LINKE vom 21. bis 23. Oktober 2011 in Erfurt, bestätigt durch einen Mitgliederentscheid im Dezember 2011*, Berlin

Reiterer, Albert F. (2015): *Denkwende – Zur »Schlacht um den Euro«*, Bergkamen

Röder, Karl-Heinz (1986): *Der politische Mechanismus der EG*, Berlin/DDR

Roth, Karl Heinz (2015): *Vor der Wand. Die verzweifelte Lage der Syriza-Regierung*, in: Lunapark21, Heft 29, Berlin, S. 58-64

Sinn, Hans-Werner (2010): *Kasino-Kapitalismus. Wie es zur Krise kam, und was jetzt zu tun ist*, Berlin

Sinn, Hans-Werner (2012): *Die Target-Falle*, München

Sinn, Hans-Werner (2014): *Gefangen im Euro*, München

Sinn, Hans-Werner (2015): *Der Euro. Von der Friedensidee zum Zankapfel*, München

Starbatty, Joachim (2013): *Tatort Euro, Bürger schützt das Recht, die Demokratie und euer Vermögen*, Berlin

Wagener, Klaus (2015): *Auf dem Weg nach Deutsch-Europa. Kapitulation von Syriza – Aus für eine linke Alternative?*, in: Marxistische Blätter, Heft 5, S. 5-9

Wehr, Andreas (2011): *Griechenland, die Krise und der Euro*, 2., aktualisierte und erweiterte Auflage, Köln

Wehr, Andreas (2013): *Der europäische Traum und die Wirklichkeit. Über Habermas, Rifkin, Cohn-Bendit, Beck und die anderen*, Köln

Wehr, Andreas (2015): *Die Europäische Union*, 2., aktualisierte und erweiterte Auflage, Köln

Wolf, Winfried (2015): *Weg der Würde oder fortgesetzte Erpressung – Griechenland nach dem Referendum*, in: Lunapark21, Heft 30, Berlin, S. 6-7

Z-Redaktion (2015): *Griechenland: Aus Niederlagen lernen*, in: Z. Zeitschrift Marxistische Erneuerung, Nr. 103, September, Frankfurt/M., S. 8-14